모빌리티 인프라스트럭처와
생활세계

KB079683

이 저서는 2018년 대한민국 교육부와 한국연구재단의 지원을 받아 수행된 연구임 (NRF-2018S1A6A3A03043497)

모빌리티 인프라스트럭처와 생활세계

김수철 이희은 김영욱 정은혜 고민경 백일순 파라 셰이크 이병하 이용균

앨피

모빌리티인문학 Mobility Humanities

모빌리티인문학은 기차, 자동차, 비행기, 인터넷, 모바일 기기 등 모빌리티 테크놀로지의 발전에 따른 인간, 사물, 관계의 실재적·가상적 이동을 인간과 테크놀로지의 공-진화co-evolution라는 관점에서 사유하고, 모빌리티가 고도화됨에 따라 발생하는 현재와 미래의 문제들에 대한 해법을 인문학적 관점에서 제안함으로써 생명, 사유, 문화가 생동하는 인문-모빌리티 사회 형성에 기여하는 학문이다.

모빌리티는 기차, 자동차, 비행기, 인터넷, 모바일 기기 같은 모빌리티 테크놀로지에 기초한 사람, 사물, 정보의 이동과 이를 가능하게 하는 테크놀로지를 의미한다. 그리고 이에 수반하는 것으로서 공간(도시) 구성과 인구 배치의 변화, 노동과 자본의 변형, 권력 또는 통치성의 변용 등을 통칭하는 사회적 관계의 이동까지도 포함한다.

오늘날 모빌리티 테크놀로지는 인간, 사물, 관계의 이동에 시간적·공간적 제약을 거의 남겨 두지 않을 정도로 발전해 왔다. 개별 국가와 지역을 연결하는 항공로와 무선 통신망의 구축은 사람, 물류, 데이터의 무제약적 이동 가능성을 증명하는 물질적 지표들이다. 특히 전 세계에 무료 인터넷을 보급하겠다는 구글Google의 프로젝트 룬Project Loon이 현실화되고 우주 유영과 화성 식민지 건설이 본격화될 경우 모빌리티는 지구라는 행성의 경계까지도 초월하게 될 것이다. 이 점에서 오늘날은 모빌리티 테크놀로지가 인간의 삶을 위한 단순한 조건이나 수단이 아닌 인간의 또 다른 본성이 된 시대, 즉 고-모빌리티high-mobilities 시대라고 말할 수 있다. 말하자면, 인간과 테크놀로지의 상호보완적·상호구성적 공-진화가 고도화된 시대인 것이다.

고-모빌리티 시대를 사유하기 위해서는 우선 과거 '영토'와 '정주' 중심 사유의 극복이 필요하다. 지난 시기 글로컬화, 탈중심화, 혼종화, 탈영토화, 액체화에 대한 주장은 글로벌과 로컬, 중심과 주변, 동질성과 이질성, 질서와 혼돈 같은 이분법에 기초한 영토주의 또는 정주주의 패러다임을 극복하려는 중요한 시도였다. 하지만 그 역시 모빌리티 테크놀로지의 의의를 적극적으로 사유하지 못했다는 점에서, 그와 동시에 모빌리티 테크놀로지를 단순한 수단으로 간주했다는 점에서 고-모빌리티 시대를 사유하는 데 한계를 지니고 있었다. 말하자면, 글로컬화, 탈중심화, 혼종화, 탈영토화, 액체화를 추동하는 실재적·물질적 행위자agency로서의 모빌리티 테크놀로지를 인문학적 사유의 대상으로서 충분히 고려하지 못했던 것이다. 게다가 첨단 웨어러블 기기에 의한 인간의 능력 향상과 인간과 기계의 경계 소멸을 추구하는 포스트-휴먼 프로젝트, 또한 사물 인터넷과 사이버 물리 시스템 같은 첨단 모빌리티 테크놀로지에 기초한 스마트 도시 건설은 오늘날 모빌리티 테크놀로지를 인간과 사회, 심지어는 자연의 본질적 요소로 만들고 있다. 이를 사유하기 위해서는 인문학 패러다임의 근본적 전환이 필요하다.

이에 건국대학교 모빌리티인문학 연구원은 '모빌리티' 개념으로 '영토'와 '정주'를 대체하는 동시에 인간과 모빌리티 테크놀로지의 공-진화라는 관점에서 미래세계를 설계하기 위한 사유 패러다임을 정립하려고 한다.

인프라스트럭처와 모빌리티 연구

_ 김수철

오늘날 모빌리티는 새로운 정보/통신 미디어 테크놀로지의 발전과 함께 우리의 생활세계를 급속하게 변화시키고 있다. 현재 생활세계에서 벌어지고 있는 다양한 모빌리티 양상들을 체계적으로 이해하고 분석하는 것은 단기간의 개별적 연구 작업보다는 다양한 시각과 접근을 통한 집합적이고 간학제적 연구에 의해서 더욱더 효과적으로 이루어질 수 있다.

이러한 맥락에서 본 모빌리티인문학 연구원의 아상블라주 연구총서《모빌리티 인프라스트럭처와 생활세계》는 오늘날 새로운 디지털 테크놀로지의 확산에 따라서 더욱 세분화하고 복잡하게 전개되고 있는 생활세계 영역에서의 모빌리티 변화의 현주소와 그에 따른 다양한 사회문화적 양상들을 체계적이고 심도 있게 이해, 분석하기 위하여 '모빌리티 인프라스트럭처'의 변화에 주목하고자 한다. 왜 인프라스트럭처인가? 인프라스트럭처란 무엇인가? 생활세계 영역에서의 모빌리티에 대한 연구에서 모빌리티 인프라스트럭처 개념의 도입을 통해서 얻을 수 있는 이론적 함의는 무엇인가?

먼저, '모빌리티 인프라스트럭처'의 의미에 대하여 잠시 살펴보자. 사실 모빌리티 인프라스트럭처라는 두 단어는 약간은 동어반복적인 측면이 존재한다. 인프라스트럭처infrastructure의 의미는 보통 "빌딩, 교통, 물, 에너지 공급과 같이 한 국가나 조직이 매끄럽게 운영되는 데 필수적인 시스템이나 서비스들"(Oxford Dictionaries, 2019)로 사전적으로 정의된다. 이러한 사전적 정의를 포함하여 인프라스트럭처에 대한 일반적 이해에는 도로, 철도, 자전거길 혹은 광통신 케이블, 더 나아가 도시나 지역region처럼 한 사회에서 이미 사람, 사물, 지식(정보) 그리고 더 나아가 혁신innovation의 흐름, 확산 혹은 연결성을 높이는, 즉 종국적으로 광범위한 의미에서의 사람, 사물, 지식(정보)의 모빌리티를 더욱 강화시키는 수단이라는 의미가 담겨 있기 때문이다. 즉, 인프라스트럭처에 대한 일반적 이해에는 이미 인프라스트럭처는 모빌리티의 수단이라는 일종의 도구주의적 함축이 담겨 있다.

하지만 본 연구총서에서 강조하고자 하는 '모빌리티 인프라스트럭처'의 의미는 단지 이러한 물질적 시스템이나 구조, 특히 모빌리티의 수단으로서 단순한 전달 매체라는 의미에 한정되지 않는다. 인프라스트럭처, 혹은 이 개념의 구체화된 형태로서 시스템이나 구조가 물질적이지 않다는 말이 아니라 오히려 그 물질적 측면이 맺고 있는 다른 비물질적 측면과의 관계에 주목할 필요성이 있다는 말이다.

최근 인프라스트럭처에 대한 높은 관심과 그에 따른 연구들은 물질적 시스템이나 구조물을 넘어선 인프라스트럭처에 대한 새로운 개념화를 보여 주고 있다(Berlant, 2016; Cowen, 2014; Edwards, 2002; Sheller, 2018; Star & Ruhleder, 1996). 그중에서 미국의 문화비평 학자인 로런 벌랜트Lauren Berlant(Berlant, 2016)에 따르면 인프라스트럭처는 단지 일반적인 의미의 시스템이나 구조와는 동일시될 수 없으며 이보다는 "사회적 형식들social forms의 움직임movement과 패턴patterning"(Berlant, 2016, 394)이라고 정의된다. 다시 말해서 인프라스트럭처란 우리의 삶을 조직화하는 생생하게 살아 있는 '매개과정mediation'이라는 말이다. 이는 단지 도로, 다리와 같은 구조물만이 아니라 학교, 금융 시스템, 푸드 체인, 감옥, 가족과 같은 어떤 제도와 규범들을 포괄하는 것으로 이해된다. 이것이 벌랜트가 인프라스트럭처를 "하나의 세계를 지속 가능하게 해 주는 관계들을 서로 가깝게 연결시켜 주는 모든 시스템들"(Berlant, 2016, 394)이라고 칭하는 이유이다.

인프라스트럭처에 대한 최근의 다양한 이론적 논의들은 하나로 일반화하기 힘들다. 벌랜트의 개념화는 다양한 인프라스트럭처 연구와 이론들의 갈래 중에서 아마도 가장 포괄적이고 탈도구주의적인 개념화 방식 중의 하나일 것이다. 본 연구총서에서 주목하고 있는 '모빌리티 인프라스트럭처'는 벌랜트의 개념과 이론적 논의를 전면적으로 따르고 있는 것은 아니지만, 두 가지 측면에서 중요한 교차점이 존재한다. 먼저, 벌랜트의 개념화뿐만 아니라 최근의 인프라스트럭처에 대한 논의들에 공통적으로 발견되는 인프라스트럭처에 대한 일반적 이해에 새겨져 있는 기술(결정론)적 선입견과 도구주의적 함의에 대한 반대 입장이다. 둘째, 인프라스트럭처가 우리의 다양한 사회적 관계들을 긴밀하게 연결시켜 준다는 매개적, 관계적 특성에 대한 주목이다. 이 긴밀한 관계성은 때로는 불평등, 불공정, 차별을 불러오는 배경으로 작용하기도 하지만 또한 생활세계의 재구성, 재조직화의 가능성을 함축하기도 한다(Berlant, 2016).

인프라스트럭처에 대한 탈도구주의적, 탈기술결정론적 이해와 관계적 특성에 대한 이해는 인프라스트럭처와 근대성modernity의 관계에 대한 스티븐 그레이엄Stephen Graham과 사이먼 마빈Simon Marvin(Graham & Marvin, 2001)의 논의를 통해서 더욱더 분명하게 드러난다. 그레이엄과 마빈은 오늘날 대부분의 인프라스트럭처(철도망, 도로망, 하수시설, 대중교통체계 등)는 19세기 중반에 등장했던 것들로 등장할 시기의 그 이상ideal과는 달리 점차로 파편화되고splintered 더 나아가 탈규제와 사유화가 심화되어 과거에 공공재나 공적으로 엄격하게 규제되는 재화나 서비스라는 위치와 개념을 점점 상실하고 있다고 진단한다. 철도망, 전기, 도로망, 통신, 우편 서비스 등이 19세기와 20세기를 거치면서 세계의 수많은 국가에서 그 소유와 운영이 어떻게 변화되어 왔는지를 떠올려 보면 쉽게 이해될 수 있다. 특히 20세기 중반 이후 불어온 신자유주의의 영향으로 이러한 대표적인 근대 인프라스트럭처들은 최초의 보편적이고 공공적 성격을 법적으로 그리고 실질적으로도 상실한 경우가 많다. 하지만 이러한 사유화에도 불구하고 일반 사람들의 근대 인프라스트럭처에 대한 인식 및 정치사회적 감수성은 이러한 변화와 일치하지 않는 경우가 많다.

인프라스트럭처는 단순히 기술적 기능만이 문제가 되는 모빌리티의 전달 매체나 도구로만 볼 수 없다. 이보다는 "국가나 기업의 미래계획 속에 담긴 환상, 욕망, 그리고 미래에 대한 모색이 담긴 투자"(미미 셸러, 2019, 234)인 경우가 많다. 인프라스트럭처에 새겨져 있는 욕망이 두려움이나 공포 혹은 패닉 상태를 낳기도 하는데 이는 우리가 인프라스트럭처와 어떤 관계와 위치에 있느냐에 달려 있다(미미 셸러, 2019). 인프라스트럭처의 전망을 둘러싼 논쟁과 투쟁에서 글로벌-로컬 모빌리티와 커뮤니케이션의 배치는 다양한 형태의 불평등, 단절, 소란, 마찰, 상이한 속도를 유발시키며 이는 때로는 아래로부터의 개입과 내부에서의 균열을 낳기도 한다. 이러한 갈등과 투쟁이 바로 모빌리티 인프라스트럭처를 둘러싼 정치학의 핵심 내용을 이룬다.

가까운 예시를 들어 보자. 오늘날 택시와 같은 대중교통을 둘러싸고 새로운 모빌리티 서비스(우버나 타다, 그리고 다양한 공유 자동차 서비스 등)와 기존 택시 업계 사이의 대립이 사회적 이슈가 되고 있다. 새로운 모빌리티 서비스(혹은 플랫폼)와 기존의 중앙정부나 지자체에 의해서 규제·관리되어 온 택시 서비스 사이에 나타나는 날카로운 대립과 이러한 대립을 바라보는 일반 시민들의 시선, 그리고 이러한 대립과 충돌에 개입하고자 하는 국가기관들의 정책적 실천들은 모두 인프라스트럭처가 단지 단순한 구조물이 아니라 물질적 도구이면서 동시에 사회정치적 규범들과 무관하지 않으며, 더 나아가 도시 일상생활에서 다양한 행위자들과 그로 인해 영향받는 다양한 삶들을 연결시켜 주는 사회문화적 시스템임을 보여 주는 좋은 예시들이다.

더 나아가 오늘날의 인프라스트럭처는 초기에는 시스템으로 존재하다가 디지털 기술의 발전과 함께 네트워크 그리고 다시 웹으로 진화해 왔다. 이를 통해서 다양한 사회기술적 게이트웨이gateway를 통해서 이질적인 요소들을 통합시켜 왔다고 볼 수 있다(Plantin et al. 2018, 299). 동시에 인프라스트럭처에 대한 사회학적 연구들이 보여 주고 있듯이 인프라스트럭처는 우리의 일상생활, 노동에 깊숙이 자리 잡고 있으며 그 접근성이 높은 편이고 심지어는 존재하고 작동하고 있는지도 모를 정도로 우리의 삶에 하나의 본질적 요소로서 자리 잡았다. 따라서 이러한 인프라스트럭처의 존재가 가시적으로 드러나는 경우는 역설적으로 인프라스트럭처가 고장 나거나 작동하지 않을 때이다(Edwards, 2002; Star & Ruhleder, 1996).

따라서, 본 연구총서는 인프라스트럭처에 대한 관심과 연구가 가져올 수 있는 다음과 같은 사회정치적 효과에 주목하고자 한다. 인프라스트럭처에 대한 주목은 오늘날 어떻게 우리의 삶에 영향을 미치는 시스템의 부당성이 점차로 강화되고 있음에도 그것이 정치적 문제가 아니라 단지 기능 기술적인 문제로 한정되면서 종종 이러한 부당성에 의해서 왜곡된 다양한 사회적 관계들을 많은 사람들이 왜 자연스럽게 받아들이도록 하는지를 이해하는 데 중요한 단서를 제공한다. 예를 들어, 오늘날 교통 문제는 새로운 솔루션, 서비스, 혹은 플랫폼을 도입할 것이냐 말 것이냐의 문제로 환원될 수 없다. 그럼에도 불구하고 오늘날의 교통 문제는 마치 특정한 정책 도입이나 솔루션이 존재하는 문제인 것처럼 다루어질 때가 많다. 오늘날과 같이 탈규제와 사유화의 경향이 강화된 환경에서 교통 체계와 같은 인프라스트럭처는 오히려 새로운 불평등의 형식들을 만들어 내고 심화시킬 수 있다는 점에 유의할 필요가 있다(미미 셸러, 2019). 더욱이 오늘날의 정치가 벌랜트(Berlant, 2016, 395)가 말하고 있듯이 어떤 면에서는 불안insecurity의 재분배에 관한 것이라는 점에서 인프라스트럭처에 대한 연구와 관심은 이질적이고 불연속적인 것처럼 보이는 다양한 정치적 갈등에 주목하게 해 주는 효과가 있다.

　본 연구총서에서 사용하는 '모빌리티 인프라스트럭처' 개념은 오늘날 모빌리티와 연관되어 생활세계 영역에서 나타나고 있는 다양한 정치, 경제, 사회문화적 현상들의 특징을 좀 더 정확하고 입체적으로 포착하기 위해 도입한 개념이다. 다시 말해서, 본서는 앞서 출간한 연구총서 《모빌리티와 생활세계의 생산》(아상블라주 03)에서 주로 다루었던 모빌리티에 대한 다양한 접근 방식을 소개하는 차원을 넘어서 모빌리티의 물질성과 관계성에 주목하면서 모빌리티의 재조직화 과정에 개입되어 작동하고 있는 다양한 메커니즘을 세밀하게 조명하고자 하는 것이다. 《모빌리티와 생활세계의 생산》에서 제시했던 공간, 미디어 테크놀로지, 그리고 이주 생태계라는 기존의 세 가지 하위 주제 영역에서 나타나는 모빌리티 현상을 좀 더 정교하게 파악하고자 인프라스트럭처 개념을 통해서 모빌리티 현상의 물질성과 관계성에 대해 살펴보고자 하는 것이다.

인프라스트럭처 개념은 군사학 분야에서 최초로 사용되었으며 이후 지리학, 건축, 통신 분야 등 다양한 학문 분야에서 이미 오랜 동안 사용되어 온 개념이지만 이 연구총서에서 주목하는 인프라스트럭처 개념은 주로 과학기술학STS: Science and Technology Studies, 기술사회학과 인류학 등의 분야에서 모더니티와 인프라스트럭처 개념 사이에 존재하는 밀접한 상호관계성에 주목하면서 새롭게 조명되기 시작한 개념화 방식과 깊은 관련이 있다(Edwards, 2002; Graham & Simon, 2001; Latour, 1999).

특히, 인프라스트럭처가 다양한 시간, 공간, 사회조직을 거시적/미시적 스케일로 연결시킴으로써 근대사회의 안정적 구성을 어떻게 가능케 했으며, 동시에 이 과정에서 인프라스트럭처는 근대성의 조건들에 어떻게 영향을 미쳤고 또한 근대성의 조건들에 의해서 어떻게 영향을 받았는지에 대한 설명에 주목한다. 이와 같은 인프라스트럭처에 대한 새로운 접근 방식은 근대사회에서의 모빌리티 현상(도시 공간, 이주, 미디어 커뮤니케이션 등)의 물질적 구성 과정과 성격에 대한 유용한 성찰을 제공해 준다는 점에서 중요하다. 폴 에드워드Paul Edwards는 근대의 삶은 인프라스트럭처를 통한 그리고 인프라스트럭처 안에서의 삶과 불가분의 관계에 있음을 일찍이 통찰했다(Edwards, 2002). 하지만 더욱 중요하게는 근대사회 혹은 근대 생활세계가 이러한 인프라스트럭처와 맺게 되는 기술적, 자연적, 사회적 차원의 관계는 결코 안정적이거나 고정적이지 않았다. 동시에 인프라스트럭처의 작동 역시 근대성의 체제, 이데올로기, 이상ideal에 단순히 상응하는 것이 아니라 오히려 그 물질적 작동 과정에서 단절과 긴장관계 그리고 불균등성을 보여 주었다(미미 셸러, 2019; Graham & Simon, 2001; Latour, 1999).

◆ ◆ ◆

본 연구총서는 인프라스트럭처 연구의 비판적 연구 성과와 통찰에 주목하면서, 인프라스트럭처를 통한 접근을 통해서 모빌리티의 다층적이고 물질적이며 관계적인 측면을 드러내고자 모빌리티 인프라스트럭처와 생활세계의 구성 사이의 관계에 주목하고 있다. 앞에서 언급되었듯이 본 연구총서의 모빌리티 인프라스트럭처 개념은 단지 모빌리티와 관련된 하드웨어만을 의미하지 않는다. 비판적 인프라스트럭처 연구에서 그랬듯이 인프라스트럭처의 개념이 단지 교통, 전기, 수도, 재난 서비스, 금융 서비스, 각종 공공 서비스, 그리고 정보통신 시설만을 의미하는 것이 아니라 근본적인 의미에서 "사회기술적 시스템sociotechnical system"(Hughes, 1983)이 의미하듯이 모빌리티 인프라스트럭처 개념 역시 단순히 물리적 모빌리티를 위한 하드웨어들만이 아니라 하나의 사회기술적 시스템으로서 모빌리티와 연관된 조직, 제도, 담론/지식 체계, 미디어 커뮤니케이션 환경 등을 포괄하는 개념이다.

보다 구체적으로 본 연구총서는 현대사회의 다층적 층위에서 나타나고 있는 모빌리티 현상을 비판적으로 포착하고자 도시 공간, 미디어 커뮤니케이션, 그리고 이주 분야에서의 모빌리티 현상의 물질적 관계들을 미디어 인프라스트럭처, 도시 인프라스트럭처, 이주 인프라스트럭처 개념을 통해서 살펴보고자 한다. 이를 통해서 모빌리티와 연계되어 나타나는 생활세계 영역에서의 모빌리티와 관련된 물질적 변화를 조망하고 정교화하고자 한다. 본 연구총서는 총 세 분야—공간, 미디어 테크놀로지, 이주—에서 나타나는 모빌리티 현상과 인프라스트럭처와의 관계를 살펴보고 있다. 1부에서는 새로운 디지털 테크놀로지(인공지능, 빅데이터, 사물인터넷, 소셜 미디어, 디지털 플랫폼 등)에 의해 변화해 가는 미디어 인프라스트럭처에 대해 살펴본다. 그리고 이에 더해 스마트 테크놀로지, 무인자동차 기술 등 새로운 교통, 위치-기반 기술의 도입과 함께 변화되어 가고 있는 도시 공간에서의 모빌리티 변화와 연관된 도시 인프라스트럭처의 변화에 대해서도 살펴본다.

먼저, 미디어 기술과 도시 공간의 두 가지 측면에서 모빌리티의 변화를 조망하는 1부는 미디어 문화연구자인 이희은의 미디어 인프라스트럭처 논의로 시작된다. 이희은의 〈미디어 테크놀로지의 물질성: 인프라로서의 미디어 네트워크를 향한 탐색〉은 미디어 연구, 문화연구 분야에서 그 동안 논의되어 왔던 미디어 문화연구에서의 기초 개념들—미디어 기술, 네트워크, 미디어 문화 담론, 재현, 정보, 데이터 등—에 대한 깊은 성찰에 기반해 있다. 기초 개념들에 대한 재성찰이라는 어려운 작업을 수행함에 있어서 저자는 미디어의 물질성이라는 잣대를 사용하고 있다. "우리가 일상에서 접하는 테크놀로지의 환경은 하나의 상품이나 기술표준의 형태로 빠르게 변화하는 모습"으로 나타날 때가 많은 것이 사실이지만 그럼에도 불구하고 우리 삶의 조건과 환경을 형성하는 물질적 토대로서 그 물질성에 주목할 필요가 있다는 것이다.

저자는 오늘날 테크놀로지 발전에 대한 기술낙관주의가 팽배해 있는 상황에서 미디어를 인프라스트럭처로 이해할 것을 주문한다. 미디어를 인프라스트럭처로 이해한다는 것은 "미디어를 특정 기능이나 효용의 측면이 아니라 인간 삶의 존재 조건"으로 바라본다는 것을 의미한다. 저자는 미디어 문화연구, 매체 철학, 미디어 기술문화 연구 분야에서 그 동안 여러 학자들에 의해 다듬어진 까다로운 논의에 대한 정확한 이해를 바탕으로 '미디어 인프라'의 개념뿐만 아니라 다양한 미디어 기술 현상을 미디어 인프라적 관점에서 바라본다는 것의 유용성과 필요성에 대해서 논하고 있다. 저자에 따르면 미디어를 인프라로 바라본다는 것은 미디어를 그것의 특정 기능, 효용성이 아니라 인간과 기계, 자연과 사회를 연결하는 하나의 사회기술 시스템으로 바라본다는 것을 의미한다.

이 과정에서 저자는 마셜 매클루언Marshall McLuhan, 프리드리히 키틀러Frederic Kittler 등 이미 잘 알려진 기존의 미디어 이론가들의 논의뿐만 아니라 스마트폰에서부터 빅데이터, 클라우드 컴퓨팅 기술에 이르기까지 우리의 일상에서 흔하게 볼 수 있거나 언급되는 디지털 기술과 기기의 예시들을 통해서 미디어 인프라적 관점의 특성과 그 의미에 대해 밝히고 있다. 미디어 인프라의 관점이 미디어 연구에 주는 의미는 본 연구총서의 주요 주제인 모빌리티 인문학이 기존의 모빌리티 현상에 대한 시각들과 어떻게 구분될 수 있는지 그리고 그 의미는 무엇인지를 논의할 때도 고민해 볼 만한 유용한 논의들을 제공해 주고 있다. 저자가 보기에 미디어 인프라 관점이 오늘날 더욱 요구되는 이유는 미디어 인프라적 관점은 테크놀로지, 혹은 미디어를 결과물이 아닌 하나의 과정으로 바라보는 시각과 오늘날 5G, 인공지능, 4차 산업혁명 기술에서 보듯이 네트워크화되고 초연결되고 있는 사회세계의 물질성에 주목하는 시각이 핵심적으로 담겨 있기 때문이다.

김영욱의 〈디지털 프로모션에서 생산소비자와 감시의 작동 원리:

디지털 노동에 대한 감시사회의 착취 구도 해석〉은 디지털 감시와 노동의 문제를 핵심적으로 다룬다. 소셜 미디어, 각종 온라인 쇼핑몰 등은 오늘날 아마도 개인정보 등 이용자(혹은 소비자)의 데이터가 가장 많이 유통되는 대표적인 데이터 모빌리티 공간일 것이다. 바로 이 공간이 저자가 오늘날 디지털 노동과 감시의 문제를 제기하는 핵심적 장소이다. 더 나아가 어쩌면 저자가 주목하고 있는 온라인 상업 공간이야말로 오늘날 가장 많은 데이터들이 유통되는 대표적인 디지털 모빌리티 공간 중의 하나일지도 모른다. 이렇듯 오늘날 가장 일상적이고 또한 상업적 활동인 온라인 쇼핑과 "디지털 프로모션"이 이루어지고 있는 공간에 주목하면서 저자는 노동 착취, 통제, 감시의 문제에 초점을 맞추고 있는 비판적 이론들에 대해서 검토하고 있다.

노동과 자본, 노동 착취, 노동의 소외와 감시 등과 같은 문제들은 사실 그 동안 미디어 연구 분야에서만이 아니라 훨씬 더 광범위한 학문 분야에서 수많은 학자들에 의해서 오랜 기간 동안 논쟁과 토론을 거쳐서 다듬어져 왔으며 지금도 끊임없이 새로운 논의와 이론들이 제기되는 영역이다. 자본과 노동에 대한 칼 마르크스Karl Marx 의 논의에서부터 시작해서 미셸 푸코Michel Foucault의 감시사회에 대한 논의에 이르기까지 그 이론적 논의의 폭과 깊이를 헤아리기는 간단치 않다. 미디어 연구와 문화연구 영역으로 시각을 좁혀서 보더라도 지난 20여 년의 기간 동안 미디어 정치경제학 혹은 기술문화 연구 분야에서의 노동, 감시의 문제에 대한 논의는 이 분야에서 연구를 지속해 온 전문 연구자들에게도 버거울 정도의 이론적 논의들이 국내외에 축적되어 있는 것이 사실이다. 저자는 미디어 정치경제학 분야에서 댈러스 스마이드Dallas Smythe의 수용자상품론과 이 이론에 대한 현대적 재해석을 지속적으로 수행해 온 크리스티안 푹스Christian Fuchs의 논의(Fuchs, 2015), 그리고 마크 안드레예비치Mark Andrejevic(Andrejevic, 2012), 티지아나 테라노바Tiziana Terranova(Terranova, 2000) 등 기술문화 연구 분야에서 이루어진 감시/노동 문제에 대한 주요 연구 성과들과 이론들을 일관성 있게 업데이트하고 있다. 또한 이러한 이론적 논의들을 적용, 재맥락화하여 다양한 디지털 미디어 현상을 설명하고 있는 국내의 논의들도 소개하고 있다.

특히 이 글은 미디어 정치경제학과 미디어 문화연구에서 이루어진 해당 주제에 대한 토론에서 상대적으로 많이 소개되지 않았던 프랑수아 리오타르Jean-François Lyotard의 인간과 기술의 관계에 대한 철학적 논의뿐만 아니라 최근의 사회학적 논의들도 포함하면서 노동, 감시, 디지털 테크놀로지를 둘러싼 인문사회과학적 논의의 지형들을 폭넓게 그려 내고 있다. 오늘날 가장 대표적인 데이터 모빌리티의 공간으로서 온라인 상업 공간에서 작동하고 있는 노동 착취와 감시는 저자가 지적하고 있듯이 디지털 테크놀로지, 자본주의 시스템, 그리고 인간(정체성, 노동)의 문제에 대한 깊은 숙고와 함께 대안적 사고를 가장 절박하게 요구하고 있는 주제일 것이다.

김수철의 〈교통과 커뮤니케이션 기술의 변화: 자동차 모빌리티의 통합적 연구를 위한 시론〉은 모빌리티 연구에서 분리된 채 이루어져 왔던 교통과 커뮤니케이션에 대한 연구의 통합적 연구 가능성을 모색하고 있는 글이다. 저자에 따르면, 교통과 커뮤니케이션 연구의 분리적 경향 및 이에 대한 통합적 접근 방식의 필요성은 자동차 모빌리티의 예시를 통해서 효과적으로 살펴볼 수 있다. 그동안 자동차에 대한 연구는 주로 교통 기술이나 시스템에 대한 연구로 (교통)지리학, 공학 분야에서 주로 다루어져 왔으며 일부 사회학 분야에서 모더니티, 근대사회와의 연관성을 중심으로 이루어져 왔다. 여기서 자동차는 "정보나 신호, 메시지를 전달하는 기술", 즉 미디어로서 여겨지기보다는 "이동의 수단으로 여겨지는 경향"이 강했다. 반면에 미디어 연구, 커뮤니케이션 연구 분야에서 자동차는 미디어로 여겨지지 않는 경향이 강했다. 그러나 최근 4차 산업혁명 기술의 발전에 따라 "자동차를 비롯한 기존의 교통 기술의 영역들이 점차로 정보, 메시지의 전달을 주 목적으로 하는 커뮤니케이션 기술과 복합적으로 상호 연결"되고 융합되는 현상들이 대세가 되어 가고 있다. 하지만 교통transportation과 미디어 커뮤니케이션communication을 분리된 것으로 접근하는 관점은 오늘날의 모빌리티 테크놀로지와 모빌리티 사회와의 관계를 제대로 파악하기 힘들게 한다고 저자는 주장한다.

이 글은 모빌리티 연구, 커뮤니케이션 이론, 교통에 대한 문화사적 연구, 인문지리학에서 그동안 제기되었던 교통과 커뮤니케이션 사이의 유기적 연관성에 대한 이론적 논의와 사례 연구들을 소개하고 있다. 또한 통합적, 융합적 시각의 현재적 필요성을 강조하기 위해 저자는 오늘날 공유 모빌리티, 공유경제와 같은 사회문제들에 주목한다. 저자에 따르면, 오늘날 공유 모빌리티의 문제는 결코 기술적 혁신의 문제로만 볼 수 없다. 왜냐하면 오늘날 공유 모빌리티의 문제는 단지 기술적 솔루션, 기술 혁신에 따라서 향후 사회적 변화가 뒤따를 것이라는 전제들과는 달리 공유에 따르는 개인적, 사회정치적 감수성의 문제와 환경위기에 대응하는 공동체 차원의 대응의 문제 등을 복합적으로 제기하고 있기 때문이다.

더 나아가 저자는 모빌리티 연구 분야에서 이루어진 자동차 모빌리티에 대한 논의들을 통해서 통합적 접근의 필요성을 더욱더 정교화하고 있다. 존 어리John Urry와 미미 셸러Mimi Sheller의 자동차 모빌리티에 대한 논의에 따르면 자동차 모빌리티는 기본적으로 하나의 사회기술적 시스템으로, 즉 기술적, 산업적 그리고 사회문화적 측면이 동시에 고려될 필요가 있다. 저자에 따르면 자동차 모빌리티란 "자동차의 공간적 이동과 또한 이러한 자동차 이동이 주는 영향들을 조직화하고 가속화하고 변화시키며 동시에 그에 따른 결과와 영향들을 규제하는 정치적 제도들과 실천들의 집합"으로 볼 수 있다. 뿐만 아니라 자동차 모빌리티는 "하나의 담론적 구성체로서 자유, 프라이버시, 운동, 진보, 자율성의 이상들을 체화"시키며 동시에 자동차에 대한 재현에서 나타나는 다양한 모티프들을 포괄한다.

자동차 모빌리티의 변화에 대한 어리의 포스트 카post-car시대에 대한 논의와, 미미 셸러의 최근 모빌리티 불균등 문제를 본격적으로 제기하고 있는 모빌리티 정의mobililty justice에 대한 논의들은 모두 최근 모빌리티 기술 혁신에 따른 모빌리티의 불평등과 권력 문제를 교통과 커뮤니케이션에 대한 통합적 맥락에서 파악하고 사회정치적 수준에서의 대안적 해결 방식을 사고하는 데 있어서 중요한 통찰을 제기해 주고 있다는 점에서 주목할 만하다.

정은혜의 〈하펜시티 프로젝트에 기반하여 조성되는 '인천항'의 미래〉는 인문지리학의 시각에서 도시 인천, 특히 항만도시로서의 인천항의 공간 개발 계획에 주목하는 글이다. 지리학자로서 저자는 항만도시로서의 인천항 개발과 관련된 계획에 집중하면서 오늘날 항만도시가 갖고 있는 네트워크로서의 특성과 기능을 모빌리티 인프라스트럭처로서 이해하고자 한다. 즉, 항만도시로서의 하드웨어적인 기능만이 아니라 이러한 기능과 연관된 조직, 제도, 지식 체계, 미디어 커뮤니케이션 환경으로 구성된 하나의 사회기술적 시스템에 주목하고 있는 것이다.

이러한 관점에 따라서 저자는 인천항에 대한 새로운 이해를 보여 주고자 한다. 항만 시스템으로서 인천항의 역사와 동아시아 지역 물류의 중심지로서 인천항의 인프라스트럭처 변화를 일목요연하게 보여 주고 있다. 이러한 논의를 바탕으로 저자는 인천항 종합발전계획에 나타난 문제점, 정책적 이슈, 그리고 향후 개발 과정에서 제기될 문제에 대한 분석을 수행하고 있다. 저자가 보기에 인천항 종합발전계획은 향후 인천항이라는 공간을 단순히 화물 교역의 중개지로서만 바라보는 것이 아니라, 공간의 역사성과 지역성을 고려하는 동시에 지속가능한 발전이라는 문제도 고려할 필요가 있다. 또한 저자는 개발 정책적 이슈로서 기존의 국가(혹은 지자체) 주도적 모델에서 벗어나 시민사회와의 적극적 협력 방안과 정책들도 주문하고 있다.

기존의 도시 개발 계획이나 공간 문제에 대한 정책적 논의들과 모빌리티에 대한 인문사회과학적 논의들 사이에 존재하는 간극을 좁히는 작업은 이론적 논의를 통해서만 이루어질 수 없다. 정책 연구 영역에서 모빌리티 개념 및 이론의 적용과 해결책 제시라는 유혹이 존재하는 것이 사실이지만, 특정 정책 사례가 대상으로 하는 구체적인 모빌리티 공간의 복합적 현실은 손쉬운 이론 적용이나 해결책을 허용하지 않는다. 이는 셀 수 없이 많은 정책 리포트, 정책 담론 및 개발 계획 관련 아카이브에 대한 세밀하고 다각적인 분석이라는 노력과 대가를 치르지 않고는 쉽게 성취될 수 없다. 모빌리티 연구 분야에서의 정책 연구는 상대적으로 드문 것이 사실이다. 하지만 이론적 개념의 적용은 말할 것도 없고 더 나아가 해당 이슈에 대한 미시적이고 동시에 거시적인 분석과 해결책 제시, 그리고 현재의 발전만이 아니라 그 지역의 오랜 역사성과 현장성을 고려할 수 있는 매우 복합적인 사고와 분석 과정이 요구된다. 이러한 측면에서 항만도시로서 인천항 개발 계획에 대한 저자의 논의는 앞으로 더 많이 요구되는 도시 정책 연구 분야에서 모빌리티 인프라스트럭처를 중심으로 한 분석과 논의의 시작점을 드러내 주고 있다.

◆ ◆ ◆

2부 '이주 인프라스트럭처와 인간 생태계의 재구성'은 이주, 난민, 통근, 관광과 같이 오늘날 글로벌 현상으로 자리 잡으면서 점차 복잡화되어 가고 있는 인적 모빌리티의 변화 양상을 이주 모빌리티와 연관된 이주 인프라스트럭처—제도, 조직, 담론/지식 체계 등—의 변화 과정을 통해서 살펴본다. 특히 2부는 인간의 이주를 통해서 형성되고 있는 모빌리티 인간 생태계의 복잡한 재구성 과정을 조망하는 글들로 구성되어 있다.

고민경 · 백민정의 〈이주 중개인을 통해서 본 이주 인프라의 형성 과정〉은 최근 이주 인프라 개념을 중심으로 한 이주 연구에 있어서 새로운 통찰과 접근 방식을 보여 주고 있는 대표적 사례 연구로 볼 수 있다. 저자들에 따르면, 이주 인프라란 "이주자 개인이 맺는 연결망부터 전 이주 및 정착 과정에서 이주자가 접하는 각종 기술, 기관, 국가, 제도 및 행위자들의 상호 연결 혹은 이주자의 이동성을 생산하는 시스템이자 이동을 가능하게 하는 중개의 공간"으로 이해된다. 여기서 이주 인프라는 다양한 행위자들의 활동에 의해서 끊임없이 변화하며 강화되기도 하고 약화되기도 하는 것으로 파악된다. 이 글은 이주 인프라에서도 특히 이주 중개인, 즉 이주자들의 이동을 도와 취업, 학업, 결혼 등의 이주 목적을 현실화시키며, 정착을 돕는 사람들에 집중하고 있다. 이러한 이주 인프라의 일부인 이주 중개인(혹은 브로커)의 활동에 주목하면서 저자들은 오늘날 매우 복잡하게 진화하고 있는 국제적 이주의 현실에 접근하고 있다.

저자들이 밝히고 있듯이, 오늘날 이주는 송출국에서부터 이주국에 이르기까지 발생하는 이주자의 이동을 의미하지만 이 과정은 여러 행위자의 도움과 규제에 의해 매개된다. 이주 인프라는 이와 같은 송출국에서부터 이주국에 이르기까지 이주자의 이동을 생산하는 시스템을 일컬으며, 다양한 행위자들이 형성하는 하부 차원이 서로 복잡하게 얽히면서 끊임없는 내적 진화를 겪는 것으로 파악된다.

사실 이주 중개인의 활동과 역할에 집중하는 것은 오늘날 한국뿐만 아니라 전 세계적으로 나타나고 있는 다양한 형태의 이주의 물질적이고 복잡한 현실을 효과적으로 조명할 수 있는 방법으로 보인다. 저자들의 논의에서 살펴볼 수 있듯이 오늘날의 이주 현실은 불법과 합법, 경제적 이주와 강제적 이주, 송출국과 이주국, 영리-비영리, 공적(국가, 비상업적) 영역-사적(시민사회, 상업적) 영역 사이에 대한 단순한 이분법적 가정들에 근거한 이해를 허용하지 않을 정도로 매우 복잡다단하게 형성되어 있다. 여기서 이주 인프라 연구는 이주 과정에 주목함으로써 이주 조건의 복합성을 드러내 줄 수 있다. 조선족 이주 브로커에 대한 이 글의 분석에서 보여 주듯이, 이주 중개는 하나의 산업이자 사회문화적 시스템으로서 다양한 조건의 변화에 따라서 끊임없는 진화를 거듭해 왔으며 공적-사적 영역, 합법-불법의 경계를 가로지르며 이루어져 왔다.

이주 연구에 있어서 이주 인프라 이론과 접근을 통한 하나의 시론적 연구로서 이 글은 이주 중개인의 역할에 집중함으로써 오늘날 한국 사회에서 역동적으로 변화하고 있는 이주 과정, 그리고 이주의 성격 변화를 효과적으로 조명해 주고 있다.

파라 셰이크의 〈소외와 이슬람포비아적 풍토 속의 한국적 이슬람에 대한 탐구)는 오늘날 한국 사회에서 무슬림 정체성을 둘러싸고 나타나고 있는 문화정치적 현실을 흥미롭게 보여 주고 있다. 저자에 따르면, 한국의 무슬림 인구는 영국, 프랑스, 중국과 같은 국가에 비해 훨씬 적다. 특히 한국인 무슬림 인구는 상대적으로 작은 공동체를 이루고 있다. 또한 이슬람에 대한 혐오인 이슬람포비아는 서구 국가에서와는 다른 양상을 보여 준다. 서구 사회에서의 이슬람포비아는 주로 무슬림 이민자로 인한 경제적 궁핍을 우려하는 방식으로 나타나는 반면에 한국 사회에서는 종교적 측면과 미디어의 부정적 표현에서 학습된 측면이 강하다는 것이다. 그 원인에는 이슬람과 무슬림 사안을 구분하지 않는 단순한 무지도 있으며 또한 미디어에서의 차별적 표현과 상징의 무분별한 사용, 특정 기독교 집단의 영향, 그리고 일반적인 다문화 가정에 대한 혐오의 감정도 작용하고 있는 것으로 파악되고 있다.

저자가 보기에 한국 사회에서의 이슬람포비아는 오늘날 국경을 넘어 이루어지고 있는 초국적 모빌리티(특히 관광, 음식)의 역학 변화에 따라 모순적 상황에 놓이게 된다. 한국의 관광산업과 같은 문화산업 분야는 최근 한류 열풍에 따라서 무슬림 여행객에게 한국을 세계화된 국제적 장소로 홍보해야 하는 상황이다. 한류, K-뷰티, K-푸드 등은 한류의 영향에 따라서 세계의 부유한 무슬림의 주목을 끌고 있으며 관광, 홍보 차원에서 상당한 노력을 진행해 온 것도 사실이다. 저자에 따르면, 한류 드라마 촬영 장소인 남이섬에 있는 할랄 인증 식당은 한국을 찾아오는 무슬림 관광객에게 잘 알려진 장소이다. 한국 사회에 만연해 있는 이슬람포비아와 무슬림 문화에 대한 무지와는 달리 많은 민간 산업체들은 할랄 산업을 현지화시키고 무슬림 여행자를 위한 다양한 서비스를 확대하려 하고 있다. 한국 정부의 할랄 관광산업에 대한 지원도 이루어지고 있다. 그러나 이러한 산업적 이해관계에 따른 할랄 산업 확대의 노력은 이슬람포비아와 같은 사회적 분위기와 차별에 의해서 심각하게 제한받고 있다는 것이 저자의 주장이다.

또한 저자가 수행한 한국인 무슬림에 대한 현장 연구 조사에 따르면, 한국인 무슬림 가정은 한국 사회의 독특한 이슬람포비아, 다문화 정책 등과 같은 논쟁과 정책 논란에서조차도 자주 배제되고 있다는 점도 지적되고 있다.

이 글에서 다루고 있는 한국에서의 이슬람포비아에 대한 이해는 문화적, 종교적 차원에서 작동하고 있는 이주의 문화정치와 경제적, 산업적 이해관계에 의해서 형성되고 있는 이주 관계 사이의 모순적이고 복합적인 양상들에 주목하고 있다. 오늘날 국가 간 경계를 넘어서 이루어지고 있는 모빌리티의 양상은 초국적 이주 관계에 대한 분석을 더욱 복잡하게 만들고 있다. 여기에는 종교적, 문화적, 역사적 요인들에 의해 규정되는 이주 관계도 존재하며 또한 관광, 문화산업, 미디어를 통한 주로 경제적, 문화적 요인에 영향을 받아 형성되는 이주 관계들이 함께 작동하고 있다. 한국의 이슬람 이주민, 무슬림 문화에 대한 연구는 오늘날의 모빌리티 동학에 의해 형성되고 있는 복잡한 문화정치적 현실을 대면해야 함을 이 글은 잘 보여 주고 있다.

이병하의 〈한국 난민 이슈의 정치화〉는 2018년 예멘 출신 난민의 제주 유입과 함께 한국 사회에서 불거진 난민 관련 논쟁과 갈등의 의미를 살펴보고 있는 글이다. 이주 문제를 중점적으로 다루어 온 정치학자인 저자는 안보화securitization 이론을 통해서 한국에서의 제주 난민 사태의 정치화 과정을 분석하고 있다.

이 글은 두 가지 측면에서 한국 사회의 이주 모빌리티의 현실에 대한 매우 시의적절한 연구이다. 먼저, 이론적 측면에서 그러하다. 이 연구의 분석 틀로서 사용되고 있는 코펜하겐 학파의 사회안보social security 개념 및 새로운 안보화securitization 이론은 오늘날 초국적 이주가 글로벌 현상으로 자리 잡고 그 이주 패턴과 유형도 과거에 비해 더욱 복잡화되고 있는 가운데 난민 증가, 테러, 포퓰리즘의 발흥, 브렉시트의 예시에서 볼 수 있듯이 이주가 기존의 국제정치 질서의 근간을 흔들 수 있는 위기적 상황으로 변화될 가능성이 높아짐에 따라서 국제정치 이론에서 상당한 주목을 받아 왔다.

다음으로 저자가 지적하고 있듯이 난민 문제는 한국 사회에서는 당면 문제가 아니었으며 소극적으로 대응해 온 것이 사실이다. 상대적으로 난민 숫자도 적었고 난민 인정률도 낮았다. 그러나 2018년 예멘 출신 난민들의 제주로의 대거 유입은 한국 사회에서 난민 이슈가 더 이상 남의 일이 아니며 우리에게도 당면한 문제임을 인식하게 하면서, 또한 난민 이슈가 한국 사회의 잠재적 갈등 요소의 하나임을 잘 드러내 준 사건이었다. 하지만 저자가 지적하고 있듯이 한국 사회에서 난민 문제 관련 연구들은 아직 법적 검토에 대한 논의들에 한정되어 있으며 또한 테러리즘, 전통적인 안보적 접근에 한정되는 유럽 사례에 대한 연구가 주를 이루고 있다는 점에서 이 연구가 갖는 의미를 찾아볼 수 있다.

저자도 언급하고 있듯이, 코펜하겐 학파의 새로운 안보 개념과 안보이론은 오늘날 한층 복잡화된 이주 모빌리티 현상을 이해하는 데 유용한 틀을 제공해 준다. 전통적인 시각에서의 국가안보와 군사력 사용에 국한되는 안보가 아닌 인간안보, 사회안보 혹은 안보화라는 새로운 시각은 이주 현상과 관련해서 나타나고 있는 정책적, 사회 담론적 변화를 그 연구 대상 속에 포괄하고 있다는 점에서 그 의미를 찾을 수 있다.

따라서 확대된 안보 개념 및 새로운 안보화 이론을 바탕으로 한 한국의 최근 제주 예멘 난민 사태에 대한 이 글의 분석은 단순히 법적 측면만이 아니라 국가 정책(산업연수생 제도, 다문화 정책 등)의 변화, 그리고 사회정치적 담론(반다문화 담론, 반이슬람 담론) 등을 그 분석 대상으로 삼는 포괄적인 논의를 보여 주고 있다. 이 논의에 따르면, 제주 예멘 난민 사태에서 나타났듯이 반이슬람 담론과 기존의 치안/안전 담론이 결합되어 나타났던 '위험한 이주민'이라는 담론은 한국 사회에서 난민 이슈를 정치화시키는 데 중요한 촉매제 역할을 담당했다. 더불어 이 글은 제주 난민 사태의 정치화 과정에서 나타났던 다양한 미디어 재현 방식(가짜뉴스 포함), 여론 조사, 개신교 우익 단체들의 담론에 대한 분석들도 제공하고 있다.

제주 난민 사태가 한국 사회에서 정치화되는 과정에 대한 면밀하고 다각적인 분석을 제공하고 있는 이 글은 오늘날 이주 모빌리티의 복잡한 현실을 분석할 수 있는 하나의 예시를 잘 보여 주고 있다. 특히 새로운 안보 개념 및 안보화 이론을 적용한 논의는 오늘날 (이주) 모빌리티 연구에서 제기되고 있는 다양한 문화정치적 이슈들이 점차로 광범위한 안보, 안전 담론에 기반을 두고 있다는 점에서 그 의미가 더욱 크다.

모빌리티 연구 분야에서도 안전security이 모빌리티 체제에서의 권력의 작동 방식과 어떻게 결합되는지에 대한 논의는 미셸 푸코에서부터 존 어리, 미미 셸러, 피터 애디Peter Adey(Adey, 2016) 등의 논의에 이르기까지 늘 분석과 관심의 대상이었다. 또한 모빌리티 연구와 새로운 안보화 이론, 비판적 안보이론의 결합은 현재 이주 모빌리티 분야뿐만 아니라 모빌리티 연구 전 분야에서 매우 생산적인 연구의 높은 가능성을 보여 주고 있다는 점에서 향후에도 더욱 주목할 필요가 있다(Leese and Wittendorpm, 2018).

이용균의 〈모빌리티가 여행지 공공공간의 사적 전유에 미친 영향: 터키 여행공간을 사례로〉는 여행, 관광과 모빌리티의 긴밀한 관계를 살펴보고 있는 인문지리학 연구이다. 관광과 모빌리티의 변화 사이의 관계는 모빌리티 연구 분야에서 고전적인 주제였다. 영국 랭커스터대학Lancaster University에 모빌리티연구소Center for Mobilities Research: CeMoRe를 공동 설립하고 새로운 모빌리티 패러다임New Mobility Paradigm을 주창하며 모빌리티 연구Mobilities Studies를 이끌었던 사회학자 존 어리의 핵심 작업들의 주요 연구 주제들 중의 하나는 관광이 어떻게 도시 풍광, 도시 생활, 도시 공간을 변화시키는지에 대한 것이었다는 점은 잘 알려져 있다(Urry, 1990). 이 글은 특히 초기 모빌리티 연구에서 여행과 모빌리티 공간 사이의 관계에 대한 연구들에 나타난 문제의식들 중에서 여행지 공공공간의 변화에 주목하고 있다. 최근 많은 세계 유명 여행지에서 공공공간들의 사유화가 증대하면서 공공공간들이 소수에 의해 전유되거나 지배되는 현상이 많아지고 있기 때문이다. 이 글에서의 사례 연구는 터키의 아타튀르크 공항, 고속도로 휴게소, 카파도키아 지역 등을 대상으로 여행에 의한 공적 공간의 사유화 현상을 살펴보고 있다.

저자가 지적하고 있듯이, 여행은 여행자와 여행지를 연결하면서 다양한 관계들과 결합된다. 공항, 항공사, 호텔, 레스토랑 등에서 제공하는 서비스는 여행이라는 활동을 통해서 네트워크로 연결된다. 또한 저자는 여행이라는 모빌리티 경험이 지니고 있는 정동affect적 측면에도 주목한다. 여행의 경험은 이동하는 신체 및 신체의 이동에 의미를 부여할 뿐만 아니라 흥미와 만족을 제공하며 더 나아가 또 다른 여행이 발생하는 요인이 되기도 한다. 하지만 여행의 경험을 통해서 연관되는 이러한 공간들—공항, 고속도로 휴게소, 그리고 유명 여행지들의 공적 공간들—은 점차로 상업화, 사유화의 과정을 거침에 따라서 그 공적 성격, 즉 마주침과 교류의 장소로서의 성격을 탈각하고 일시적이고 도구적인 거래의 장소로 변화되었다는 것이 저자의 관찰이다.

이 글에서 여행 증가로 인한 여행지의 장소성 변화의 사례로서 언급되고 있는 터키 카파도키아 지역 사례는 흥미롭다. 저자는 많은 유명 여행지에서 흔히 볼 수 있는 다양한 여행상품, 특히 (자동차, 낙타) 사파리 투어, 열기구 투어, 그리고 트래킹(이 글에서는 다루고 있지 않지만) 등과 같은 모빌리티를 이용한 투어들이 어떻게 자연(혹은 지역)과 인간의 관계, 장소성, 그리고 여행의 정동적 측면을 변화시키고 있는지에 대하여 흥미로운 분석을 제공하고 있다.

여행은 여행지 공간의 사유화, 상업화와 함께 단지 소비와 편의 중심의 변화뿐만 아니라 일상 공간의 심미화 혹은 스펙터클화를 가져오기도 하지만 우리의 여행 경험에 대한 인식 자체를 변형시키기도 한다. 즉, 이동의 경험, 특히 여행traveling과 거주dwelling, 친숙한 것과 낯선 것, 가까운 것과 먼 것, 그리고 공적인 것과 사적인 것 사이의 관계에 대한 우리의 인식, 느낌에도 깊은 영향을 미치고 있다. 여행과 모빌리티 사이의 관계에 대한 연구는 과잉 여행over-tourism이 사회적 이슈가 되고 있는 오늘날 모빌리티 연구에 있어서 아직도 가장 생산적인 연구 영역들 중의 하나로 더 많은 비판적 연구가 요구된다.

◆ ◆ ◆

　본 연구총서는 모빌리티 현상들이 어떻게 모빌리티 인프라스트럭처의 작동을 통해서 모빌리티를 구성, 재구성하고 있는지 포착함으로써 이러한 과정이 현대사회에서의 생활세계 구성에 어떻게 관여하고 있는지를 비판적으로 살펴볼 수 있는 기회를 제공하고자 기획되었다. 아무쪼록 본 연구총서에 담긴 글들이 모빌리티 인프라스트럭처를 통한 모빌리티 생활세계에 대한 이해를 한층 더 심화시킬 수 있기를 바란다. 특히 모빌리티 인프라스트럭처가 현대사회에서의 모빌리티에 대한 이데올로기 및 이상들과 어떠한 긴장관계들을 구성하고 있으며 이는 현대 모빌리티 사회에서 나타나는 생활세계의 물질적 모습을 구체적으로 어떻게 변형시키고 있는지에 대한 더 나은 논의에 기여하면서 관련 연구를 촉발할 수 있기를 기대한다.

Andrejevic, Mark. Exploitation in the data mine. In C. Fuchs, K. Boersma, A. Albrechtslund, & M. Sandoval (eds.), *Internet and surveillance: The challenges of Web 2.0 and social media* (pp.71-88). New York, NY: Routledge. 2012.

Cowen, Deborah. *The Deadly Life of Logistics: Mapping Violence in Global Trade*. Minneapolis: University of Minnesota Press. 2014.

_____, Infrastructure of Empire and Resistance, Verso Blog, January 25, 2017. (Search date: 2020/01/05). 2017. https://www.versobooks.com/blogs/3067-infrastructures-of-empire-and-resistance

Edwards, N. Paul. Infrastructure and modernity: scales of force, time, and social organization in the history of sociotechnical systems. in: Misa TJ, Brey P and Feenberg A (eds.), *Modernity and Technology* (pp. 185-225). Cambridge, MA: The MIT Press, 2002

Fuchs, Christian. The digital labor theory of value and Karl Marx in the age of Facebook, Youtube, Twitter, and Weibo. In E. Fisher & C. Fuchs (Eds.), *Reconsidering value and labor in the digital age* (pp. 26-41). London, UK: Palgrave McMillan, 2015.

Graham, Stephen & Marvin, Simon. *Splintering Urbanism: Networked Infrastructures, Technological Mobilities and the Urban Condition*. London; New York: Routledge. 2001.

Hughes, Thomas. *Networks of Power: Electrification in Western Society, 1880-1930*. Baltimore, MD: Johns Hopkins University Press. 1983.

Latour, Bruno. *Pandora's Hope: Essays on the Reality of Science Studies*. Cambridge, MA: Harvard University Press. 1999.

Oxford Dictionaries, 2019. https://www.oxfordlearnersdictionaries.com/definition/american_english/infrastructure

Parks, Lisa and Starosielski, Nicole. *Signal Traffic: Critical Studies of Media Infrastructures*. Champaign, IL: University of Illinois Press. 2015.

Sheller, Mimi. *Mobility Justice: Poltics of Movement in an Age of Extremes*. London: Verso. 2018. (《모빌리티 정의》. 최영석 옮김. 서울: 앨피. 2019.)

Urry, John. *The Tourist Gaze: Leisure and Travel in Contemporary Societies*, Beverly Hills: Sage. 1990.

Adey, Peter. Emergency Mobilities. *Mobilities* 11(1), 2016, pp. 32-48.

Berlant, Lauren. The commons: Infrastructures for troubling times, *Environment and Planning D: Society and Space* 34(3), 2016, pp. 393-419.

Leese, Matthias and Wittendorp, Stef. The new mobilities paradigm and critical security studies: exploring common ground, Mobilities 13(2), 2018, pp. 171-184, DOI: 10.1080/17450101.2018.1427016.

Star, Leigh Susan and Ruhleder, Karen. 1996. "Steps toward an ecology of infrastructure: Design and access for large information spaces." *Information Systems Research* 7(1), 1996, pp. 111-134.

Terranova, Tiziana. Free labor: Producing culture for the digital economy, *Social Text* 18(2), 2000, pp. 33-58.

1부

도시 공간과
미디어 인프라스트럭처의 변화

미디어 테크놀로지의 물질성:

인프라로서의 미디어 네트워크를 향한 탐색

이희은

이 글은 《문화와 정치》 6권 2호(2019)에 게재된 원고를 수정 및 보완하여 재수록한 것이다. 글을 수정하는 과정에서 추가된 내용 중 일부는 백남준아트센터에서 주최한 심포지엄 '미디어 생태계: 다시 〈TV 정원〉으로'(2019년 9월 28일)에서 발표된 적이 있음.

"기계는 자연의 크나큰 문제들로부터 인간을 단절시키는 것이 아니라 그 문제들에 더 깊이 빠뜨린다." _ 앙투안 드 생텍쥐페리 (Antoine de Saint-Exupéry, 1939: 22), 《인간의 대지[Terre des Hommes]》

미디어라는 삶의 조건

새로운 테크놀로지가 등장할 때마다 우리가 살아갈 미래가 더 새로워질 것이라는 믿음도 함께 등장한다. 적어도 산업계나 정부의 주장에 따르면 그렇다. 반면 그것이 4차 산업혁명이든 인공지능이든 5G 이동통신이든, 새로운 기술이 등장하고 새로운 용어가 등장할 때마다 대부분의 평범한 시민들은 빠르게 변화하는 테크놀로지의 특성과 차이를 제대로 인식하지 못한 채 그저 당연한 것으로 받아들이는 수밖에는 없는 것처럼 보인다. 그러나 새로운 테크놀로지가 우리의 삶을 즉각적으로 바꾼다는 가정은 과연 얼마나 유효할까? 우리가 일상에서 접하는 테크놀로지의 환경은 하나의 상품이나 기술 표준의 형태로 빠르게 변화하는 모습을 보이기도 하지만, 꽤 긴 기간 동안 우리의 삶의 조건을 형성하는 굳건한 물질성으로 작용하기도 한다. 미디어 테크놀로지란 급변하는 삶을 쫓아가기 위한 도구이기만 한 것이 아니라, 우리가 발을 딛고 살아가는 토대이자 환경이기도 하다는 의미다. 이 글은 인간과 테크놀로지가 한데 얽혀 구성하는 오늘날의 환경을 '미디어 인프라'의 개념으로 이해하려는 탐색이다.

미디어를 인프라로 이해한다는 것은 테크놀로지의 발전에 대한 기술낙관주의가 팽배한 현실에서, 사회과학과 미디어 연구가 학문적으로나 현실적으로 맡아야 할 역할은 무엇인지를 고민하는 문제의식에서 출발한다. 기술낙관주의는 기술비관주의의 반대말처럼 보이지만 사실은 동전의 양면과도 같은 관계다. 둘 모두 새로운 기술이 등장할 때마다 그것이 인간의 사회를 급진적으로 바꿀 수 있을 것이라 믿게 만드는 담론이라는 점에서 그렇다(이영준 외, 2017). 그러나 기술은 인간이나 사회와 분리하여 독자적으로 기능을 발휘할 수 없으며, 특히 여러 형태의 기술과 미디어와 인간의 활동이 복잡하게 얽힌 디지털 네트워크 시대에는 더욱 그러하다.

따라서 미디어를 인프라로 이해한다는 것은 미디어를 특정 기능이나 효용의 측면이 아니라, 인간 삶의 존재 조건으로 살필 것을 제안하는 것이기도 하다. 그 어느 때보다도 풍요롭다는 기술적 진보 속에서 우리는 때로 통제력을 잃은 것 같은 느낌을 갖기도 하고, 하루가 다르게 쏟아지는 디지털 디바이스들은 그 불안감을 더 부추기기도 한다. 우리는 발맞춰 쫓아가기에는 너무 빨리 변화하고 차분히 분석하기에는 너무 빨리 사라져 버리는 테크놀로지의 변혁 속에서 살아가는 셈이다. 이러한 디지털 네트워크 사회를 미디어 인프라로 이해하기 위해서는 인간과 기술과 문화의 관계를 복합적으로 살필 필요가 있다. 이는 특정 테크놀로지나 기술의 구현만을 독자적으로 평가하는 것이 아니라 그것이 놓인 사회적 맥락을 살핀다는 의미이며, 하나의 테크놀로지를 도입함에 따라 변화할 우리의 삶의 조건을 미리 상상하고 고민해 보자는 의미이기도 하다.

인간과 환경과 미디어

2019년 9월의 어느 날, 태풍으로 인한 강한 비바람이 우리나라 곳곳의 집을 무너뜨리고 나무를 쓰러뜨리고 길을 끊어 놓았다. 이로 인해 여러 생명이 다치거나 목숨을 잃었다. 역시 같은 해 9월의 어느 날, 유엔 기후행동정상회의UN Climate Action Summit를 앞두고 세계 곳곳에서 벌인 '글로벌 기후 파업'의 하나로 서울 대학로에 젊은이들이 모였다. 이날 시위에 참여한 16세의 청소년 활동가는 단상에 올라 "저에게 편리한 생활을 보장해 주는 대한민국의 시스템이 지구 반대편 어떤 이의 삶을 짓밟고 있다면, 저는 그 시스템이 바뀌어야 한다고 생각한다"고 말했다(김혜윤, 2019). 언론에서는 이 두 소식을 각각 '날씨'와 '사회' 뉴스로 구분하여 보도했다. 하나는 자연이 인간에게 벌인 일이고, 다른 하나는 인간이 자연에 대해 외친 목소리이기 때문에 그랬을 것이다. 하나는 인간의 불가항력에 관한 일이고, 다른 하나는 인간의 적극적인 행동에 관한 일이라 그랬을 것이다. 그러나 비슷한 시기에 일어난 이 두 뉴스의 이야기는 과연 서로 성격이 다른 별개의 우연적 사건일 뿐이었을까? 그 두 소식을 '날씨'와 '사회'의 범주로 구별하여 우리에게 알려 준 언론은 어째서 하나의 사건에 대해서는 인간의 목소리를 들려주지 않고 다른 하나의 사건에 대해서만 인간의 목소리를 전달한 것일까?

이 질문에 대한 전통적인 미디어 이론의 답은 간단하다. 저널리즘 이론의 측면에서 보자면, 하나는 자연의 일이고 다른 하나는 인간의 일이기 때문에 두 개의 사안에 대해 다른 접근법을 취한 것은 어쩌면 당연하다. 그러다 보니 이 두 개의 뉴스 사례에서 인간과 자연은 서로 분리된 존재로 그려지고, 미디어는 그 둘 사이를 아무런 가치 판단 없이 단순 매개하는 존재로 가정된다. 그래서 첫 번째 태풍 피해 보도에서는 무너진 집 앞에서 망연자실한 인간의 모습이 표현되고, 두 번째 시위 보도에서는 카메라를 정면으로 바라보며 자연현상에 대해 발언하는 인간의 모습이 표현된다. 그렇게 하나는 자연의 일로, 다른 하나는 인간의 일로 마무리되는 것처럼 보인다.

그러나 정말 그럴까? 태풍이 집을 무너뜨려 아닌 밤중에 사람의 목숨을 앗아간 사건을 '자연'의 일이라 할 수 있을까? 강한 의지를 지닌 사람들이 기후변화의 속도를 늦추기 위한 행동에 나선 것을 두고 '인간'만의 일이라 할 수 있을까? 갑자기 강하게 쏟아지는 비가 천재지변일 뿐이라면, 어째서 그 비에 속수무책으로 목숨을 잃는 피해자들이 대부분 사회적 약자에 집중되는 것일까? 태풍을 앞두고 하수시설 공사를 벌이던 노동자들이 사망한 것은 자연재해일까 인재일까? 이러한 질문들을 곱씹어 보면, 인간이 환경을 맞이하고 다스리고 관리하고 살아 내는 방식이 한 사회 내에서도 얼마나 불균등하게 분포되어 있는지 알 수 있다.

인간과 기술과 자연의 관계를 고민하는 것은 그저 추상적인 질문에 머물지 않는다. 이러한 고민과 논쟁들은 어쩌면 오늘날의 복잡한 환경에서 당연히 논의되어야 할 생존의 질문일 수도 있다. 쉽게 일반화하기 어렵기는 하지만 주류 미디어 이론은 대개 미디어를 언론 조직, 수용자, 프로그램 등을 포괄하는 개념으로 정의한다. 즉, 방송국 등의 물질적 조건, 영화나 프로그램이나 작품 등 매체를 통해 전달되는 내용, 그리고 그 내용을 받아들이는 이용자들의 행동 특성 등을 미디어 연구의 영역에 포함한다. 그러나 이 글에서는 미디어에 대한 조금은 비주류의 접근을 해 보려 한다. '미디어가 환경이다'라는 미디어 생태학의 오래된 명제를 확장하여 '환경은 미디어다'라는 명제를 탐색해 보고자 하는 것이다. 이러한 관점에서 미디어는 언론과 환경과 데이터 처리에 관련된 모든 활동 및 물질들, 그리고 표현과 의미를 전달하고 저장하는 데 필요한 테크놀로지와 그 수행 능력을 모두 포함한다. 이는 미디어의 범주를 지나치게 확장하는 것처럼 보일 수도 있을 것이다. 하지만 오늘날의 미디어는 이미 우리가 상상하기 힘든 범위와 방식으로 인간과 자연 사이를 매개하고 있다. 근대의 프로젝트라 할 수 있는 미디어의 개념을 확장해 보려는 시도는 절대 무모하지 않다.

어원상 '중간' 혹은 '매개'라는 뜻을 가진 '미디어'라는 용어는 오늘날 정보의 전달 장치를 의미할 뿐 아니라, 우리가 살아가는 존재 조건의 운영 시스템을 의미하기도 한다(Peters, 2018). 미디어는 단순히 메시지나 내용을 투명하게 전달하는 도구적 역할만을 하는 것은 아니다. 미디어는 인간의 생태계는 물론이고 정치나 경제 체계와도 깊은 관련을 맺고 있는 동시에, 그 체계들을 구성하는 주요 요소이기도 하다. 인간의 손이 닿지 않았거나 덜 닿은 곳을 '자연'이라고 일컫는다면, 이제 그런 자연은 거의 존재하지 않는다. 이 글의 시작에서 든 사례들에서 볼 수 있듯, 제아무리 예측하기 힘든 자연현상이라 할지라도 인간이 개입하지 않은 영역이 없고 또 그러한 인간의 개입은 다시 자연을 예측 불가능한 방식으로 변화시키기도 한다.

"미디어는 우리의 상황을 결정한다"(Kittler, 1999: xxxix). 프리드리히 키틀러Friedrich Kittler의 이 짧은 문장은 인간과 미디어의 관계를 둘러싼 논쟁의 역사를 축약한다. 고전역학으로 사회현상을 연구하려는 전통적 사회과학자들에게 이 문장은 미디어의 구체성과 경험적 사실을 드러내지 못한 선언적인 문장일 뿐이다. 반면 의미의 구성을 둘러싼 권력관계를 살피려는 미디어 문화연구자들에게 이 문장은 미디어의 역할을 과도하게 평가하고 인간의 존재를 고려하지 않은 기술결정론을 드러낼 뿐이다. 그러나 존 더럼 피터스John Durham Peters는 이러한 세간의 평가를 반박하며, 키틀러가 그의 저서에서 인간이나 대중 등을 명시적으로 언급하지 않았다고 해서 기술결정론자라는 오해를 받는 것은 지나치다고 말한다(Peters, 2017). 키틀러가 반대한 것은 과학 대 인문학 혹은 정신과 자연 등과 같은 이분법이었을 뿐이라는 것이다. 이러한 이분법은 키틀러가 활동할 당시의 독일 학계를 지배하는 관념이었고, 현재의 한국 사회에서도 결코 낯선 것은 아니다.[1] 즉, 키틀러는 인문학을 계산이나 기계와 무관하게 여기는 생각이나 기계와 숫자가 인간의 영혼을 앗아 갈 것이라는 생각 모두에 반대한다. 인간이 이루어 온 모든 문화와 예술은 결국 인간의 감각이 물질과 이루는 인터페이스에 의해 이루어진다고 보는 것이다 (Kittler, 1999).

인프라로서의 미디어

우리의 일상생활에서 미디어는 종류상으로 끝없이 확장되는 동시에 상호 연결성을 더해 나가고 있다. 방송과 인터넷과 모바일 통신과 교통망은 복잡하게 얽혀 있고, 그 망을 통해 뉴스와 데이터와 오락거리와 온갖 사소한 것들이 광범위하게 흘러넘친다. 오늘날의 디지털 네트워크 사회에서는 미디어를 이용하여 의미나 표현들을 만들어 내는 사람이 누구인지, 그것이 상업적인지 예술적인지, 또 그 의미와 표현을 받아들이는 사람들은 어디까지인지, 그 분석의 범주를 정하기가 쉽지 않다. 분명한 것은 미디어와 테크놀로지와 인간과 사회 사이의 상호 관계성이 점점 더 커지는 현상을 많은 이들이

---

[1] 여전히 인문계와 자연계, 정신과 물질 등의 이분법이 우리의 일상은 물론 학문적 논의에도 자주 목격된다. 예컨대 '나는 인문계 출신이라 기계는 몰라도 된다'거나 '나는 자연계 출신이라 인간의 조건에는 관심 두지 않아도 된다'라는 말은 논리적으로 잘못된 이분법일 뿐만 아니라 오늘날의 현실과도 동떨어진 이야기다.

인식하고 있다는 점이다. 이에 미디어 학자들은 오늘날의 복합적인 미디어의 정경mediascape을 이해하기 위해서는 개별 미디어가 아니라 미디어 인프라media infrastructures를 포괄적으로 살펴야 한다고 주장한다. 다양한 분야의 여러 학자들이 미디어 철학(Peters, 2018), 문화연구(Morley, 2009), 미디어 기술연구(Parks & Starosielski, 2015), 도시학과 지리학(Farman, 2017) 등의 관점에서 미디어 인프라 연구의 필요성을 제기하고 있다.

여기서 '인프라'는 영어 인프라스트럭처infrastructure의 우리말 표현이다. 국어사전에서는 '인프라'를 생산이나 생활의 기반을 형성하는 구조물로 정의한다. 원래 '인프라스트럭처'는 어떤 사업의 종속적인 부분을 집합적으로 일컫는 말로 하부구조나 기초를 의미했으며, 처음엔 군사적인 장치와 관련된 말이었다(Oxford English Dictionary). 이후 그 의미가 확대되어, 오늘날 우리가 알고 있듯 통신 네트워크와 교통시설, 하수도와 송유관, 항만과 철도 등을 포괄하게 되었다.

'미디어 인프라'는 '인프라'가 지닌 기존의 의미를 미디어 연구에 접목한 것으로, 인공적으로 만들어진 시설과 관련된 자연환경과 인간의 요소를 모두 포괄한다. 구체적으로는 "시청각 신호 트래픽의 분배를 담당하도록 고안되고 구성된 상황적 사회기술 시스템"을 의미한다(Parks & Starosielski, 2015: 12-17). 여기에는 방송과 위성, 인터넷과 이동통신 등의 미디어 장치는 물론이고 데이터센터, 해저 케이블, 이동통신 기지국과 같은 구조물 및 그것을 관리하는 인간의 노동력까지 모두 포함된다. 이렇게 미디어 네트워크를 인프라로 이해하기 시작한 것이 그리 오래된 일은 아니다. 그러나 여러 학자들은 이제 미디어 연구가 인간과 기계와 자연과 사회를 연결하는 확장된 인프라 시스템에 주목해야 한다고 주장한다(Parks 2017; Peters 2018). 네트워크 자체를 주어진 것 혹은 유기적인 관계성이 없는 기계적인 것으로 여기는 기존의 접근 대신에, 네트워크를 이루는 다중성과 혼종성에 주목하는 새로운 접근이 '미디어 인프라 연구media infrastructure studies'라는 이름으로 활발하게 탐구되고 있다(Parks & Starosileski 2015).

미디어 인프라가 일반적인 의미의 인프라와 다른 점은 크게 세 가지다. 첫째, 미디어 인프라는 지리적으로는 특정한 곳에 집중되어 있으나 그 운용과 영향력은 광범위하다는 점에서 도로나 하수도와 같은 전통적인 인프라와 차이를 보인다. 실제 설치된 장소와 그 영향력의 범위가 반드시 일치할 필요가 없다는 것은 의미 전달이나 재현 등의 직접적인 커뮤니케이션의 문제뿐 아니라 감시나 원격 작동 등 기계 시스템의 문제까지도 포함한다는 뜻이 된다. 둘째, 미디어 인프라는 "물질적인 형태인 동시에 담론적인 구성물"이므로 기술만의 문제가 아닌 사회기술적sociotechnical 문제로 이해된다(Parks & Starosielski, 2015: 5). 따라서 특정 사회의 미디어 인프라는 그 사회가 욕망하는 집합적인 상상력collective imaginaries의 산물이기도 하다.[2] 셋째, 미디어 인프라는 전통적 인프라와 달리 자동화 장치, 센서, 원격 조종 등으로 작동하는 경우가 많지만, 그 운용과 관리에 있어서 여전

---

[2] 미디어 인프라가 집합적인 상상력의 담론으로 작동하는 사례로는 2019년 5G 이동통신이 본격 실시되기 이전에 방송되었던 KT 광고를 들 수 있다. 이 광고에는 사회적인 유명인사이기도 한 이국종 아주대학교병원 권역외상센터장이 닥터헬기로 의료 활동을 하는 장면이 등장한다. 이는 특정 기술이 가져다줄 수 있는 가장 윤리적이고도 사회적인 순간을 상상하게 해 준다. 그러나 비싼 닥터헬기를 갖고 있어도 소음에 대한 규제와 제약이 많은 항공로 등으로 인해 어려움이 크다는 이국종 교수의 인터뷰 내용을 생각하면, 5G 이동통신 하나만으로 그러한 이상적 순간이 오는 것은 아님을 쉽게 알 수 있다. 이동통신망도 하나의 미디어 인프라임을 고려하면, 제아무리 완비된 기술이라 할지라도 인프라로서의 미디어 환경을 복합적으로 고려해야만 한다.

히 인간의 집약된 노동력은 필수적이다. 따라서 감시사회 문제, 불법촬영 등 비윤리적이고 범법적인 영상의 제작 및 유통 문제, 미디어 시스템의 오작동 등은 단순히 인간이 기술을 잘못 다루어 생긴 오류라기보다는 미디어 인프라 그 자체에 내재된 문제로 인식해야 할 필요가 있다.

이처럼 미디어 인프라의 관점에서는 오늘날의 디지털 네트워크 사회를 구성하는 인간과 기계와 문화의 관계를 복합적으로 살피는 것이 필수적이다. 미디어 테크놀로지를 인간의 소용에 필요한 도구로 이해하는 것이 아니라, 인간과 사회와 자연을 한데 얽히고설킨 관계로 만들어 주는 삶의 조건으로 보는 것이다. 이렇게 볼 때 특정한 미디어나 테크놀로지는 그 자체로 인간의 삶에 획기적인 진보나 퇴보를 가져다주는 것이 아니라, 인간의 삶의 존재 조건을 변화시키는 역할을 한다고 설명할 수 있다. 앞에서 인용한 키틀러의 문장을 살짝 비틀어 표현하자면, 미디어 인프라는 미디어 이용 방식 및 그에 따른 인간의 삶의 조건을 결정한다고 볼 수 있는 것이다.

미디어 인프라의 물질성과 비가시성

미디어 인프라 논의에서 중요하게 다룰 이론적 개념은 미디어와 테크놀로지의 물질성이다. '물질성materiality'이란 테크놀로지의 범주를 그 재료와 시스템은 물론 인간의 활동까지를 포함하는 것으로 넓게 보는 개념이다. 새로운 테크놀로지가 일상에 도입될 때마다 마치 그로 인해 인간의 수고나 기술적 비용은 덜 들어가는 것처럼 사회적 담론이 구성되곤 한다. 이는 디지털 환경이 이전의 산업자본주의와는 근본적으로 다르다는 주장을 지탱하는 근거로 활용되기도 한다

(Murdock, 2018).

그러나 테크놀로지가 인간의 수고를 덜어 준다는 주장은 미디어 인프라의 관점에서 보자면 지나치게 단순하다. 특정 기술이 지닌 가능성의 문제와 그것이 실제 사회 속에 구현될 때의 문제는 다르기 때문이다. 사실 여러 형태의 미디어 인프라가 우리의 삶에 복잡하게 얽혀 있는 오늘날 우리는 그 인프라를 쉽게 인식하지 못하는 경우가 많다. 필수품을 넘어서서 이제는 우리 몸의 일부가 되어 버린 스마트폰의 경우를 보자. 신상품이 출시될 때마다 비싼 값을 치르면서 스마트폰 단말기를 새로 마련해야 하는가에 대해 논의가 뜨겁다. 얼마나 좋은 디자인과 성능을 구현했는가에 따라 이것이 기술의 진일보인지 후퇴인지에 대한 이런저런 평가들도 나온다. 그러나 단말기의 구상에서부터 사용에 이르기까지 얼마나 많은 인간의 노동력 및 자본이 들었으며 얼마나 정교하게 기술이 선택되고 배열되었는지, 그리고 얼마나 복잡한 법적 규제와 얼마나 치열한 정치적 간섭이 있었는지에 대해서 우리는 종종 잊어버리곤 한다. 마치 하늘에서 뚝 떨어진 깨끗한 스마트폰만 갖고 있으면 최소한의 에너지만으로도 손에 흙 한 톨 묻히지 않고 많은 일을 처리할 수 있다고 생각하는 것이다. 그러나 스마트폰을 제대로 사용하기 위해서는 전기와 각종 원료와 전선과 철탑과 데이터센터와 방송 장비 등 각종 시설이 필요하다. 그 시설의 운용과 관리를 위해 인간의 노동력이 끊임없이 필요하며, 그 시설이 담아낼 내용과 의미를 만들기 위해 무한한 인간의 창의력이 필요한 것은 물론이다. 게다가 스마트폰이라는 기술 환경은 각종 사기와 불법과 감시와 억압이라는 사회적 찌꺼기를 남기기도 한다. 그런데도 우리가 그 복잡한 생산과 운용 과정을 잘 깨닫지 못하는 까닭은 미디어 인프라가 그 거대 규모를 감추며 쉽게 존재를 알아채기 어려운 방식으로, 즉 비가시적으로 구축되기 때문이다.

미디어 인프라의 비가시성은 그만큼 미디어가 일상에 편재해 있음을 보여 주는 역설이다. 도로나 공항과 같은 일반적인 인프라의 경우, 너른 공간에 그 존재를 드러내는 가시성이 필수적이다. 도로는 길고 넓고 곧게 뻗어 있을 때 더 나은 인프라로 여겨지고, 하수도나 송유관은 촘촘하고 빽빽하게 널리 퍼지도록 설계되고 설치된다. 공항이나 항만 역시 단순한 교통시설 이상의 상징적인 존재감을 과시하기 위해 눈에 뜨이는 디자인이나 형태로 설계되는 경우가 많다. 그러나 미디어 인프라는 점점 더 그 물질적 특성을 최소화하는 방식으로 구축되는 경향이 있다. 거리 위에 줄지어 서 있던 전봇대의 전선은 땅 밑이나 하늘 위로 감추어지고, 두툼하고 무겁던 책은 매끈하고 얇은 스크린으로 구현된다. 집 안 구석을 존재감으로 채워 주던 커다란 오디오나 텔레비전 시스템은 이제 인간의 손바닥 위에서 함께 이동하는 방식으로 가벼워졌다. 약 30여 년 전 '유비쿼터스'라는 단어를 처음 제안한 마크 와이저Mark Weiser는 기계장치를 인간의 환경 속으로 이물감 없이 스며들게 하는 미래가 올 것이라 꿈꿨고, "가장 심오한 테크놀로지는 사라지는 테크놀로지다"(Weiser, 1991)라는 말을 남겼다. 미디어 테크놀로지가 우리 삶에 스며들어 있으나 그것의 물질성을 깨닫지 못하는 상태. 이는 유비쿼터스 환경에서 센서와 원격 작동으로 움직이는 스마트 미디어 체계가 주를 이룬 오늘날의 미디어 인프라다.

이 글 앞 부분에 예로 들었던 뉴스 보도를 다시 떠올려 보자. 오늘날 우리가 딛고 있는 미디어 인프라의 기반은 너무나도 자연스러워 잘 눈에 뜨이지 않지만, 그 미디어 인프라를 바탕으로 일어나는 불평등과 위험은 자연스럽게 발생한 것이 아니라 특정한 사회기술적 활동의 결과로 발생한다. 도시에서 더위로 목숨을 잃는 사람은 체질적으로 더위에 약한 사람이 아니라 더위를 막을 수 있는 인프라를 갖추지 못한 사람일 가능성이 크다. 사회학자인 에릭 클라이넨버그Eric Kleinenberg는 도시에서 더위로 사망한 사람들의 대부분이 가혹한 기상 조건 때문이 아니라 사회적 고립 때문임을 연구했다. 그는 1995년 시카고 대폭염 때 사망한 절대다수는 노인, 빈곤층, 1인 가구였음을 밝히며, 폭염으로 인한 사망자의 지형도가 인종차별 및 불평등의 지형도와 대부분 일치했다고 주장했다. 열악한 주거 환경과 빈곤한 사회관계로 인한 인프라의 결여가 약자들을 죽음에 이르게 했다는 것이다(Kleinenberg, 2018). 마찬가지로 특정한 사람들이 미디어의 사용에서 배제되는 까닭은 미디어를 사용하기 싫어하거나 사용 능력이 없어서라기보다는 미디어 인프라를 갖추지 못했기 때문일 가능성이 크다.

켄 로치Ken Loach 감독의 영화 〈나, 다니엘 블레이크I, Daniel Blake〉(2016)는 오늘날 우리가 살아가는 고도의 산업사회가 특정한 삶의 기술을 갖추지 못한 사람들을 얼마나 가혹하고 체계적으로 배제하고 소외시키는지를 보여 준다. 영화의 주인공 다니엘 블레이크는 열심히 일하고 자신이 가진 능력을 기꺼이 이웃과 나누는 평범한 시민이다. 몸이 아파 목수라는 직업을 유지하기 어렵게 된 그는 실업수당을 신청하려 하지만 관료주의와 민영화된 복지 시스템은 그 신청마저도 너무나 어려운 일로 만든다. 그리고 잘 구비된 컴퓨터와 인터넷 시스템은 그의 신청을 도와주는 것이 아니라 오히려 그에게 곤란과 소외를 가져다주는 결정적인 요소로 작용한다. 컴퓨터 사용의 도움을 받으러 공공도서관에 간 그가 '마우스를 올리시라'는 직원의 설명에 따라 실제로 마우스를 어깨 위로 들어 올리는 장면은 웃음을 자아내지만 서글프다.

디지털 미디어 환경이 가져다주는 이러한 소외는 비단 영화 속에만 존재하는 것은 아니다. 젊은이들에게는 너무나 익숙한 패스트푸드점 무인 주문 시스템 앞에서 무한 실패를 반복하거나, 스마트폰 앱으로 기차표 예매하는 일이 어려워 창구에 길게 줄을 서야 하는 일은 우리나라 노년층에게도 일상적으로 일어난다.[3] 그렇다면 왜 특정 계층의 사람들은 디지털 테크놀로지의 편리를 적극적으로 활용하는 반면, 다른 계층의 사람들은 그렇지 못한 것일까. 이러한 미디어 사용 풍경의 원인은 디지털 인터넷 기술 그 자체에 있다기보다는, 인간과 기술의 관계를 둘러싸고 벌어지는 복합적인 기술문화적 맥락에 있을 것이다. 기술의 가능성은 어디까지나 가능성일 뿐, 그것이 실제로 인간의 삶에 구현되기 위해서는 단순한 기술적 장치 이외의 복잡한 요소들이 함께 갖추어져야 하기 때문이다.

미디어 인프라 연구가 단순히 테크놀로지와 재현의 문제에 그쳐서는 안 되는 이유가 여기에 있다. 미디어 인프라는 겉으로 드러난 기술의 편리나 효용뿐 아니라 피터스가 표현하듯 "기초적이고 지루하고 따분한 것들, 그리고 이면에서 벌어지는 온갖 짓궂은 일들"에 대한 탐색이어야 한다(Peters, 2018). 즉, 미디어 인프라 연구란 미디어 네트워크의 규모, 노동과 자본의 운용, 관리와 유지 등의 문제는 물론이고 이용자들이 미디어 인프라의 물질적 조건과 만날 때 나타나는 정동affect(경험과 감각과 감정의 구조)을 중요하게 살피는 일이어야 한다. 비가시화된 미디어의 물질성을 드러내는 것이야말로 미디

---

3 유명 유튜버 박막례 할머니의 맥도널드 키오스크 도전 영상(박막례, 2019), 그리고 디지털 사회에서 오히려 소외를 겪는 노인들에 관한 기사(이에스더, 2018) 등 참조.

어 인프라 연구의 핵심이다.

이렇게 비가시성을 뚫고 미디어 인프라의 물질성을 드러내야 하는 까닭은, 미디어 인프라가 인간과 사회와 자연을 연결하는 방식으로 우리의 생존과 존재 조건에 영향을 주고 있기 때문이고, 그 요소들 중 어느 하나를 빼고서는 전체적인 작동 방식을 이해하기 어렵기 때문이다. 특히 미디어 인프라의 비가시성이 클수록, 시민이나 연구자들이 드러내야 할 물질적 조건은 더 복잡할 수 있다. 비가시성이 크다는 것이 반드시 '의미 없음'을 나타내는 지표는 아니다. 미디어 이론의 측면에서 볼 때, 드러나지 않는 것에서 더 많은 정보를 얻어낼 가능성이 크기 때문이다. 마셜 매클루언Marshall McLuhan은 미디어의 내용만큼이나 미디어 형식 그 자체가 중요하다는 의미에서 "미디어는 메시지다"라는 말을 남겼다(McLuhan, 2016). 노버트 위너Norbert Wiener는 정보를 전달하는 신호는 정보를 전달하지 않은 신호와 동일하게 중요한 역할을 한다고 말하며 사이버네틱스의 의미를 설명한다(Wiener, 2011). 위너는 "백색소음이나 무작위적 구조는 최대한의 정보를 포함한다"는 가설을 세우기도 한다(Wiener, 2011: 262). 백색소음은 말 그대로 일정한 스펙트럼을 가진 소음이어서 그 내용이 전달될 확률이 극히 낮은 데도 불구하고, 그 자체로 최대의 정보를 포함할 가능성이 있음을 언급한 것이다.

미디어 인프라의 물질성은 단순히 미디어 이론으로만 중요한 것은 아니다. 미디어 인프라에서 물질성을 드러내야 하는 또 하나의 까닭은 인프라로서의 미디어가 우리의 일상생활과 감각에 '강제된 관계'로 작용하기 때문이다(Parks & Starosielski, 2015). 미디어 인프라가 인간의 삶에 조건으로 작용한다면, 그 안에 감추어진 사회적 규율과 권력의 문제를 탐구하는 일이 필요하다. 특히 새로운 기술이 도입되고 새로운 미디어 인프라가 구축되는 국면에는, 이전 세대의 미디어 인프라와의 단절을 꾀하는 담론의 움직임이 가시화되곤 한다. 예를 들어, 새로운 이동통신 기술이나 표준이 도입될 때마다 마치 그 기술이 앞으로 미래를 살아갈 인간의 삶에 필수적인 것처럼 여겨지는 경향이 적지 않다. 하지만 특정한 신기술을 당연한 것으로 받아들이기 전에, 과연 우리가 그 기술이 기반하고 있는 미디어 인프라를 제대로 인식하고 있는지 점검하는 일이 우리의 생존 조건에는 더 중요한 일이다.

　미디어 인프라의 물질성이 중요하다는 현실적 이유는 그것이 제대로 작동하지 않는 상황을 가정하면 더 쉽게 알 수 있다. 디지털 네트워크 시대의 미디어 인프라는 지극히 복잡하고 치밀하게 설계되어 있어서, 아주 사소한 부분의 작은 이상에도 큰 위험을 수반할 수 있다. 미디어 인프라는 사람과 기계를 단순 연결하는 것이 아니라, 온도계, 각종 센서와 조절 장치, 엔진, 디스플레이 장치 등으로 복잡하게 연결되어 있기 때문이다. 이러한 복잡한 장치 중 작은 하나에 뜻하지 않은 결함이나 이상이 발생하면, 미처 생각하지 못했던 큰 규모의 피해를 볼 수도 있다. 그 이상과 결함에는 기술적 문제뿐 아니라 덥거나 추운 날씨, 화재나 지진 등의 천재지변, 그리고 인간의 과도한 노동시간 등이 모두 원인으로 작용한다. 사회학자 찰스 페로 Charles Perrow는 현대사회가 내포한 이러한 문제들을 시스템 사고 system accident 혹은 정상 사고 normal accident라 부른다(Perrow, 1984). 1979년의 스리마일섬 원자력발전소 사고, 2011년 지진해일로 인해 발생한 일본 동북부 원자력발전소 사고, 그리고 2018년 서울에서 발생한 KT

아현지사 화재 사고[4] 등이 이러한 정상 사고에 속한다. 이러한 정상 사고들은 첨단 기술과 함께 살아가는 현대사회에 내재적으로 구조화되어 있다. 기술과 미디어 인프라가 발전될수록 오히려 작은 이상으로도 대형 위험을 불러올 가능성이 커지는 셈이다.

발전된 기술이 오히려 위험사회의 특성이 되는 이 모순은, 단순한 방식의 기술결정론이 왜 섣부른 것인지를 우리에게 알려 준다. 사회과학은 사회현상을 과학적으로 이해하고자 하는 학문이다. 현대적 의미의 사회과학은 19세기 물리학의 성과와 연관이 있는데, 당시 고전역학이 자연현상을 설명하는 데 성공을 거두자 사회현상도 같은 방식으로 이해할 수 있을 것이라 여겼던 것이다. 그래서 콩트는 과학적 방법을 사용하여 사회현상을 실증적으로 연구한다면 보편지식 체계로 이해할 수 있을 것이라 생각했고, 실제로 자신의 학문을 사회물리학physique sociale이라 불렀다(최무영, 2018). 그러나 오늘날의 복잡한 미디어 환경은 고전역학이나 현대 사회과학이 기대고 있는 단순한 방식의 기술결정론만으로는 설명하기 어렵다. 기본적으로 결정론과 환원론에 근거한 고전역학의 관점으로 사회현상을 해석하다 보면, 복잡하기 그지없는 사회현상을 단순화하는 방식으로 모델을 유형화하고 결론을 도출하게 된다. 이는 지나친 낙관론 혹은 지나친 비관론 양쪽으로 연구 결과가 극단화되는 현상을 낳을 수도 있다.

오히려 우리에게 필요한 것은 오늘날의 미디어 테크놀로지 환경의 변화가 오직 긍정적인 방향으로 일어날 것이라거나 인간에게 일

---

4 KT 아현지사 화재 사고가 벌어졌을 때, 서울과 경기의 광범위한 지역에서 기본적인 전화 통화가 되지 않은 것은 물론이고 응급환자 이송 시스템이나 결제 시스템도 먹통이 되었다. 아날로그 시스템이었다면 느리더라도 움직였을 미디어 인프라가 디지털 시스템 환경 아래에서는 아예 작동을 멈춰 버린 것이다.

방적인 해를 끼칠 것이라는 예측을 섣부르게 하지 않는 일이다. 복잡하게 얽힌 미디어 인프라를 단지 효율성과 편익을 가져다주는 기술적 진보라고 이해하는 것은 전체 사회기술 지형의 한 부분만을 보는 것에 불과하다. 디지털 커뮤니케이션 환경은 여러 다양한 물질적이고 비물질적인 자원들로 구성되는 기계장치들의 결합으로 이루어진 인프라이며, 이 인프라는 생산 – 유지 관리 – 처분이라는 사슬을 통과하며 우리 삶의 한 양태로 변형된다. 미디어 인프라의 비가시성을 드러내는 일은 기술의 혁신만을 강조하는 담론의 효과를 비판적으로 점검하는 일이며, 사회적이고 윤리적인 문제를 기술 사후가 아니라 사전에 논의하는 일이기도 하다.

어디에나 있고 빠르게 변화하지만 쉽게 낡아 버리는 미디어

거대 규모의 미디어 인프라가 물질성을 감추며 비가시화하는 동안, 그 인프라와 연결하여 우리가 일상에서 사용하는 소규모의 미디어 장치들은 물질성을 드러내면서도 점차 비가시화하고 있다. 어떤 대상이 물질적으로 존재하면서도 인간의 경험 영역으로부터는 비가시화한다는 말의 의미는 무엇일까. 즉, 오늘날 미디어는 어디에나 있지만 동시에 어디에도 없다는 말의 역설이 의미하는 것은 무엇일까. 그것은 새롭게 등장하는 미디어 인프라일수록 그 존재를 비가시화하는 경향이 강함을 의미하고, 일단 효용이 다한 미디어는 물질성의 흔적만을 남긴 채 가치를 잃고 낡아 버림을 의미한다. 아직 물질적으로나 기술적으로 얼마든지 활용 가능한 미디어가 낡아 버리며 어디에도 없는 존재가 되는 것은, 아이러니하게도 처음 등장할 때

구성되었던 비가시성의 특권을 더 이상 누릴 수 없게 되는 상황 때문이다. 기술적으로 사용할 수 있으나 대개 뒷방 신세가 되어 버린 브라운관 TV나 이제는 더 이상 사용하지 않는 낡은 축음기 등이 인간 사회를 연결하는 네트워크 미디어의 역할을 상실한 채 복고풍 식당의 장식품으로 사용되는 경우를 우리는 흔히 볼 수 있다. 낡아서 그 본래의 기능을 잃는 순간 도리어 드러나는 가시성. 이는 오늘날 빠르게 변화하는 미디어 환경에서 대부분의 기술장치들이 맞이할 수밖에 없는 공동 운명이다.

전자 스크린으로 책을 읽을 수 있고 케이블 없는 무선통신 디바이스가 가능하다는 이유로, 오늘날 디지털 미디어는 스스로 '비물질적'인 것으로 표현하며 노동의 문제와 기술과 시설 관리 및 유지의 문제, 그리고 사회적 배분의 불균형과 불평등 문제를 비가시화한다. 미디어 인프라에 흔히 사용되는 '공공서비스'나 '첨단 기술'과 같은 표현은 마치 이러한 미디어 서비스들이 물질적 실체는 없이 공기 중을 타고 흐르는 것인 양 오해하게 만든다. 블루투스 이어폰에서는 선이 사라지고 인간의 목소리로 작동하는 음성 인식 장치에서는 원격 조종 리모컨이 사라졌다. 그러나 대부분의 미디어 인프라는 여전히 손에 잡히는 물질과 유선망을 전제할 때라야 비로소 작동하고, 그다지 길지 않은 한 세대의 기술이 지나고 나면 다음 세대의 기술이 설치된 이후 구세대의 흔적은 흉물과 쓰레기로 남는다.[5]

엄청난 데이터를 처리하고 저장할 능력을 지녔으면서도 정작 정

---

5 2019년 3월 14일자 《한겨레신문》의 보도에 따르면, 위성방송 안테나 등의 통신시설이 도시의 흉물이 되고 있는데, KT의 스카이라이프를 해지해도 안테나를 수거하지 않기 때문이다(김재섭, 2019). 새롭게 설치되고 있는 통신시설 등도 훗날 새로운 통신 표준기술이 등장하면 낡은 시설이 되어 버릴 것이다.

보의 보존과 유지에 취약하다는 것은 오늘날 디지털 미디어 인프라가 지닌 모순이기도 하다. 피터스는 미디어의 역사를 통틀어 지난 50여 년 만큼 미디어 인프라가 쉽게 구식이 되어 버리는 현상 obsolescence(가치를 잃고 낡아 버림)이 뚜렷했던 적은 없다고 지적한다 (Peters, 2015). 여기서 '구식'이 된다는 것은 물질 자체가 사라지거나 파괴됨을 의미하는 것은 아니다. 오히려 물질적 형태는 남아 있되 효용이 다하여 그 존재 의미로서의 가치가 사라진다는 의미다. 멀쩡히 작동하던 하드디스크가 갑자기 복구 불능이 되거나 뚜렷한 이유도 없이 USB 메모리가 인식 불가능 상태에 빠지는 일은 우리에게 꽤 자주 일어난다. 겉으로는 여전히 튼튼하고 멀쩡한 Zip 드라이브 디스크나 3.5인치 플로피디스크 등의 외형은 여전히 존재하지만, 그 안에 담긴 과거의 흔적과 기억을 기록한 정보는 이제 풀어낼 길 없는 낡은 것이 되어 그 외형조차 무용하게 만들어 버렸다. 이처럼 디지털 미디어 기술은 데이터 저장과 처리에 있어서 그 어느 시대의 기술보다 뛰어난 능력을 발휘하면서도 그 보존과 유지에 있어서는 의외로 취약하다. 정보처리 능력이 급격히 증가하고 여러 디바이스와 네트워크가 복잡하게 얽히는 방식으로 미디어 인프라가 발전해 온 데 따른 필연적인 결과다.

디지털 미디어 인프라가 보여 주는 일종의 메멘토 모리memento mori. 이는 우리의 미디어 인프라 환경이 얼마나 뚜렷한 물질성을 지니고 있는가를 역설적으로 말해 준다. 친환경적이면서도 개별 이용자들이 가장 저비용으로 이용할 수 있다고 알려진 클라우드는 실상 거대한 규모의 서버 농장server farm을 필요로 한다. 클라우드는 구름처럼 가볍게 떠 있는 것이 아니라 엄청난 전기를 소모하는 지극히 탄소 의존적인 인프라 시설인 셈이다. 예를 들어 구글Google의 데이터센터는 대량의 정보를 처리하기 위해 엄청난 양의 전기를 소모해야 하므로 인구가 적고 땅이 넓으며 건조하고 선선한 기후에 설립하는 것이 필수적이다. 대량의 정보를 처리하더라도 과열될 위험이 없어야 하기 때문이다(Parks & Starosielski, 2015). 그래서 구글의 데이터센터는 지도에서 찾기 힘들고 직접 가까이 가더라도 그 건물이 무엇인지 알기 어렵다.

　구글이나 인터넷으로 대표되는 오늘날의 미디어 인프라는 인쇄매체와 영상매체가 주도하던 20세기의 미디어 인프라와는 시각적인 면에서 매우 다르다. 20세기의 미디어 산업은 반짝이는 전광판을 부착한 채 도시에 우뚝 선 신문사, 높이 솟은 안테나가 있어 멀리서도 쉽게 파악이 가능한 방송국 등으로 상징된다. 심지어 방송국 내부 투어를 무료로 공개하거나 상품으로 판매하기도 한다. 미디어 인프라를 고스란히 드러내는 방식으로 가시성을 획득하는 것이다. 그에 비해 구글의 데이터센터는 빅데이터와 클라우드가 상징하는 비물질성의 이미지를 거스르지 않는 방식을 택한다. 마치 아주 가벼운 듯이, 아무런 물질성이 없다는 듯이, 스스로의 가시성을 최소화한다. 그래서 구글은 "여기 있지만 여기 없는", 21세기의 미디어 인프라를 상징하는 존재와 같다(Mayer, 2019).

미디어 인프라 연구의 의의

　우리가 디지털 테크놀로지의 향상으로 인해 사회 전반적인 발전을 거듭하는 경이로운 시대에 살고 있다는 점을 부인하기는 어렵다. 시간이 지나고 기술이 발전할수록 그 기술의 효용과 능력은 그것이 더욱 커지는 방향으로 나아가리라는 점도 예측할 수 있다. 여기까지는 대체로 많은 사회과학자와 미디어 연구자들이 동의할 수 있는 부분이다. 문제는 그 다음이다. 디지털 기술의 발전과 더불어 해결하기 어려운 문제들이 얼마나 수반될지 우리는 확신할 수 없다. 이에 대해 학자들은 기술적 낙관주의와 기술적 비관주의로 나뉘어, 기술의 발전이 인간 존재에 미칠 영향력에 대한 상반된 목소리를 들려준다. 그러나 일견 서로 대립하는 것처럼 보이는 기술낙관주의와 기술비관주의는 모두 기술과 과학의 효용성과 가치의 측면을 중시한다는 점에서 같은 논리적 전제를 딛고 있다. 즉, 기술이 인간의 삶에 어느 정도 기여하는가의 기준으로 미래를 판단하는 도구론적 기술론의 입장을 띠는 것이다. 이런 입장에서라면 가장 최신의 테크놀로지든 혹은 20세기에 발견된 테크놀로지든 인간 사회에 영향을 준다는 점에서는 크게 다르지 않다는 해석이 가능하다.

　디지털 네트워크의 시대, 포스트휴먼의 시대에 우리에게 더욱 필요한 관점은 도구론적 기술론이 아니라 인간과 기술과 자연이 맺는 복합적인 관계를 이해할 수 있는 이론적 바탕이어야 할 것이다. 그 방법의 하나로 나는 이 글에서 미디어를 인프라로 보고 미디어 기술과 인간의 관계를 복합적으로 생각해야 한다고 제안했다. 미디어 인프라 관점은 사회학자 머튼(Merton, 1936)이 지적했던, 기술의 '의도치 않은 결과unintended consequences'의 문제에 대한 적극적인 해석과 대처가 가능하다는 점에서도 그 이론적 유용성을 찾을 수 있다. 산업혁명이 인류의 생산력을 크게 증가시킨 것은 분명하나, 검은 석탄 먼지로 가득한 도시환경과 끔찍한 아동노동 착취의 역사를 남긴 것처럼, 오늘날 칭송되는 4차 산업혁명도 시일이 지나고 나면 의도치 않은 결과를 드러낼지 모른다. 기술에 대한 인간의 통제력을 증가시키려는 시도들의 역사적 흐름은, 결국 오늘날 우리가 목격하고 있는 것처럼 자연과 인간과 기계가 복잡하게 얽힌 환경으로서의 미디어 인프라를 만들어 냈다. 따라서 지금 진입 단계이고 심지어 아직 전면적으로 구현되지도 않은 환경이 마치 우리가 필연적으로 마주해야 할 미래의 모습인 것처럼 단언하는 것은 과학적으로나 역사적으로나 옳지 않은 해석이다.

현재 우리의 존재 기반이 된 미디어 인프라는 지난 세월 동안 기술에 대한 인간의 통제력을 증가시키려는 시도의 방향으로 구축되어 온 것이다. 그러나 미디어를 인프라의 관점으로 바라보면, 자연과 기술에 대한 인간의 일방적인 통제란 사실상 불가능하다는 점을 깨닫게 된다. 미디어는 인간과 자연의 존재를 가능케 해 주는 환경이기도 하고, 인간과 자연이 한데 얽힐 수 있도록 매개해 주는 힘의 작용이기도 하다. 따라서 미디어 연구는 물질성과 관계성과 과정에 대한 연구여야 한다. 특정 기술이 약속하는 경제적 효과나 데이터 이동의 속도나 사물인터넷으로 연결된 편리한 삶뿐 아니라, 지금 진행되고 있는 인프라 구축 과정 전체를 연구 대상으로 삼아야 하는 것이다. 미디어 인프라의 관점으로 현재의 환경에 접근하는 것은 우리에게 이론적으로나 현실적으로 다음과 같은 유익이 있다.

첫째, 산업은 물론 인문학과 사회과학에서도 간과되곤 했던 테크놀로지 이용 및 분배와 유통의 '과정' 문제에 집중할 수 있게 해 준다. 현재 미디어 연구에서 제작의 결과물(미디어 텍스트와 수용의 문제)에 대한 관심의 크기에 비해 그 결과물을 가능케 하는 기술적 조건이나 토대에 대한 관심은 상대적으로 적다. 미디어 인프라의 관점은 날이 갈수록 더욱 복잡해지는 미디어 과정의 문제에 천착할 수 있게 해 줄 것이다.

둘째, 그 분배의 물질성에 주목함으로써 점점 더 네트워크화되고 있는 우리 삶의 연결성 문제를 다양한 이론적 관점에서 파악할 수 있게 해 준다. 예컨대 문화연구의 물질문화 연구, 젠더 연구에서 몸(육체성)에 대한 연구, 사회학과 과학기술학에서 지식 생산의 연구(김환석, 2016) 등이 모두 물질적 조건과의 관련을 다양한 방식으로 밝혀내는 노력을 하고 있다.

셋째, 기술과 인간의 상호작용에 집중함으로써 그동안 복잡한 시스템에서 소외되었던 인간의 공적 참여와 이해도를 넓히고, 테크놀로지에 대한 공공 정책과 윤리적 선택이 가능할 수 있도록 해 준다. 우리가 산업이나 정부 주도의 기술 정책에 대체로 끌려다니는 모습을 보이는 까닭은, 한 개인의 능력으로는 그 시스템을 이해하기가 몹시 어렵기 때문이다. 4차 산업혁명이나 인공지능 등 오늘날의 기술 담론들은 모두 일반인의 눈으로 보기에는 전체를 이해하기 힘든 매우 전문적인 영역처럼 보이고, 이러한 기술 담론들은 물질성을 감추고 비가시성을 획득하는 방식으로 더욱 우리의 공적 논의나 이해에서 멀어지게 된다. 인프라적 관점의 연구는 기술적 담론의 결과가 아니라 과정이 중요하다는 인식을 강조함으로써, 시민들의 미디어 환경에 대한 이해 수준을 넓히고 민주적인 시민권 강화와 과학기술의 안전과 발전을 함께 도모할 수 있다(Vankenburg, 2017).

데이비드 몰리David Morley가 지적하듯 '네트워크를 통한 인간성의 구원'이라는 이데올로기는 역사적으로 볼 때 새로운 현상은 아니다(Morley, 2017). 일부 기업이나 산업이 주장하는 것처럼 새로운 기술이 곧장 새로운 시대를 가져다주지는 않는다는 것이다. 기술 발전으로 점점 더 네트워크화된 "기술 연결성techno-connectivity"(Morley, 2017: 43)의 시대에는 지리적 근접성보다는 연결망과 연결 노드node가 더 중요해진다. 네트워크 시대에 기술적 인프라의 중요성이 더욱 커지는 까닭이다. 이러한 전망이 단순히 낭만적이거나 철학적이기만 한 것은 아니다. 정보경제학자인 브린욜프슨Erik Brynjolfsson과 맥아피Andrew McAfee 역시 매우 현실적인 의견을 제시한다(Brynyolfsson & McAfee, 2014). 그들은 현재가 인간과 기계의 관계에 있어서 변곡점을 보이는 단계임은 분명하지만, 방향성을 잡지 못한 채 일어나는 급격한 디지털화는 환경 파괴와 경제 파괴를 함께 유발할 가능성이 높다고 말한다. 이는 많은 기술지상주의자들과 정책입안자들이 주장하는 것과는 정반대의 진단이다. 디지털화가 환경도 덜 해치고 경제성장의 기폭제가 될 것이라고 보는 주장을 정면으로 반박한 것이다.

미디어와 테크놀로지를 인프라의 관점에서 이해한다는 것은, 기술이 인류의 역사를 급격히 변화시켜 왔음을 인정하면서도 기술을 경제 발전의 엔진으로 보는 시각을 경계하는 것이다. 기술은 경제 발전을 배가시키는 단순 변수가 아니라 이용자의 자본과 재능과 숙련에 따라 결과가 달라지는 편향성을 지니고 있다. 기술을 경제 발전의 엔진으로 보는 관점이 유지되는 한, 이러한 편향성은 더 강화될 것이고 기술 성장은 사회의 불편과 불공정함과 불평등을 가속화할 위험도 있다. 컴퓨터 산업의 여성 기술인 배제가 어떻게 영국 컴퓨터 산업의 몰락으로 이어졌는지를 분석한 '계획된 불평등'에 관한 연구(Hicks, 2019), 그리고 첨단 기술이 어떻게 경제적 약자와 가난한 사람들을 분석하고 감시함으로써 사회를 더 곤궁하게 만들었는지 분석한 '자동화된 불평등'에 관한 연구(Eubanks, 2018) 등은 테크놀로지를 경제 발전의 엔진으로 보는 입장이 사회 전체적으로 얼마나 큰 손실을 가져다주는지 잘 보여 주는 역사적 사례들이다. 최근 유럽 4개국을 비교한 연구에서도 디지털 커뮤니케이션이 오히려 사회적 불평등을 야기하거나 증가시킴으로써 경제적 손실을 일으킨다는 실증적인 결론을 내놓았다(Mansell, 2017). 결국 미디어를 인프라로 이해하는 것은 윤리적인 선택을 가능하게 할 뿐 아니라 실제로 사회의 손실을 줄여 주는 역할을 할 수도 있다는 점에서 이롭다.

미디어 인프라, 복잡하지만 역동적인 변화

지금까지 미디어를 우리 인간 존재 조건의 인프라로 보는 관점이 필요하다는 점, 그리고 미디어 테크놀로지의 물질성을 분명히 드러내고 인식하는 일이 중요하다는 점을 주장했다. 특히 디지털 네트워크 시대의 미디어 인프라는 과거 산업자본주의와의 단절을 강조하기 위해 기술 자체의 물질성을 적극적으로 지우고 일상생활 속에 비가시적으로 스며드는 방식을 채택한다는 것도 살펴보았다. 테크놀로지에 있어서 필연적인 '낡아 버림'이라는 가치 상실에 저항하는 방식으로 미디어 인프라의 위치를 다지는 것이다. 새로운 기술이 등장할 때마다 제일 먼저 대두되는 산업적 담론과 기술중심적 담론에서는 이러한 물질성의 문제를 쉽게 지워 버린 채 우리 삶에 미칠 아직 검증되지 않은 효과만을 강조하는 경향이 있다. 따라서 미디어 연구가 미디어 인프라의 물질성 문제를 다시 복구하는 일은 매우 중요하다. 물질성을 드러냄으로써만 미디어 인프라의 복잡한 관계망을 분명히 파악할 수 있기 때문이다. 인간과 기계와 자연과 환경 사이의 모호하고도 역동적인 경계에서 벌어지는 일들에 주목함으로써, 미디어 인프라를 강조하는 연구는 새로운 통찰성과 설명력의 확대를 꾀할 수 있을 것이다.

새로운 기술에 대한 논의가 중요한 이유는 당장 우리의 삶을 변화시키기 때문이 아니라 우리 삶의 존재 조건을 변화시키기 때문이다.

이것이 미디어 환경을 인프라로 보는 관점의 핵심이다. 예를 들어 5G 이동통신 기술로 인해 일부 사람들이 당장 빠른 속도로 영화를 내려받을 수 있다는 점이 중요한 것이 아니라, 5G 이동통신이 수도권 중심으로 시작됨으로써 디지털 격차가 더 심해질 수도 있다는 전망이 더 중요하다. 인공지능 방식으로 설계된 전자제품이 얼마나 사용에 편리한가의 여부만이 중요한 것이 아니라, 그 인공지능에 대한 믿음이 어떻게 인간 사회의 불평등과 불의를 정당화하는 도구로 사용될 수 있는지 파악하는 것이 중요하다. 결국 4차 산업혁명과 5G와 인공지능과 같은 그 모든 추상적인 명칭 뒤에는 인프라와 네트워크로 연결된 물질적인 요소들(스마트폰, 인터넷망, 기지국, 노동력과 자원의 분배와 활용)이 있음을 직시하는 것이 중요하다.

오늘날 미디어 인프라는 우리가 숨 쉬고 있고 우리가 발 딛고 있는 우리 존재 조건의 환경이다. 이러한 상황에서 기계와 테크놀로지 장치를 마치 인간이 의도한 대로 다룰 수 있는 수동적인 것으로 여기는 것은 오판이다. 미래의 인간과 기계 사이의 관계가 보여 줄 역동성을 과소평가하고 과거의 기계와 테크놀로지 관념에 머물러 있는 것, 이것이 현재 4차 산업혁명 담론이 주도하고 있는 한국의 모습이라는 점은 아쉽다.

현재와 미래의 테크놀로지는 운명이거나 필연이 아니며 축복이나 재앙도 아니다. 기술의 발전은 우리 손에 달려 있으며 인간이 그 방향을 정한다. 다만 이러한 인간의 능력과 선택은 인간과 기술의 관계, 즉 미디어 인프라의 관계를 복잡하고도 역동적인 것으로 이해할 때에만 가능할 것이다.

참고문헌

이영준 · 임태훈 · 홍성욱,《시민을 위한 테크놀로지 가이드》, 서울: 반비, 2017.

최무영,《최무영 교수의 물리학 이야기》, 서울: 북멘토, 2018.

김재섭, 〈통신 · 방송 서비스가 '흉물', '쓰레기' 양산…이용자 · 주민 화난다〉,《한
겨레신문》2019년 3월 14일.

김혜윤, 〈기후환경 비상상황 선포하라〉,《한겨레신문》2019년 9월 21일.

김환석, 〈사회과학의 물질적 전환을 위하여〉,《경제와 사회》112호, 2016,
208~231쪽.

박막례, 〈맥도널드 키오스크 도전 영상〉. https://youtu.be/1BzqctRGgaU (최종
검색일 2019년 4월 25일).

이에스더, 〈"무인주문 · 계산기 들여놓자 60대 단골은 발길을 끊었다."〉,《중앙일
보》2018년 11월 29일.

Brynyolfsson, E. And Mcafee, A., *The Second Machine Age: Work, Progress, and
Prosperity in a Time of Brilliant Technologies*, W. W. Norton & Company,
2014. (《제2의 기계시대》, 이한음 옮김, 서울: 청림출판, 2014.)

Eubanks, V., *Automating Inequality: How High-Tech Tools Profile, Police, and Punish
the Poor*, 2018. (《자동화된 불평등》, 김영선 옮김, 서울: 북트리거, 2018.)

Hicks, M., *Programmed Inequality: How Britain Discarded Women Technologists and
Lost Its Edge in Computing*, 2017. (《계획된 불평등: 여성 기술인 배제가 불러온 20세
기 영국 컴퓨터 산업의 몰락》, 권혜정 옮김, 서울: 이김, 2019.)

Kittler, F., *Gramophone, Film, Typewriter*, Stanford CA: Stanford University
Press, 1999.

McLuhan, M., *Understanding Media*, 1964. (《미디어의 이해》, 김상호 옮김, 서울: 커뮤
니케이션북스, 2016.)

Morley, D., *Communications and Mobility: The Migrant, the Mobile Phone, and the
Container Box*, Hoboken, Nj: John Wiley Sons Inc, 2017.

Oxford English Dictionary, Oxford: Oxford University Press, 2012.

Parks, L. and Starosielski, N. eds., *Signal Traffic: Critical Studies of Media Infrastructures*, Champaign: University of Illinois Press, 2015.

Parks, L., "Infrastructure" L. Ouellette and J. Gray eds, *Keywords for Media Studies*, New York: New York University Press, 2017, pp. 106-108.

Penley, C. and Ross, A. eds., *Technoculture (Cultural Politics)*, Minneapolis: University Of Minnesota Press, 1991.

Perrow, C., *Normal Accidents: Living with High Risk Technologies*, Princeton: Princeton University Press, 1984.

Peters, J.D. "Proliferation And Obsolescence Of The Historical Records In The Digital Era", B.B. Tischelder and E. Wasserman eds, *Cultures of Obsolescence: History, Materiality, and Digital Age*, Basingstoke: Palgrave, 2015, pp. 79-96.

Peters, J.D., Marvelous Clouds: Towards the Philosophy of Elemental Media, 2015. (이희은 옮김, 《자연과 미디어: 고래에서 클라우드까지, 원소 미디어의 철학을 향해》, 서울: 컬처룩, 2018.)

Poster, M., *Information Please: Culture and Politics in the Age of Digital Machines*, Durham NC: Duke University Press, 2006.

Shaw, D.B., *Technoculture: The Key Concepts*, Oxford: Berg Publishers, 2008.

Siegert, B., *Cultural Techniques: Grids, Filters, Doors, and Other Articulations of the Real*, New York: Fordham University Press, 2015.

Wiener, N., The Human Use of Human Beings: Cybernetics and Society, Boston: Houghton Mifflin, Avon Books, 1950/1954. (《인간의 인간적 활용: 사이버네틱스와 사회》, 이희은 · 김재영 옮김, 서울: 텍스트, 2011.)

Kim, E.-S., "Sociotechnical Imaginaries and Globalization of Converging Technology Policy: Technological Developmentalism in South Korea.", *Science As Culture* 27(2), 2018, pp. 175-197.

Mansell, R, "Inequality and Digitally Mediated Communication: Divides, Contradictions and Consequences.", *Javnost-The Public* 24(2), 2017, pp. 146-161.

Mayer, V., "The Second Coming: Google and Internet Infrastructure", *Culture Machine*, 2019, pp. 1-12.

Merton, R. K., "The Unanticipated Consequences of Purposive Social Action.", *American Sociological Review* 1(6), 1936, pp. 894 – 904.

Murdock, G., "Media Materialities: For a Moral Economy of Machines.", *Journal of Communication* 68, 2018, pp. 359 – 368

Peters, J.D., "You mean my whole fallacy is wrong: On technological determinism," *Representations* 140(2), 2017, pp. 10-26.

Vankenburg, G., "Security technologies versus citizen roles?", *Science as Culture* 26(3), 2017, pp. 307-329.

Weiser, M., "The computer for the 21st century", *Scientific American* 265(3), 1991, pp. 94-105.

디지털 프로모션에서 생산소비자와 감시의 작동 원리:

디지털 노동에 대한 감시사회의 착취 구도 해석

김영욱

이 글은 《커뮤니케이션 이론》 14(4)(2018)에 게재된 원고를 수정 및 보완하여 재수록한 것이다.

디지털 자본의 집요한 이윤 창출 기획

개인정보 보호와 관련하여 2018년 상반된 두 개의 큰 이벤트가 있었다. 그것은 페이스북의 개인정보 유출 사건이고 다른 하나는 EU의 개인정보 보호 조치이다. 페이스북의 CEO 마크 저크버그가 의회 청문회에 등장한 일은 일정 부분 사람들의 흥미를 자극했지만, 정작 그 이유가 된 페이스북의 개인정보 유출 사건은 사태의 심각성에도 불구하고 우리나라에서 큰 반향을 일으키지 못했다. 페이스북 개인정보 유출 사건은 페이스북 앱의 "This is your digital life" 퀴즈에 응모한 사람의 개인정보와 그 친구 및 사회관계망 서비스 이용자들의 프로필을 수집한 사건인데, 사람들이 인지하지 못했던 사실은 이러한 행위들이 페이스북의 개인정보 정책 하에서 허용되는 범위에 있었다는 점이다(이경민, 2018). 이렇게 수집된 정보는 약 5천만 건 이상이었던 것으로 파악되었는데, 모아진 개인정보는 선거에 이용할 의도를 가진 데이터 분석 기업 케임브리지 애널리티카Cambridge Analytica에 판매된 것으로 밝혀졌다.

페이스북의 개인정보 유출 사건과 함께 EU가 2018년 5월 25일부터 시행한 유럽개인정보보호법GDPR: General Data Protection Regulation은 개인정보 보호와 관련하여 의미하는 바가 크다. 표면적으로 보면 GDPR은 개인정보에 대한 이용자의 권리를 강화한 것으로 보인다. 내용을 살펴보면 기업의 책임을 강화하고, 정보주체의 권리를 강조할 뿐만 아니라, 위반했을 때 실제로 기업에 부담스러운 정도의 과징금을 부과한다(GDPR, 2018; 행정안전부, 2018, 홍선기, 2017). 정보주체가 개인정보 처리를 제한하고, 정보를 이동할 권리를 새롭게 가지며, 정보를 삭제하거나 프로파일링을 거부하는 권리를 강화한 것은 개인

정보 보호라는 측면에서 매우 획기적인 정책이라고 할 수 있다. 이처럼 인터넷 플랫폼 사용과 관련하여 개인정보 보호가 중요한 이슈로 떠오르고 있지만, 우리나라의 경우는 개인정보보호법이 EU의 GDPR과 비교하면 느슨하게 운용되고 있는 형편이다(한국인터넷진흥원, 2018). 개인정보의 이동권이나 프로파일링을 금지하는 것과 관련된 법률은 아직 우리나라에 없으며, 개인정보 처리를 제한하고 삭제하는 권리도 구체성이 떨어지는 것으로 나타났다. 이에 더하여 개인정보를 다루는 기업의 책임을 강화하고, 위반했을 때 책임을 묻는 측면에서도 미흡한 법 규정을 가지고 있는 것으로 나타났다.

이러한 사례들에서 우리가 알 수 있는 흐름은, 디지털 시대 인터넷 기업은 개인정보를 최대한 이용하여 이윤을 극대화하려고 노력하고 있고, 이에 반해서 규제기관과 공중들은 이러한 인터넷 기업의 전횡을 막기 위한 제도적 장치를 강화하며 반발하고 있다는 점이다. 하지만 이러한 상황 진단에서 중요한 것은 아무리 정보주체의 권리가 강화되더라도 인터넷 기업이 이윤을 창출하기 위해 개인정보를 광고주와 공유하는 전체 시스템의 본질은 변화하지 않는다는 것이며, 인터넷 플랫폼의 성패는 여전히 개인정보 이용의 방법과 심도에 달려 있다는 점이다(Fuchs, 2012b). 아래 기사는 페이스북이 기존의 이윤 창출 시스템을 포기할 생각이 없음을 잘 보여 준다.

페이스북에서는 사용자의 개인정보가 광고주와 공유되고 그에 따른 맞춤형 콘텐츠와 광고가 노출된다. 페이스북을 공짜로 이용하는 대가다. 모두 알고 있던 불편한 진실이다. 페이스북은 각종 애플리케이션이 가져가는 개인정보를 제한하겠다고 했지만 만약 모든 사용자가 개인정보 제공을 거부한다면 지금의 페이스북은 존속하기 어렵다. 셰릴 샌

드버그 페이스북 최고운영책임자COO는 지난 6일 NBC 프로그램 〈투데이〉와의 인터뷰에서 "사용자들이 광고주와 정보를 공유하지 않도록 해 달라고 하는 것은 유료 모델을 해야 한다는 얘기가 된다"고 말했다 (…) 당장 페이스북이 유료화할 가능성은 높아 보이지 않는다. 저커버그는 "광고에 기반한 서비스를 제공하는 것이 전 세계 모든 사람들을 연결하겠다는 우리의 목표에 가장 부합한다고 생각하고 그것이 수십억 명에게 닿을 수 있는 유일한 방법"이라고 주장했다(이인숙, 2018).

사실 이러한 이윤 창출 시스템의 기본을 이루는 것은 이용자 데이터이다. 인터넷 플랫폼을 시작하고 유지하는 데 노동력이 들어가기도 하지만, 인터넷 플랫폼을 알리고, 평판을 만들며, 지속적으로 발전시켜 나가는 데 드는 것은 이용자들의 지불되지 않는 노동력이다 (Fuchs, 2008). 예를 들어, 페이스북은 이용자들이 만들어 낸 데이터를 제3자인 앱 개발자가 이용하게 함으로써 페이스북의 영향력을 극대화하고, 이에 맞추어 광고 수익을 최대화할 수 있다(이인숙, 2018). 다양한 이용자 행위는 대부분 데이터의 형태로 팔려 나가고, 이용자들은 자신의 노동력에 대한 지불을 받지 못한 채, 또다시 상품 소비의 대상으로 전락하고 만다. 이것은 자본주의 시스템에서 매우 익숙한 모습이다. 자본가는 노동자들이 지불받지 못하는 노동을 도둑질해서 착취를 극대화한다(Marx, 1976). 디지털 시대에는 이러한 노동력 절취가 더 광범위해지고 은밀해진다.

디지털 시대, 이러한 은밀하고 광범위한 노동력 착취가 가능한 것은 디지털 감시 기술 때문이다. 디지털 감시는 강제적인 측면을 가지고 있지만 이용자들이 눈치 채지 못하게 은밀하게 이루어지며, 인터넷 이용 행위의 모든 면에서 이루어지지만 이용자들을 또한 소외시킨다(Andrejevic, 2012). 디지털 감시가 판옵티콘panopticon적인 권력 통제를 의미하는가에 대해서는 찬반 의견이 분분하지만(Allmer, 2012), 자본의 가치 증식을 위한 수단으로 이용된다는 점은 분명해 보인다 (Fuchs, 2008, 2012b). 이러한 인식을 바탕으로 이 글의 목적은 크게 두 가지로 나눌 수 있다. 우선 디지털 시대 프로모션 과정을 통하여 자본의 가치 증식 및 노동 착취는 어떻게 이루어지며, 이 과정에서 디지털 노동과 인터넷 이용자들의 역할은 무엇인지 알아 보는 것이다. 그런 다음, 이러한 디지털 프로모션을 통한 가치 증식 과정에서 디지털 감시가 어떤 역할을 하며, 어떤 특징을 가지고 있는지 탐색해 보는 것이 두 번째 목적이다. 이러한 노력은 디지털 시대 착취의 작동 원리를 파악함으로써 공유지로서 인터넷을 공중들의 통제권으로 돌리는 데 기여할 수 있을 것이다.

디지털 노동과 디지털 프로모션 착취

생산소비자prosumer와 디지털 노동을 통한 가치 증식

실제로 팔리는 것은 미디어가 전달하는 내용이 아니라 그것을 보려고 모여든 사람이고, 이런 수용자들이 상품으로 광고주에게 팔린다는 것이 수용자 상품론audience commodity의 주장이다(Smythe, 1977). 결국 미디어 내용은 미끼에 불과하고, 그 미끼에 속아 모여든 사람들이 상품화되는 것이다. TV 등의 기존 매체에 비교하면, 스마이드 Dallas Smythe의 주장은 디지털 시대에 더 잘 들어맞는다. TV 등 기존 매체의 수용자들은 하나의 뭉뚱그려진 목표 집단에 불과했지만, 디지털 미디어의 경우에는 형식적으로 상호작용의 형태를 띨 뿐만 아니라 차별화된 정보로 개인을 식별할 수 있고, 다양한 방법으로 개인정보를 상품화하면서 실시간으로 반응을 살펴볼 수 있는 기술도 가능해졌다.

그러나 디지털 시대의 수용자 상품은 기본적으로 기존의 스마이드(Smythe, 1977)가 주장했던 개념과는 차이가 있다. 우선 수용자 개념은 생산소비자로 바뀐다(Fuchs, 2012a). 수용자들은 더 이상 미디어 소비자 역할만 하는 것이 아니라 스스로 상품화되는 생산 과정에 참여한다. TV등 기존 미디어에 비교하면, 인터넷 이용자들은 미디어 내용을 소비하는 역할에 그치는 것이 아니라 미디어 내용을 생산하는 과정에 적극적으로 참여한다. 인터넷상에서 만들어지는 많은 콘텐츠들이 인터넷 이용자에 의해서 만들어지고, 스스로의 참여로 인터넷 페이지의 평판을 결정하기도 한다. 수용자 상품은 생산소비자 상품prosumer commodity으로 변모한다.

디지털 시대 가치 증식 과정의 변화는 기본적으로 정치경제학 접근의 프레임을 그대로 유지하지만 생산과 유통 과정 전반에서 새로운 착취가 일어나는 과정을 보여 준다(김영욱, 2018; Fuchs, 2008). 특히 상품의 생산은 인터넷 이용자들의 이용 행위들이 결합된 공동 생산의 형태를 보여 주며, 소비와 유통 과정에서도 소비자들의 행위는 착취의 기반을 형성한다(그림 1, Fuchs, 2014에서 수정). 따라서 자본의 가치 증식 과정은 잉여가치를 창출하기 위한 자본의 노력을 의미하지만, 디지털 시대에 들어와서는 공중들이 생산소비자가 되어 일상적으로 착취에 기여하는 구도로 변모된다. 이러한 생산소비자의 인터넷 이용 행위를 디지털 노동digital labor이라고 한다(Fuchs, 2014). 디지털 노동은 인터넷 이용자들의 행위가 자본을 위한 가치 창출에 기여하기 때문에 노동이라는 것이고, 이러한 노동 행위는 인터넷 이용자들의 모든 행위들이 데이터 상품으로 광고주에게 팔리게 됨으로써 착취의

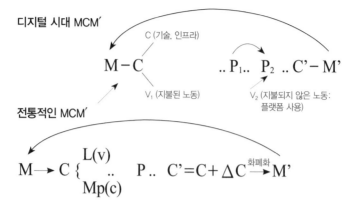

<그림 1> 디지털 시대 가치 증식 과정의 변화(Fuchs, 2014)

과정에 편입된다.

마르크스 시대에 착취의 대상은 임금노동을 하는 프롤레타리아계급이었다(Marx, 1976). 하지만 디지털 시대에 오면 착취의 대상은 모든 유형의 인터넷 이용자들을 포함한다. 이런 다양한 사람들이 모두 자본의 가치 증식을 위한 생산과 유통 과정에 참여하고 있으며, 자신이 의식하지 못하는 사이에 자본이 최대한의 잉여가치를 착취할 수 있도록 도움을 주게 된다. 이러한 사람들을 자율주의자들이 말하는 다중multitude이라고 부를 수도 있다(Hardt & Negri, 2004). 디지털 시대의 노동 착취 대상은 임금노동자에서 다중으로 범위가 확대된다. 인터넷 이용자들은 유형의 임금을 지불받지 않기 때문에 자본의 이윤율은 증가할 수밖에 없다. 이러한 자본 입장에서의 선순환 구조는 디지털 감시가 작동함으로써 결국 가능해진다. 인터넷 이용자들을 통한 이윤의 착취는 인터넷 이용자 혹은 이용자의 개인정보를 제3자

혹은 광고주에게 상품으로 팔 수 있기 때문에 가능한 것이고, 그러한 이용자 특성 및 개인정보는 디지털 감시를 통해서만 가능하기 때문이다.

이와 함께 수용자에 대한 접근도 개인화한다. 매스커뮤니케이션 시대에는 정보나 광고가 동일한 집단을 대상으로 주어졌다면, 디지털 시대에는 개개인을 대상으로 개인화한 정보나 광고가 주어진다 (Fuchs, 2012b). 이는 상대적인 노동 착취를 강화하는 작용을 할 것이다. 같은 시간이라 하더라도 자신에게 맞춤형으로 주어진 정보나 광고에 더 집중할 것이기 때문이다. 인터넷 이용자들은 이중 상품화 double commodification과정에 노출되는데, 우선 자신들의 인터넷 이용정보가 상품화되는 과정과 함께, 이를 바탕으로 보다 자신들의 개인화된 정보에 맞추어진 상품에 노출되는 과정을 경험하게 된다(Fuchs, 2012a). 결국 기본적으로 이런 모든 현상이 가능한 것은 광범위한 디지털 감시가 작용하기 때문이다. 생산소비자의 등장은 참여적이고 자발적인 공중에 의한 민주주의의 발전을 도모하기보다는 디지털 감시를 통하여 인터넷 이용자의 모든 행위를 가치 증식을 위해 상품화하고 착취하는 구도로 나아가게 한다(Dyer-Witheford, 1999).

디지털 노동digital labor은 "디지털 기술을 이용한 미디어를 매개로 하여 자본의 축적 과정에 기여하는 비물질노동을 포함한 다양한 유형의 노동 행위를 의미한다"(김영욱, 2018, p. 36). 따라서 디지털 노동은 임금노동wage labor을 넘어서 사람들의 모든 인터넷 이용 행위들이 잉여가치를 생산하는 착취의 대상인 생산적인 노동productive labor이 된다는 것을 의미한다(Fisher, 2012; Fuchs, 2012a, 2012b, 2014, 2015; Manzerolle, 2010; Terranova, 2000). 변증법적으로 보았을 때, 보통 일Work과 노동labor이 대립한 상황에서 일-노동Work-labor, 즉 일이 착취가 가능한 노동

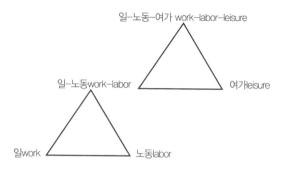

<그림 2> 디지털 시대 일, 노동, 여가의 이중 변증법

과 합쳐지는 현상이 발생한다. 하지만 현재 소셜 미디어를 포함하는 인터넷 환경은 놀이, 즉 여가leisure 시간을 포함해서 일상을 노동으로 만들어 버린다. 소셜 미디어와 인터넷 이용 행위에서 일어나는 모든 주목과 행위들은 결국 자본가의 이익을 극대화하기 위한 노동으로 변모한다. 디지털 미디어 세상은 결국 노동과 여가의 구분이 옅어 지면서 오히려 자본으로 하여금 좀 더 일상적이고 중첩적인 착취를 가능하게 한다. 이러한 심화된 일, 노동, 여가의 이중 변증법 현상이 디지털 노동의 요체가 된다. <그림 2>는 이 글의 주장인 일-노동-여 가의 변증법적인 통합 현상을 시각적으로 표현한 것이다.

디지털 프로모션과 착취의 구도

스마이드(Smythe, 1977)는 미디어 내용이 아니라 수용자가 상품화되 는 과정을 설명했지만, 사실상 노동이 어떻게 세분화되어 착취되는 지를 설명하지는 않았다. 수용자 상품이 노동시간을 통해서 착취되 는 과정을 설명한 것은 젤리(Jhally, 1987)였다. 젤리Sut Jhally는 스마이드가 상품 형성에 기여하는 노동을 제공한다는 아이디어는 가졌지만 구체적으로 어떻게 노동 착취가 일어나는지 설명하기 위해서는 시청노동 개념을 가져와야 한다고 주장했다.

젤리는 시청 행위를 노동으로 간주하고, 시청 행위를 절대적 혹은 상대적으로 늘림으로써 노동력을 착취하게 된다고 보았다. 이는 마르크스의 절대적인 노동 착취, 상대적인 노동 착취와 비슷한 개념이다 (Marx, 1976). 젤리(1987)의 경우, 스마이드의 수용자 상품론이 어떻게 노동의 착취를 불러오는지 구체적으로 설명하지 못하고 있다고 보면서, 수용자의 시청 행위를 노동으로 간주하고 《자본론》의 잉여노동 개념과 마찬가지로 수용자들은 필요 이상의 시청노동을 통해서 미디어 자본가의 착취를 가능하게 만든다고 설명했다. 한편, 젤리는 미디어가 제공하는 프로그램을 임금wage의 개념으로 보았다. 이것은 착취를 가능하게 하는 생산적인 노동은 임금노동이라고 주장한 마르크스의 주장에 따른 것으로 보인다(Marx, 1976). 따라서 젤리는 수용자 자체가 상품이기보다는 좀 더 구체적으로 수용자 시청 시간이 상품이라고 주장한다 (김영욱, 2018, p. 42).

디지털 프로모션을 통한 착취의 성격은 온라인 맞춤형 광고에 대한 분석을 인용하여 "3중 착취"라고 명명해 볼 수 있다(그림 3, 김영욱, 2018에서 수정). 산업시대 프로모션과 비교하면 디지털 프로모션은 휴식과 노동의 경계를 허물고, 일상을 침범하면서 전방위적으로 이루어진다. 〈그림 3〉에서 설명한 것처럼 매스미디어의 경우는 광고 시간을 늘리거나 광고 주목의 강도를 높여서, 즉 절대적인 혹은 상대적인 광고 주목 노동시간을 늘려서 착취하지만, 온라인 광고의 경우

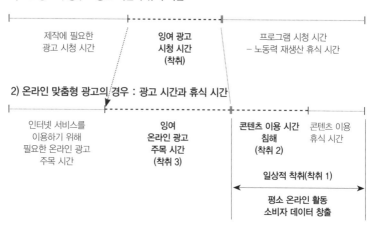

1) TV 광고의 경우 : 광고 시간과 휴식 시간

제작에 필요한
광고 시청 시간

잉여 광고
시청 시간
(착취)

프로그램 시청 시간
– 노동력 재생산 휴식 시간

2) 온라인 맞춤형 광고의 경우 : 광고 시간과 휴식 시간

인터넷 서비스를
이용하기 위해
필요한 온라인 광고
주목 시간

잉여
온라인 광고
주목 시간
(착취 3)

콘텐츠 이용 시간
침해
(착취 2)

콘텐츠 이용
휴식 시간

일상적 착취(착취 1)

평소 온라인 활동
소비자 데이터 창출

〈그림 3〉 TV 광고와 온라인 맞춤형 광고의 착취 유형 비교(김영욱, 2018 수정)

는 기본적으로 광고 주목 시간을 통한 착취와 함께, 인터넷 콘텐츠
를 이용하는 휴식 시간을 침해한다. 이와 함께 보다 특징적인 점은
평소 자신이 즐기는 광고와 직접적으로 결부되지 않은 모든 온라인
활동도 소비자 데이터 감시를 통해서 착취의 대상이 된다는 점이다.
따라서 인터넷 이용자들은 끊임없이 광고 주목 노동을 하면서, 자신
의 노동력을 재생산해야 하는 휴식 시간에도 은밀한 감시의 대상이
된다. 이러한 온라인 맞춤형 광고의 착취 현상은 노동과 휴식의 구
분이 불분명해진다는 측면에서 디지털 프로모션 착취의 실제 사례
를 보여 준다.

　〈그림 3〉에서 프로그램 제작에 필요한 광고 시청 시간에 비교해서
온라인 서비스를 이용하기 위해 필요한 광고 주목 시간은 현저히 줄
어든다는 것을 알 수 있다. 이것은 매스미디어 시대와 비교해서 디

지털 프로모션의 경우, 온라인 이용자들에게 요구되는 필요노동시간이 줄어들어 착취가 더 용이해진다는 것을 의미한다. 온라인 이용자 광고 주목의 경우, 일상에서 수집된 개인 데이터에 기반한 광고가 주어지기 때문에 광고 주목의 상대적인 강도가 높아질 수밖에 없고, 따라서 온라인 이용자들의 필요노동시간은 줄어들게 된다. 디지털 프로모션이 외면상으로 상호작용에 기반하면서 온라인 이용자와 권력을 공유하는 것처럼 보이지만, 사실은 전방위적이고 은밀한 감시를 통하여 착취를 최대화하는 체계라는 것이다.

이러한 분석은 스마이드와 푹스Christian Fuchs, 그리고 디지털 노동에 대한 자율주의자들의 시각을 확장해서 광고에 주목하는 노동이 구체적으로 어떻게 착취의 대상이 되는지 보여 준다. 이러한 접근은 푹스의 경우 임금노동의 가능성을 부정했지만, 디지털 노동에 대한 착취는 광고 주목 노동을 통한 임금노동 성격의 착취와 사회적 공장social factory을 통한 일상의 착취가 혼합되어 있다는 것을 보여 준다는 점에서 진일보한 측면이 있다.

물론 디지털 프로모션 착취와 관련하여 일치된 의견만 존재하는 것은 아니다. 1) 디지털 노동의 임금노동 여부, 2) 디지털 프로모션 과정에서 일어나는 디지털 노동의 강제성 여부, 3) 그리고 디지털 미디어의 잉여가치에 대한 지대 여부 논쟁 등이 존재한다(김영욱, 2018; Arriaga, 1984; Caraway, 2011; Wayne, 2003). 디지털 프로모션 착취와 관련한 논쟁들은 디지털 노동과 디지털 자본의 이윤 증식 과정에서 일어나는 새로운 착취의 형태를 인정할 수 있는지로 논점이 모아지는데, 새로운 형태의 디지털 노동은 자유로운 선택의 수단이 될 수 없고 독자적인 착취 구도를 형성하고 있다고 보는 것이 보다 논리적인 설명이다(Andrejevic, 2012; Fuchs, 2014; Wayne, 2003).

결국 디지털 프로모션 과정에서 전방위적인 생산 착취가 일어나고, 이것을 가능하게 하는 것은 광범위한 개인정보의 상품화가 있기 때문이다. 또한 이러한 과정의 밑바탕에는 새로운 형태의 디지털 감시가 자리 잡고 있다. 이 지점에서 디지털 프로모션을 작동시키는 근본적인 사회 차원의 배경, 즉 디지털 감시에 대해 알아볼 필요성이 제기된다.

감시, 프라이버시 그리고 디지털 감시사회

감시는 인류의 역사와 함께한다. 기독교 창세기부터 중세, 근대를 이어 오며 감시의 기술은 발달해 왔고, 제러미 벤담Jeremy Bentham의 판옵티콘panopticon은 효율적인 감시를 위한 인간의 욕망을 가장 잘 표현한다(Tudge, 2010/2013). 현대사회 수많은 비밀 정보기관의 창궐과 통신정보 및 금융신용정보를 통한 감시는 과학기술의 발전이 감시 기술의 발전과 그 궤를 같이한다는 것을 보여 준다. 하지만 지금까지 우리가 보아 왔던 물리적인 감시는 디지털 기술의 발달과 함께 새로운 양상을 보여 주고 있다.

감시와 프라이버시에 대한 시각

감시의 역사는 프라이버시privacy의 역사와 연관되어 있다. 그리스 시대에 프라이버시는 공적인 개방에 반대되는 부정적인 의미를 가지고 있었다(McStay, 2017). 이와 같은 시각은 잘못한 것이 없다면 프라이버시에 신경 쓸 필요가 없다는 시각과 연결되며, 역사적으로 개인의 프라이버시 권리는 언제나 보호되어야 한다는 시각과 항상 갈등을 겪어 왔다(McStay, 2017). 하지만 역사 발전적인 시각에서 분명한 것은 프라이버시 개념은 고립이나 개인화를 의미하는 것이 아니고, 자신의 프라이버시에 대한 통제권을 개인이 갖는다는 자유주의 시각을 의미한다. 따라서 감시에 대해 긍정적으로 평가하는 시각은 비밀주의와 프라이버시를 동일시하려는 시도이자, 또한 개인의 자유를 무시하고 프라이버시에 대한 통제권을 무너뜨리려는 시도라고 할 수 있다. 한편, 디지털 시대가 도래하면서 개인정보에 대한 감시가 새로운 기술적인 장치와 함께 폭발적으로 발달하고 있으며, 이는 프라이버시에 대한 위협으로 받아들여지고 있다. 그래서 최근 가장 선제적으로 디지털 시대 프라이버시를 보호하기 위한 장치로 시행된 것이 2018년 EU의 유럽개인정보보호법GDPR이다.

《자본론》의 접근에서 감시는 매우 자연스러운 현상이다(Marx, 1976). 이는 1) 자본의 착취를 원활하게 하는 도구라는 측면과 함께, 2) 주체와 객체가 통합되는 과정을 설명하는 변증법적 접근이라는 차원에서도 당연히 일어나는 현상으로 받아들여진다(Fuchs, 2014). 자본주의는 기본적으로 프라이버시에 기반하는 개인 소유 권리에 의해 작동하지만, 역설적이게도 체제를 유지하기 위해서는 또한 감시를 필요로 한다. 거래를 통한 신뢰의 유지, 기업의 이윤 창출, 정부 통제 등은 모두 감시를 통해서 유지되는 기능들이다(Fuchs, 2012b). 마르크스는 감시가 자본주의를 유지하는 기본적인 요소라고 보았다.

지시하고, 감독하고, 조정하는 일은 자본의 통제 하에 이루어지는 노동이 협력적인 성격을 가지게 되는 순간부터 자본이 수행하는 [중요한] 기능 중의 하나가 된다. 이로써 자본의 구체적인 기능으로서 지시 감독 기능은 자신만의 고유한 특성을 획득하게 된다(Marx, 1976, p.449). 마르크스에게 감시는 자본주의를 작동시키는 중요한 기능으로 작용하는데, 이러한 역할은 기업이나 정부가 개인의 생활을 감시하고 생산과정에서 노동을 감독한다는 의미에서 푸코Michel Foucault의 감시권력 논의와 통하는 면이 많다. 국가와 기업은 개인의 생활을 감시하고 노동을 감독함으로써 자본주의가 작동하기 위한 징계적인 의미의 감시권력을 작동시킨다. 따라서 일반적으로 감시는 자본주의를 유지하기 위한 광범위한 공중 관리 기능을 의미한다(Gandy, 1993). 감시는 자본의 가치 증식 과정에서 광범위하게 작용한다. 예를 들어, 노동자를 선발하고 생산수단을 구입하는 과정, 상품을 생산하는 과정, 소비를 진작시키는 행위 등 광범위한 가치 증식 과정에서 감시가 작동한다. 따라서 감시는 생산, 유통, 소비 과정을 통제하고 생산력을 규율함으로써 잉여가치와 이윤을 극대화하는 자본의 비밀병기를 의미한다(Fuchs, 2012b). 디지털 시대에 들어오면 감시의 성격이 변화한다. 디지털 온라인 공중의 소외는 노동 자체, 생산수단, 생산품 모두로부터 기인하는데, 이는 디지털 감시가 있기 때문에 가능한 것이다(Fuchs, 2014). 디지털 온라인 공중들은 자신이 노동을 하고 있다는 자각을 하지 못하는 사이에 가치의 증식 과정에 편입된다. 디지털 감시는 인터넷 등 새로운 정보기술을 활용한 감시 형태를 포괄적으로 지칭하는 개념이다. 사실상 인터넷 감시라고 해도 무방하다. 따라서 본 글에서는 디지털과 인터넷을 유사한 개념으로 사용한다. G. T. 마르크스G. T. Marx는 이러한 디지털 감시를 새로운 감시new surveillance라는 개념으로 설명했다.

디지털 감시를 보는 시각과 디지털 감시의 특성

디지털 감시를 어떻게 볼 것인가의 문제는 인터넷 전반을 어떻게 볼 것인가의 문제와 연결되어 있다. 인터넷을 해방의 도구로 볼 것인가 통제의 도구로 볼 것인가는 인터넷 감시를 보는 시각과도 그대로 연결된다(Dyer-Witheford, 1999). 인터넷은 공유지 형성을 가능하게 하는 공중들의 협력적인 생산 시스템을 의미하기도 하지만 (Benkler, 2006; Deuze, 2007), 이러한 공유지가 사실은 자본가의 착취 도구로 전용되고 있다고 보는 시각도 있다(Fuchs, 2008, 2011). 인터넷 감시를 통제의 시각에서 보는 쪽은 전자적인 감시electronic surveillacne 혹은 사회적인 분류social sorting(Lyon, 1994), 디지털 구획 긋기digital enclosure(Andrejevic, 2007), 평형 감시lateral surveillance(Andrejevic, 2005, 2006), 파놉틱 분류panoptic sorting(Gandy, 1993) 등의 표현을 사용하여 감시자가 절대적인 힘의 우위에서 사람들을 감시하는 사회 시스템의 하나로서 설명하고자 했다. 하지만 이와 반대로 인터넷 감시를 권력에 대한 역감시의 활성화로 보려는 시도도 있다(Haggerty, 2006).

디지털 감시를 긍정적으로 보는 사람들은 인터넷에서 생산소비자가 새롭게 등장함에 따라 공중들의 참여 기회가 훨씬 늘어나게 되고, 이러한 참여는 공중들의 힘을 키우는 참여 감시participatory surveillance를 가능하게 한다고 본다(Albrechtslund, 2008; Bruns, 2008). 긍정적인 시각은 인터넷의 상호 호혜적이고, 참여적이며, 공중의 힘을 강화시킬 수 있는 속성에 주목한다. 감시에 대한 우려보다는 감시를 통해서 평등해질 수 있는 대응감시에 주목한다. 이러한 참여 감시의 개념은 서로가 서로를 감시해서 결국은 공중들의 대응력이 약화된다고 보는 평형 감시와 대비되는 개념이라고 할 수 있다(Andrejevic, 2005, 2006).

하지만 인터넷은 공유지가 아니라 이익 추구의 장이고, 참여의 환상은 오직 자본의 가치 증식과 착취를 극대화하기 위한 장치에 불과하다는 주장이 현실을 반영하면서 설득력을 얻고 있다(Fuchs, 2008;

Mathiesen, 1997). 인터넷은 상업성에 종속되어 있고 이는 개인의 결정권과 자유를 왜곡할 가능성이 농후하며(Castells, 2001), 또한 인터넷 이용은 소비자 개인정보를 상업적 목적에 맞게 심화시키고 분류하여sorting 궁극적으로 이윤 창출 도구로 재탄생시킨다(Andrejevic, 2007; Lyon, 2002). 이는 처음에는 인터넷이 민주적인 상호작용을 촉발시킬 것으로 보았지만, 오히려 권력을 가진 쪽에 유리한 불균형적인 정보 교류와 감시권력을 강화하게 되었다는 주장과도 맥락을 같이한다(Andrejevic, 2002). 인터넷은 공중들의 참여를 이끌어 내는 시스템이기보다는 기득권을 가진 자본의 권력을 강화하고, 오히려 착취를 더 원활하게 하는 시스템으로 발전해 가고 있다(Fuchs, 2012a, 2014).

마르크스(Marx, 1976)의 감시 개념은 디지털 시대에 이르면 통합된 감시 형태를 보인다. 디지털 가치 증식 과정은 생산자와 소비자가 결합되는 형태를 보여 주기 때문에 생산소비자 감시로 통합되며, 생산 수단, 생산력, 상품 유통에 대한 감시로 분할되기보다는 생산소비자의 모든 활동을 전방위적으로 감시하는 강력한 통합 감시체제를 구성한다.

인터넷 감시가 기존의 감시와 다른 점은 피감시자가 인식하지 못하는 감시의 은밀함이다. 기존의 감시에 비해서 인터넷 감시는 감시가 행해지고 있다는 것을 피감시자가 제대로 인식하지 못한다. 판옵티콘 형태의 감시는 피감시자가 감시받고 있다는 것을 알고 있기 때문에 감시자의 존재 여부와 상관없이 감시를 스스로 내면화하고 규율을 수용하는 과정을 보여 주지만(Foucault, 1975/2011), 인터넷 감시는 피감시자가 의식하지 못하는 사이에 은밀하면서도 가장 효율적으로 가치를 착취하는 과정을 보여 준다. 근대 규율권력이 지배하는 사회가 신체를 통제하고 규율을 내면화함으로써 사람들을 효과적으로 통제하는 사회라면, 현대 정보사회는 일상적으로 개인에 대한 감시가 이루어지지만 그 과정이 은밀하기 때문에 푸코가 예견했던 것보다 훨씬 더 권력교체가 어렵다.

페이스북은 사실상 발전된 판옵티콘 기업이다. 푸코는 판옵티콘 상황이 상대방은 "나"를 볼 수 있지만 나는 상대방을 보지 못하기 때문에 처음부터 나는 정보 수집의 대상이 될 뿐, 커뮤니케이션을 위해서 존재하기는 힘들다고 설명했다(Foucault, 1975/2011). 이러한 푸코의 통찰은 페이스북과 구글이 어떤 기업인지를 잘 설명한다. 인터넷 기업들은 어떤 서비스를 제공하는 기업이기보다는 개인정보를 모으기 위해서 어떤 서비스를 제공하는 광고회사라고 할 수 있다(Kang & McAllister, 2011). 이윤의 원천은 은밀한 감시를 통해 모은 개인정보에 있으며, 서비스 이용과 서비스 안에서 이루어지는 커뮤니케이션 기능은 가치를 상대적으로 끌어올리기 위한 장치에 불과하다. 이런 구도에서 권력 차이는 분명해지며, 권력 차이가 커질수록 감시받지 않는 감시 장치는 더 늘어날 수밖에 없다.

디지털 감시는 사회관계에 기반하고 있기 때문에 형체를 알아보기 힘들고 사회 곳곳에 스며들어 있다. 소셜 미디어 이용자의 경우를 보면, 약한 고리로 형성된 디지털 네트워크를 통해서 관계 형성 활동을 전개하고, 이러한 활동은 풍부한 감시 기회를 제공한다(Lyon, 2001; Trottier & Lyon, 2012). 이런 의미에서 디지털 감시를 유동적 감시 liquid surveillance라고 부르기도 한다(Bauman & Lyon, 2013; Lyon, 2010). 유동적 감시는 어떤 규범과 상관없는 개별화된 근대화를 의미하는 유동적 근대화liquid modernity 개념에서 유래했다(Bauman, 2000). 이러한 형체를 알아볼 수 없게 사회 곳곳에 광범위하게 스며 있는 감시가 상업적인 목적에 사용되기 위해서는 사회적인 분류social sorting 기술이 함께 발달할 수밖에 없다. 사회적인 분류를 통해서 가장 많은 이윤이 실현될 수 있는 프로모션 행위가 효율적으로 진행될 것이기 때문이다. 이런 사회적인 분류는 개인을 단위로 하기 때문에 집단을 단위로 했던 매스미디어 시대에 비하면 훨씬 개인화되고 목표지향적이라고 할 수 있다. 이런 의미에서 ①광범위한 유동적 감시, ②개인화된 사회 분류는 디지털 감시를 떠받치는 두 가지 중요한 구성 요인이다(Trottier & Lyon, 2012). 따라서 디지털 감시의 특징을 기존 연구의 논의(Andrejevic, 2012: Fuchs, 2012b)를 바탕으로 나름대로 분류해 본다면, ①은밀성digital panopticon, ②광범위하고 일상적인 적용 범위liquidity, ③ 개인화된 목표 단위sorting 등으로 요약할 수 있다.

노동의 개념 변화와 디지털 감시를 통한 착취

디지털 시대 전방위적 착취가 가능한 것은 감시의 의미 변화와 관련이 있다. 산업시대에는 주로 생산과 소비에 대한 감시에 집중했다면, 디지털 시대에는 전방위적인 일상생활 감시에 가깝다. 감시는 생산, 유통과 소비 과정에서도 중요하게 작용할 뿐만 아니라, 일상의 휴식과 여가 활동까지도 전유하려고 시도한다.

산업시대의 노동 착취는 노동자들이 생산적인 노동productive labor을 통해서 잉여가치를 생산하면, 전혀 생산적이지 못하고 죽은 노동인 자본이 그것을 독점하는 형태로 이루어졌다(Marx, 1976). 하지만 디지털 시대에는 이러한 지불하지 않는 노동에 대한 절취labor theft가 훨씬 광범위해지고 은밀해진다. 이것을 가능하게 하는 것이 디지털 감시다. 디지털 감시를 통해서 노동 절취의 성격이 변화한다.

디지털 노동은 비물질노동immaterial labor을 의미한다. 비물질노동은 상품의 문화적인 내용을 생산하는 행위를 의미하는데, 일반적으로 일이라고 인식되지 못하는 행위들이다(Lazzarato, 1996). 이 개념은 마르크스의 임금노동과는 동떨어져 있지만 디지털 사회에서 가치를 생산하는 광범위한 행위를 의미한다. 이를 사람의 감정적인 변화를 가져오는 행위라는 의미에서 정동노동affective labor이라고도 한다(Hardt, 1999). 이러한 성격적인 정의와 함께 임금노동과 대비되어 결과적으로 사람들에게 지불되지 않는 노동이라는 의미에서 공짜노동 혹은 부불노동free labor이라고도 불린다. 디지털 시대 인터넷 기업의 가치 증식은 다중들이 이루어 낸 다양한 문화적인 성과를 착취함으로써 이루어진다.

디지털 시대에 들어서면서 새로운 생산적인 노동에 대한 개념이 등장한다. 그것은 감시당하는 노동the labor of being watched이다(Andrejevic, 2002). 감시당하는 노동은 인터넷 이용자의 모든 이용 행위들이 착취의 대상이 되기 때문에 새로운 형태의 노동이라는 의미이며, 이는 앞서 말한 공짜노동, 비물질노동, 사회적 공장social factory 개념과도 통한다(Hardt, 1999; Lazzarato, 1996; Negri, 1991; Terranova, 2000). 이러한 형태의 감시는 산업사회의 생산 현장 감시와 비교하면 인터넷 이용자들을 훨씬 더 노동이라는 현실로부터 소외시킨다. 대부분의 소셜 미디어와 인터넷 플랫폼들은 은밀한 감시를 통해 가치를 증식시키며, 이용자들의 감시당하는 노동을 착취한다(Cohen, 2008). 디지털 시대 노동의 착취는 또한 노동의 범위 및 착취 대상의 변화와도 연결되어 있다. 감시당하는 노동이라는 새로운 생산노동이 생겨난 것과 함께 노동의 범위도 일상, 즉 노동력을 재생산하기 위한 휴식 시간을 침범하고 있다. 이러한 일상의 침범은 프라이버시 침해와 직접적으로 연결된다.

프라이버시 판매 노동	프라이버시 감시 노동
매스미디어 적극적 예) 리얼리티 프로그램	인터넷 암묵적 예) 온라인 맞춤형 광고

〈그림 4〉 프라이버시 노동의 유형

　프라이버시와 관련된 노동을 탐색적으로 살펴보면, 크게 프라이버시를 파는 노동privacy-selling labor과 프라이버시를 감시당하는 노동privacy-surveillance labor으로 나누어 볼 수 있다(〈그림 4〉, 필자의 주장 구성). 프라이버시 판매 노동은 보통 매스미디어를 중심으로 이루어지며, 리얼리티 프로그램 출연자들의 행위 등을 의미한다. 적극적으로 내가 기본적으로 팔아야 하는 정보보다 잉여로 더 많이 판매함으로써 적극적으로 자본의 이윤 창출에 기여하는 행위다. 이에 비해 프라이버시를 감시당하는 노동은 인터넷을 중심으로 일어나며, 암묵적이고 인식하지 못하는 사이에 감시를 통해 노동을 착취당하는 경우다. 인터넷 이용자들은 자신의 정보가 상품화되는 것을 인지하지 못하며, 자신의 감시당하는 노동이 착취당하는 것 또한 알지 못한다. 결국 이 모든 이용 행위들이 자본가의 이윤 창출에 기여하게 된다. 더 심각한 상황은 디지털 시대가 심화됨에 따라 이용자들의 프라이버시 판매 노동 또한 디지털 미디어의 특징이 되어 간다는 점이다. 디지털 자본의 가치 증식을 위해 프라이버시의 영역은 점점 더 줄어드는 상황이 도래하고 있다.

디지털 감시의 작동 원리에 대한 해석과 구성 요소

기존의 논의: 푸코의 통제와 리오타르의 몰인간성

판옵티콘은 외벽에 감방을 설치한 원통형 구조로서 중앙에서 죄수들을 감시하지만 죄수들은 감시자의 감시 행위를 볼 수 없는 구조이다(Tudge, 2010/2013). 이러한 시각적인 감시 구조는 푸코에 이르러 언제나 감시당하고 있다고 느낀 죄수들이 감시를 스스로 내면화함으로써 기존 권력의 가치를 수용하게 되는 감시 철학으로 발전하게 된다(1975/1994). 판옵티콘 개념은 디지털 시대로 접어들면서 건축물에 의한 시각적인 감시 개념에서 정보의 유인, 가공, 처리 시스템을 의미하는 것으로 변화한다(Elmer, 2003).

디지털 판옵티콘은 죄수가 아니라 온라인 공중의 데이터를 확보하는 것을 대상으로 하며, 분산되어 있는 개인정보들을 모아서 효율적으로 가공하는 역할을 한다. 하지만 분명한 것은 디지털 판옵티콘도 감시 철학이라는 의미에서 유사한 성격을 가진다는 점이다. 온라인 이용자들은 인터넷을 이용하면서 보상과 처벌의 경험을 통해 감시를 스스로 내면화한다. 개인정보를 거부했을 때 이용할 수 있는 서비스가 줄어든다면 누구도 감시를 거부하기 힘들게 된다. 폐쇄된 공간 개념이었던 판옵티콘은 디지털 시대 데이터 감시를 통해 보다 광범위하며 지속적인 통제를 시도하는 개념으로 변모하게 되었다(Campbell & Carlson, 2002; Elmer, 2003).

디지털 감시를 상징하는 표현으로 여전히 판옵티콘이 많이 사용되고 있지만(Boyle, 1997; Elmer, 2003; Gandy, 1993; Lyon, 2003), 판옵티콘이 인터넷과 같은 현대적인 감시 수단을 나타내는 표현으로 부적절하다는 학자들도 많다(Albechtslund, 2008; Bogard, 2006; Haggerty, 2006). 이런 다양한 논의들로부터 인터넷 감시를 둘러싼 쟁점을 정리해 보면, 과연 디지털 감시가 푸코가 주장했던 근대 감시체제로서 판옵티콘과 어떤 차이를 가지는가의 문제와, 디지털 감시가 해방의 수단인가 아니면 새로운 형태로 전개되는 자본의 가치 증식 과정 혹은 이를 위한 통제의 기반인가의 문제로 요약된다. 이러한 쟁점에 대해서 의견이 분분하지만 디지털 감시도 본래 판옵티콘의 감시 철학으로부터 변하지 않았다고 보는 것이 합리적이다(Elmer, 2003). 왜냐하면 디지털 감시도 시각적 개념의 판옵티콘과 마찬가지로 개인정보 획득과 가공을 통하여 사이버 공간에서 힘의 불균형을 유지하려는 시도이며, 보상과 처벌을 통하여 온라인 이용자들이 자신의 개인정보를 마케팅의 도구로 스스로 내어놓게 만드는 통제 시스템이기 때문이다(Campbell & Carlson, 2002). 따라서 디지털 감시에 대한 판옵티콘 은유는 여전히 유효하다.

푸코의 판옵티콘 논의가 시각적인visual 감시에 강조점을 두고 있다면, 리오타르Jean-François Lyotard는 알고리즘algorithm을 통한 감시를 강조한다(Lyotard, 1991). 알고리즘 감시는 무언가를 시각적으로 감시하는 것이 아니라 데이터를 생산해 내고 그것을 가공해서 착취의 수단으로 삼는 것이다. 알고리즘 감시는 앞에서 설명한 디지털 판옵티콘과 유사한 개념이다. 이러한 새로운 형태의 감시는 기계를 통해 최대한 개인정보를 추출하고, 그러한 정보를 자본주의 이윤 창출의 도구로 사용하는 것을 지칭한다(Andrejevic, 2007; Marx, 2002). 리오타르의 관점에서 이러한 감시는 오직 일의 능률적인 수행performativity에만 집중하기 위해 사람들의 다름을 인정하지 않거나 효율성에만 집중하기 때문에 몰인간적inhuman인 접근을 의미한다(Hill, 2012).

능률적인 수행은 기술과학을 바탕으로 한 자본주의를 상징하는 개념으로, 결국 무언가를 투여했을 때 어떤 결과물을 효율적으로 가져올 수 있는가를 의미한다(Lyotard, 2005). 이런 기준이 사회에 설정되면, 오직 구조는 효율성을 판단 기준으로 삼게 됨으로써 비효율적인 것들은 무시되거나 사라지고, 권력을 쥔 사람들은 점점 더 생산수단을 소유하지 못한 사람들을 더 잘 착취할 수 있는 사회적인 조건들을 구비하게 된다. 이것이 현대사회에서 일반 사람들이 느끼는 공포의 근원이 된다(Lyotard, 2005).

알고리즘에 의해 모든 것이 정보로 환원되는 사회에서 컴퓨터와 결합된 자본의 지배는 더 강화될 수밖에 없다. 리오타르는 이것을 더욱 강력해진 자본과 기술의 결합이라고 보았다(Gane, 2003; Hill, 2012). 따라서 모든 시스템은 정보를 수집하고 환원된 정보를 가장 효율적으로 상품화할 수 있는 방법을 찾는데, 이러한 시스템이 현대사회 감시의 의미를 좀 더 분명하게 보여 준다. 현대사회의 감시는 결국 모든 것을 정보화하는 시스템의 몰인간성과, 그러한 시스템에 사로잡혀 자신의 영혼을 저당 잡히는 사람들의 내적인 몰인간성으로 구성된다고 할 수 있다(Gane, 2003; Lyotard, 1991).

알고리즘 감시사회로 접어들면 사람이 정보 단위로 전송되며, 인간 행위에 대한 인간적인 고려가 사라진다(Lyotard, 1991). 모든 행위는 정보 단위로 기록되고, 오직 정보만이 효율성의 척도가 된다. 이 모든 것이 감시를 통한 자본주의 착취의 기반을 조성한다. 점점 더 이런 시스템에 적응하게 되면 정보로 변환될 수 있는 데이터만을 찾게 되고, 오직 착취가 가능한 정보만이 중요해지게 된다. 이것은 새로운 디지털 기술이 자본주의 착취 구조를 확장시켜 오히려 비인간적인 시스템을 강화하는 방식으로 나아가게 한다. 결국 이러한 데이터-정보-착취의 고리를 떠받치는 것은 알고리즘 감시이다. 이렇

게 되면 시간관념에서 빠른 것, 즉 효율적인 처리만이 지상 목표가
된다.

많은 이런 종류의 설명들은 시간의 문제를 중심에 둔다. 그 이유는
우리가 이야기하는 단절의 문제를 결정하기 때문이다. 발전은 시간
의 절약을 상정한다. 빨리 간다는 것은 빠른 독서 형태에서 알 수 있
는 것처럼 빨리 잊어버려야 한다는 것, 나중에 유용하게 쓰일 수 있는
정보들만 선별해서 보유하고 있어야 한다는 것을 의미하기 때문이다
(Lyotard, 1991, pp. 2-3).

알고리즘 감시의 몰인간화는 기계를 통한 기억memory의 문제를 가
진다(Lyotard, 1991). 이것은 결국 기계를 통한 통제의 문제와 연결되는
데, 기계가 기억하는 것만이 정보로 받아들여지는 사회는 결국 기
계를 통한 정보 독점을 불러오게 된다. 리오타르는 기계를 통한 기
억의 효과를 위반breaching, 선택scanning, 빠뜨리기passing 세 가지로 요
약했는데, 이는 기억의 유형과 관련하여 각각 습관habit, 기억하기
remembering, 회상anamnesis과 연결된다(Lyotard, 1991). 기계를 통한 기억
에서 위반은 시간과 공간을 뛰어넘는 기억을 의미한다. 착취가 가
능한 어떤 데이터든지 정보가 되며, 한 번 디지털 형태를 갖추게 되
면 시공간을 뛰어넘어 재생산되고 착취의 대상이 된다. 선택은 기억
하기와 연결된다. 선택은 기계의 좀 더 적극적인 개입을 의미한다.
기계가 선택하는 것을 기억하게 됨으로써 인간은 점점 더 주체성을
상실하고 기계의 도구가 되는 경향을 보인다. 마지막으로 빠뜨리기
는 회상과 연결된다. 빠뜨리기는 위반이나 선택과는 다르게 어떤 정
보를 무시하거나 소멸시키는 기억 행위와 연관된다. 이러한 기계의

기억은 어떻게 보면 더 강력한 기계 중심의 통제권을 의미한다. 결국 디지털화된 새로운 기술은 새로운 기억 방법(breaching, scanning, passing)을 통해서 점점 더 인간을 소외시키고, 몰인간적으로 만들면서 자본주의 착취를 위한 맥락을 강화한다.

기억들이 디지털 형태로 전환된 후에는 이러한 데이터 항목들은 동일한 색채와 소리를 가진 생산품 혹은 복제품으로 언제든지 어디에서나 조합해 낼 수 있다는 것을 의미하게 된다. 따라서 기억들은 처음 만들어졌던 장소와 시간으로부터 독립적으로 존재하게 되며, 어떠한 장소나 시간에서도 생산될 수 있다. 이런 것을 언제든 전송이 가능한 telegraphable 기억이라고 할 수 있다(Lyotard, 1991, p. 50).

기억과 관련한 리오타르의 논의는 다른 많은 학자들이 담론의 진실성을 비판한 것과도 맥이 닿아 있다. 담론은 지나친 낙관주의를 만들어 낼 가능성이 많은데, 이것은 푸코에서 시작해서 포스트모더니즘에서 주장해 온 몸body에 대한 주체성 회복과도 연결된다(Andrejevic, 2005). 사실상 감시도 담론의 진실성 주장과 유사하게, 자신body를 보여 주기보다는 만들어진 자기discourse를 대상으로 한다. 효율성을 극대화하기 위한 기술적인 장치로서 감시는 인간을 그대로 보기보다는 대상화할 가능성을 높인다(Andrejevic, 2005).

기술과학의 발전을 통한 인간성의 해방이라는 근대성modernity 기획은 재구성을 필요로 한다. 바이트bytes로 이루어지는 세계는 인간성을 말살할 수 있으며, 프로그래머의 알고리즘에 의해서 모든 것이 지배되는 사회로 변모할 수 있다(Lyotard, 1991). 이러한 시스템에 대한 이해를 바탕으로 좀 더 품게 되는 의문은 어떻게 사람들이 내면적으로 이러한 시스템을 체화하는가의 문제이다. 그것은 디지털화된 사회관계 속에서 이루어지는 행위들의 관계가 스스로를 얽어매게 되고, 이렇게 강요된 역할은 알고리즘에 따라 사고하고, 알고리즘에 맞춰진 행위만을 존중하는 지경에 이르게 되는 것을 의미한다(Hill, 2012).

프로그램으로 이루어진 결정 시스템 속에서 움직이는 바이트 정보들은 사람들의 반사적인 결정과 개성을 이해하지 못한다(Lyotard, 1991). 게인Nicholas Gane(Gane, 2003)은 새로운 자본주의 체계를 언급하며 사람들의 생각이 컴퓨터의 정보처리를 닮아 가면서 기계의 생각으로 대체되고, 기술과 자본주의가 결합하는 새로운 형태의 컴퓨터 자본주의computerized capitalism가 탄생하게 되었다고 주장했다. 이러한 분석은 리오타르의 몰인간성 분석이 매클루언에서 찾을 수 없었던 기술과 자본주의의 결합을 통한 새로운 착취 시스템을 제시한다는 것을 보여 준다(Gane, 2003).

이러한 시스템이 사람들의 영혼soul을 장악하게 되는 데에는 효율성에 바탕을 둔 발전 논리와 그것을 실현하기 위한 시간적인 한계의 극복이 작용한다(Gane, 2003). 사람들은 시스템에 적응하기 위해 가능한 한 발전 논리를 내면화하고, 전통적인 미디어 사용 방법과 커뮤니케이션 방식을 버리게 된다. 디지털 미디어의 발전과 함께 사람들은 없애고, 선별하고, 지우며, 몰인간적이고 효율적인 속도 문화를 받아들이게 된다(Gane, 2003). 이러한 효율성과 실행 가능성에 바탕을 둔 몰인간적 착취 시스템은 마르크스가 주장한 자본주의 주체의 소외alienation 개념과 매우 유사해진다. 사람들은 자신도 모르는 사이에 자본주의 착취 시스템으로 빠져든다. 여기서 말하는 소외 개념은 안드레예비치Mark Andrejevic(Andrejevic, 2007)가 설명한 인터넷 현상에서 일어나는 노동의 소외와는 약간 다른 개념으로, 인간성으로부터의 소외라고 할 만하다(Lyotard, 1991).

감시사회는 선택할 수 없는 선택choiceless choice을 사람들에게 부여한다(Hill, 2012; Lyotard, 2005). 사실상 알고리즘으로 짜여진 효율성 척도 속에서 사람들은 비슷한 것을 받아들이도록 강요받는다. 예를 들어, 인터넷에서 같은 페이지를 본 사람은 개성이 무시된 채 등가의 사람으로 인식된다. 디지털 세상 속에서 이루어지는 선택은 알고리즘에 의해서 강요되는 것이며, 필요한 데이터를 생산해 내지 못하는 사람은 도태될 수밖에 없다. 따라서 감시사회는 시간과 장소 개념을 포함해서 최상의 효율성을 목적으로 하며, 다름을 인정하지 않는 가운데 감시의 대상이 되지 않는 사람들이 가차 없이 무시되는 사회이다(Hill, 2012). 우리가 취하는 선택은 감시의 대상이 되도록 자발적으로 데이터를 내어주든지, 아니면 도태되는 것이다.

푸코와 리오타르의 논의가 다른 접근 방법을 보여 주지만, 여전히 감시사회의 작동은 통제를 기본으로 해서 이루어진다. 리오타르의 논의에 따르면 모든 것이 디지털화되면서 감시사회가 작동할 기반을 갖추게 되고, 사람들의 생각은 기계의 생각으로 이동하면서 알고리즘으로 프로그램화된 몰인간적인 데이터 처리만 이루어지게 된다. 디지털 시대 사람들의 내면화는 강요와 통제를 통해서 구조적으로 이루어지는 측면이 강하다. 하지만 이렇게 시스템을 통해서 인간성이 함몰되는 상황을 설명하더라도, 그러한 시스템의 내면화가 현재 디지털 사회에서 일어나고 있는 디지털 감시사회 작동에 대한 사람들의 자발적인 참여와 능동적인 활동을 충분히 설명해 주지는 않는다. 몰인간화된 시스템 속에서도 사람들은 여전히 자신들이 뭔가를 하고 있다고 느낀다. 따라서 리오타르의 몰인간성 논의는 좀 더 자발적인 측면의 다른 개념으로 발전할 필요가 있다.

새로운 디지털 감시의 요소: "정체성 감시" 개념 탐색

리오타르(Lyotard, 1991)가 컴퓨터 자본주의 시대 영혼soul의 변화를 지적하면서 자발성이 내면화된다고 했을 때, 그러한 자발성은 사회적인 조건이 부여하는 강제성에 기반하는 자발성을 의미한다. 우리 사회가 만들어 내는 비인간적인 사회 조건이 사람들을 그러한 시스템 속으로 들어오도록 만들어 낸다는 것이다. 인간성은 컴퓨터 자본주의의 조건 속에서 자취를 감춘다. 하지만 여전히 이용자를 인질로 잡는 시스템도 문제지만, 스스로 인질이 되고자 하는 이용자의 욕구에도 주목할 필요가 있다. 사람들은 스스로 개인적인 것과 공적인 것의 경계를 허물고, 개인정보를 상품화하여 자본주의 착취 시스템에 기여하려고 한다(Bauman, 2008). 이러한 점은 확실히 리오타르의 알고리즘 통제를 넘어서는 부분이다.

또한 디지털 시대 감시의 성격 변화에 주목할 필요가 있다. 디지털 시대의 감시는 자발적·참여적 요소들이 강해지고 있으며, 이것은 디지털 사회에서 일어나는 프로모션 행위의 성격 변화와 연결된다. 디지털 시대의 감시는 은밀화와 일상화를 그 특징으로 한다(Fuchs, 2012b). 우선 디지털 감시는 은밀화를 통한 교묘한 착취와 연결된다. 온라인 맞춤형 광고online behavioral advertising의 예를 들면, 사람들은 자신이 감시당하고 있다는 것을 인지하지 못하지만, 평소 인터넷상의 행위들과 개인정보의 축적을 통해서 착취의 발판을 마련하게 된다(김영욱, 2018). 감시자와 피감시자의 실제적인 관계는 모호해진다. 이러한 은밀한 감시는 또한 일상적으로 이루어진다. 일상적으로 이루어지는 착취는 자본가의 가치 증식 과정에서 인터넷 이용자들이 생산소비자 역할을 하는 것과 통한다(Fuchs, 2012a). 사람들은 생산과 유통 과정 전반에서 인터넷 플랫폼 자본가의 착취를 돕는다. 심지어 인터넷 공간의 놀이도 착취의 대상으로 전락하게 된다. 생산과 소비의 구분이 사라지고, 놀이와 일의 구분이 사라지는 자연스러운 착취 상황은 감시라는 은밀한 기능이 있기 때문에 가능한 것이다(Fuchs, 2014).

이러한 디지털 감시는 근본적으로 자본계급의 감시를 통한 착취라고 하는 사회구조적인 문제와 직접적으로 연결되어 있다(Andrejevic, 2002; Fuchs, 2008; Gandy, 1993; Mathiesen, 2004). 따라서 이러한 논의는 공중들의 시각에서 본다면 수동적인 감시를 의미한다. 하지만 최근의 감시 경향에서는 이러한 사회구조적인 접근으로는 설명하기 힘든 능동적인 감시의 형태들이 나타나고 있다. 이것은 디지털 감시를 스스로 내면화하고 이데올로기화하는 현상이 나타나고 있다는 것을 보여 주며, 감시를 통해 스스로 정체성identity을 맞추려는 상황을 의미한다. 이러한 논의는 정치경제학 차원의 사회구조적인 접근과 함께 공중들의 능동성에 주목하는 문화이론 차원의 접근이 함께 필요하다는 점을 시사한다.

왜 사람들은 감시당하고 있다는 것을 알고 있고(Fuchs, 2012b), 그것을 의식하면서도 기꺼이 디지털 시대의 감시를 받아들일까? 여기에는 지금까지 설명한 푸코와 리오타료의 접근만으로는 설명할 수 없는 인터넷 이용자들의 자발적이고 능동적인 측면이 자리 잡고 있다. 관련 연구들을 보면, 사람들은 감시를 통한 개인정보 침해에 대해 잘 알고 있고 감시 위험에 우려를 표명하고 있지만, 인터넷과 소셜 미디어를 이용하는 데 있어서는 거리낌이 없는 것으로 나타났다(Fuchs, 2012b). 이것은 앞서 논의했던 디지털 노동의 강제성 논의와 약간 결이 다른 측면이 있다. 사람들은 위험과 혜택 사이에서 의사 결정을 하고 있으며, 인터넷이 주는 혜택이 개인정보 침해의 위험성보다 훨씬 크다고 생각할 가능성이 높다. 무엇보다도 이제 인터넷 플랫폼을 이용하지 않으면 사회관계를 유지할 수 없는 상황에서 발전하여 스스로 인터넷 환경을 문화 맥락으로 기꺼이 받아들이는 사람들이 늘어나고 있다.

꼭 개인정보 데이터나 알고리즘에 의한 감시가 아니라 디지털 사회 자체가 제시하는 사회적인 관계 속에서 개인의 정체성을 찾으려는 노력들이 늘어나고 있다. 이것들은 리오타르가 말한 알고리즘 통제를 통한 인간성의 실종이라기보다는, 디지털 사회 문화 속에서 스스로 능동적으로 자신의 정체성을 확인하려는 노력이라고 할 수 있다. 당연히 감시의 영역 안에 있지만, 매우 능동적인 감시당하기가 이루어지고 있는 것이다. 디지털 시대의 감시는 은밀함을 넘어 자발성으로 나아가고 있다.

실제로 판옵티콘 접근의 감시와 다른 성격의 감시를 디지털 세계에서 찾는 것은 어렵지 않다. 그러한 새로운 성격의 감시는 현 상태status quo의 사회구조를 만족한 것으로 받아들이면서 스스로 정당화 하거나 확인하는 역할을 담당한다. 즉, 디지털 감시는 자본주의의 전체적인 감시 체계를 완성하지만, 자본주의를 인정하고 스스로 현상에 만족하는 인터넷 사용자들의 속성을 함께 보여 준다. 인터넷 사용자들에 의해 이루어지는 이용 활동은 일상적인 노동으로서 자본의 착취 대상이 되지만, 비물질적인 성격의 노동이 여가의 의미로 왜곡되어 자발적으로 제공되기도 한다.

새로운 의미의 감시를 일종의 "정체성 감시identity surveillance"라고 명명할 수 있는데, 이는 자본에 의해 이루어지는 통제나 개인정보

이용이라는 의미보다는 인터넷 이용자 스스로 사회적인 규범과 시선에 동조해서 감시당하는 상황을 만들어 가는 것을 의미한다. 예를 들어, SNS를 통한 동조 행위(페이스북 "좋아요", 트위터 "리트윗" 등), 셀피Selfie, 블로그 일상 보여 주기, 의견 댓글, 팔로잉과 팔로우 등 인터넷 이용자 대부분의 행위들은 스스로 정체성을 확인하기 위한 자발적인 감시라고 할 수 있다. 인터넷 기능을 활용해서 수많은 기술적인 관찰 도구들이 생겨나고 있지만, 판옵티콘의 의미보다는 개인이 자발적으로 자본주의의 구조적인 측면을 받아들이면서 사회에 동화되려는 의도를 보여 주는 측면이 크다.

평형 감시는 친구들과 사회관계를 구축하고 서로 참여하고 지켜보면서 감시를 평등화하는 측면이 있다. 하지만 일견 민주적인 감시 같지만 실상은 기존 권력의 감시 통제를 더 강화시켜 주는 역할을 할 가능성이 높다(Adrejevic, 2005; Jansson & Christensen, 2014; Trottier, 2012). 그렇지만 사회 통제의 의미를 내포하고 있는 평형 감시도 정체성 감시로 발전할 수 있는 성향을 어느 정도는 내포하고 있다. 사회 자체가 위험 사회화 되고 있고, 삶에 대한 회의주의가 늘어나는 상황에서 주변 사람들을 서로 감시하는 행위들은 늘어날 수밖에 없다 (Andrejevic, 2005). 물론 이런 평형 감시 또한 통제가 내면화된 것이다. 자신의 안전을 위해 보여지는 것만 믿을 수 없기 때문에 남을 감시할 수밖에 없고, 이런 과정에서 개인이 사용하는 감시 기술은 세련되고 확장될 수밖에 없다. 이러한 전면적인 감시 상황에서 사람들은 자신은 또한 다른 사람들에게 어떻게 보일 것인가에 대해서 신경 쓰지 않을 수 없게 된다. 이러한 평형 감시의 내면화는 필연적으로 자신의 정체성 감시로 이어지게 된다.

마르크스의 감시 개념에서 벗어난 정체성 감시는 기존 사회의 현

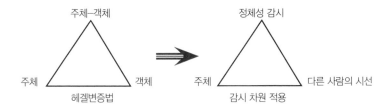

〈그림 5〉 정체성 감시에 대한 변증법적인 해석

체제에 대해 만족하게 만드는 기능을 한다. 판옵티콘이 노동자의 일상생활을 감시하고, 알고리즘에 의한 감시가 기계의 속성을 인간이 내면화하는 문제점을 드러낸다면, 정체성 감시는 사람들이 이제 스스로 현 체제 속에서 자발적으로 자신의 정체성을 점검하는 상황을 의미한다. 판옵티콘 논의와 몰인간성 논의가 그래도 어느 정도 사람들의 저항을 전제로 했다면, 정체성 감시 단계에서는 변증법적으로 주체와 객체가 자연스럽게 연결된다.

결국 사람들이 어떤 생각을 가지고 있는가subject는 다른 사람이 어떤 생각을 가지고 있는가에 의해서 대립된다. 이러한 대립은 결국 다른 사람이 어떤 생각을 가지고 있는가를 내가 주체적으로 감시하려는 형태, 즉 나의 주체적인 생각과 다른 사람이 가지고 있는 생각을 통합하는 변증법적인 형태로 나타나게 된다〈그림 5〉, 필자의 주장 구성). 사람들은 다른 사람들이 무슨 생각을 하고 있는지 모르기 때문에 언제나 불안하다. 하지만 주체적인 감시를 통해서 스스로를 위로할 수 있는 방법을 찾아낸다. SNS를 통해서 우리가 스스로 감시당하려고 하는 이유는 주체적 감시상품을 통해서 위안을 얻기 때문이다. 이러한 주체적인 감시 형태가 정체성 감시이다. 정체성 감시를 통해 자신의 존재 가치, 즉 주체성과 자긍심을 확인하고 일종의 우쭐함을 느낀다. 이것은 집단적인 평가받기와 예견된 칭찬에 대한 병리적인 열광이라고 표현할 수도 있겠다.

정체성 감시 상황에서는 자신이 감시를 자처한다. 주체의 입장에서는 다른 사람의 시각이 가장 고민스러운 부분이다. 정체성 감시는 이러한 불안 상황을 해소시켜 주는 통합적인 수단으로 작용한다. 매슬로Abraham Maslow의 5단계 욕구설에 등장하는 다른 사람에게 인정받고 싶어 하는 욕구는 마케팅의 오래된 주제였다(송재도, 2017). 물리적 욕구를 충족한 사람은 심리적인 욕구를 충족하려고 하는데, 사회적으로 소속되려는 욕구와 존경받으려는 욕구는 다른 사람의 시선을 통하여 충족된다. 인터넷상의 자발적인 감시 행위들은 다른 사람의 시선을 의식하면서 자신의 욕구를 충족하려는 행위이고, 이는 디지털 프로모션이 중심적으로 추구하는 욕구 충족 방식이다.

정체성 감시가 작동함으로써 사람들은 자신의 노동력을 재생해야 하는 시간에도 쉬지 못하고 끊임없이 자신의 정체성을 점검해야 하고, 이러한 긴장은 착취의 기반인 감시상품을 만들어 내는 동력으로 작용한다. 판옵티콘의 긴장은 감시자가 자신을 감시하고 있다는 사실을 알 수 없는 상황에서 발생하지만, 정체성 감시의 긴장은 스스로 자신이 사회의 일원으로 살아가고 있는가를 끊임없이 점검하는 데서 발생한다. 이러한 긴장은 과도한 상품화를 통한 소비문화를 정당화시킬 뿐만 아니라, 결국은 무비판적으로 사회 정당화에 기여하는 소시민을 형성한다. 정체성 감시가 강화되는 사회는 사회적 공장에서 공짜노동을 착취할 수 있는 구조를 정착시킨다. 이러한 경향은 자본주의사회에서 프로모션 행위의 수혜자가 되어야 한다는 사람들의 강박관념과 결합하면서 감시상품을 정당화하고 자본의 착취 시스템을 강화하게 된다.

다른 사람의 시선을 의식하고 인정받으려는 욕구와 함께 인터넷 이용자의 자발성, 능동적인 측면은 이용과 충족 접근과도 맞닿아 있다. 사실상 디지털 프로모션 상황에서 이용자의 능동성은 인터넷 플랫폼의 이윤 추구 욕구에 종속되는 경향이 있다. 한선(2007)은 인터넷 이윤 체계에 포획된 인터넷 이용자들은 자신들의 행위가 표현 욕구를 충족하는 방법이라고 믿고 있지만, 사실상 이윤 창출 기제에 종속되어 있을 뿐이고, 이러한 "능동적인 참여 이데올로기"가 인터넷 기업의 이윤 착취를 공고히 한다고 주장했다. 인터넷 이용자들은 자신이 속한 사회 그룹으로부터 인정받기 위해 "당연히 수행해야 할 자기 관리의 하나"로서 인터넷을 이용한다(한선, 2007, p. 334). 이러한 충족에는 당연히 노동의 소외가 자리 잡고 있다. 사실상 인터넷에서 만들어 내는 이용자 중심의 콘텐츠와 개인정보를 생산하는 수많은 이용 행위들은 공짜노동으로서 플랫폼 자본의 착취 대상이 된다(Andrejevic, 2011: Terranova, 2000). 이용자들은 자신들의 공짜노동, 창의노동, 비물질노동이 어떻게 사용되는지 알지 못하면서 충족할 수 없는 욕구 충족에 매달린다. 인터넷 이용자들은 자신의 노동의 결과로 나타나는 상품으로부터 소외될 뿐만 아니라 그러한 상품을 생산하는 노동의 과정에서도 소외된다(Marx, 1988). 아래 마르크스의 설명은 디지털 시대 공짜노동의 소외와 그대로 연결된다.

우리는 실용적인 행위로서 인간의 노동이 소외되는 경우를 두 가지 측면에서 생각해 볼 수 있다. (1) 노동자와 그에게 영향력을 행사하는 대상으로서 노동상품과의 관계는 소외된 관계이다. 결국 이런 관계는 감각적인 외부 세계나 자연의 대상이 노동자에게 적대적이며 소외된 세계로서 작용한다. (2) 노동의 과정에서 일어나는 생산 행위도 노동과 소외된 관계이다. 이러한 관계는 노동자가 자신의 행위조차도 소외된 행위로 받아들이는 관계를 의미한다(Marx, 1988, p. 75).

디지털 세계에서 정체성 감시는 매우 익숙한 행위가 된다. 사람들은 점점 더 나의 판단 기준보다는 남의 판단을 읽는 것에 더 익숙해진다. 인터넷 서비스를 이용할 때도 다른 사람의 후기가 더 중요해진다. 인터넷을 통해 다른 사람의 시선을 느끼고, 스스로를 감시하는 일이 중요한 일상이 되기 때문이다. 이러한 자발적인 정체성 감시는 알고리즘을 통한 몰인간성inhuman을 시대의 흐름으로 체화한 개인들이 감시사회를 스스로 놀이문화로 왜곡하고 있음을 보여 준다. 많은 인터넷 서비스들이 정체성 감시를 기반으로 하고 있을 뿐만 아니라, 자기 관찰은 이제 디지털 세상에서 일상이 되고 있다(임문영, 2018).

장비뿐만 아니라 인터넷 서비스도 자기 관찰의 시선은 더욱 늘고 있다. 페이스북은 글을 올리는 횟수가 좀 줄어든다 싶으면 몇 년 전에 올린 나의 글을 다시 보여 주면서 나의 과거를 관찰하게 한다. 구글 포토는 내가 찍은 사진을 영상으로 만들거나 분류별로 정리해서 나의 여러 모습들을 비교하게 한다. 다양한 소셜 미디어 지수들이 나를 평가한다. 요즘 세상에 신데렐라가 있다면 그 신데렐라의 거울은 인터넷이 될 것이다. 나는 누구인가, 나는 잘살고 있는가, 나는 어떤 모습인가를 끊임없이 묻고 확인하고 관찰한다. 그것이 21세기 인터넷 시대에 우리가 새롭게 얻은 자기 관찰의 습관이다(임문영, 2018).

그렇다면 이러한 자발적인 정체성 감시는 긍정적인 면으로 발전할 가능성이 있을까? 이러한 논의는 인터넷이 판옵티콘 감시라는 주장에 반대하는 학자들과 궤를 같이한다. 사람들이 사용하게 된 많은 감시 도구들은 권력을 감시하고, 힘의 균형을 찾아 주기 때문에 감시의 민주화democratization of surveillance를 앞당길 수 있다는 주장이 그것이다(Koskela, 2006). 판옵티콘 감시가 아니라고 주장하는 측은 모든 사람들이 감시할 수 있는 능력을 갖추기 때문에, 감시는 오히려 자기충족적이고 즐거운 경험이 될 수 있다고 주장한다(Koskela, 2006). 따라서 온라인 감시는 이용자들에게 오히려 힘을 부여하고, 서로의 연대를 강화해서 참여적인 인터넷 문화를 만들어 낼 수 있다고 본다(Albrechtslund, 2008). 하지만 이러한 주장은 알고리즘을 통한 통제가 이미 구조화된 한계를 무시한다고 할 수 있다. 현실적으로 감시는 정부와 기업 등 기존 권력을 쥔 편에서 온라인 이용자의 행위들을 관찰하기 위해 사용되고 있으며, 자발적으로 이루어지는 것처럼 보이는 행위들도 데이터가 되어 자본의 가치 증식 과정에 사용된다(Andrejevic, 2007; Castells, 2001; Elmer, 1997; Turow, 2005). 한마디로 힘의 불균형이 개인의 자발성을 논하기에는 너무 크고 은밀하다.

지금까지의 논의를 종합하고, 새로운 정체성 감시를 포함시켜 디지털 시대 미디어와 관련된 노동을 탐색적인 관점에서 〈그림 6〉(필자의 주장 구성)과 같이 세 가지 유형으로 정리해 볼 수 있다. 디지털 이용자들은 광고에 주목해야 하는 노동labor of watching을 해야 하지만, 또한 일상에서 이루어지는 모든 인터넷 활동들이 데이터화되는 노동labor of being watched에 참여해야 한다. 이와 함께 인터넷상에서 자신을 드러내고 정체성을 확인받기 위해 엄청난 노력을 쏟아붓는 정체성 노동labor of being identified을 스스로 실행한다. 이러한 디지털 노동

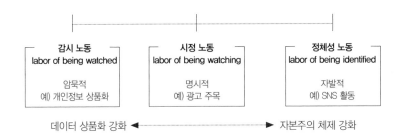

〈그림 6〉 디지털 노동의 유형 정리

은 감시 노동으로 갈수록 은밀하고 암시적이며, 정체성 노동으로 갈
수록 자발적이고 능동적이다. 또한 감시 노동은 구체적으로 데이터
상품화를 강화하지만, 정체성 노동은 이데올로기 측면에서 전체 자
본주의 체제를 정당화시키는 역할을 한다. 하지만 이런 구분에도 불
구하고 공통적인 측면은 모든 디지털 노동이 디지털 자본의 가치 증
식을 돕는 데 사용될 뿐만 아니라 착취를 원활하게 하는 데 이용된
다는 점이다.

커뮤니케이션 공유지를 위한 대안의 모색

기존의 국내 논문을 살펴보면, 강남훈(2002)의 경우는 산업자본주
의의 노동 착취 논리를 그대로 적용하여 잉여노동가치의 착취가 어
떻게 디지털 시대에도 유사하게 일어나는지 살펴본 반면, 백욱인
(2014)과 김동원(2015)의 논의는 이용자 서비스 장치가 이용자 정보
를 포획하는 장치로 사용되고 이러한 이용자 활동을 통해서 디지털
미디어 자본이 가치를 창출해 가는 과정을 설명하고 있다. 후자의

논의는 디지털 노동을 사회적 공장의 개념으로 설명하는 자율주의자 혹은 인지자본주의 시각과 맞닿아 있다(조정환, 2011). 이러한 시각은 참여와 통제가 공존하는 인터넷이 가지는 대립적인 이중적 플랫폼의 한계를 분석하거나(조동원, 2013), 한 발짝 더 나아가서 이러한 디지털 노동환경이 우리 사회에 안겨 주는 전반적인 삶의 취약성과 미디어 노동 현실의 진단으로 이어지기도 한다(박진우, 2011; 이희은, 2014; 채석진, 2016). 기존 논의의 전반적인 접근은 수용자 상품론이나 자율주의자의 디지털 노동과 사회적 공장 개념을 기반으로 한다. 이는 푹스(Fuchs, 2014)의 접근 방식과 궤를 같이 한다. 본 글이 다른 점은 디지털 프로모션에서 일, 노동, 여가의 상황이 통합적으로 착취의 놀이터가 되어 가는 푹스의 접근 방법과 함께, 임금노동이 착취당하는 과정과 유사하게 필요 시간보다 과도하게 광고를 주목하는 노동을 통해 착취가 일어나는 과정을 통합적으로 설명한 것이다. 또한 디지털 노동 착취의 배경으로 작용하는 인터넷 감시의 작동 원리를 심층적으로 분석하고, 디지털 감시 개념으로서 정체성 감시를 이론적 기반으로 새롭게 추가하였다.

디지털 프로모션을 가능하게 하는 것은 디지털 노동을 통한 가치의 증식이고, 이러한 과정에서 이루어지는 디지털 자본의 착취는 감시가 있기 때문에 가능하다. 감시는 감시 대상을 소외시키면서 감시자 입장에서 감시 대상의 행위를 예상할 수 있다는 점에서 강력한 힘을 발휘한다(Andrejevic, 2012). 이러한 감시가 디지털 시대에 오면 보다 은밀해지고 자연스러워짐으로써 거부감 없는 감시를 가능하게 한다. 하지만 이런 거부감 없는 감시는 실상은 디지털 이용자를 통제하고 착취하면서 몰인간화로 몰아가는 시스템을 고착시킨다(Hill, 2012). 디지털 감시는 은밀하고 교묘한 착취를 통해 생산소비자를 착취한다. 디지털 생산소비자들은 자신이 착취당하고 있다는 것을 눈치 채지 못하는 사이에 상품으로 팔려 나가게 된다.

이러한 기존의 디지털 감시 요소에 더해서 새롭게 추가된 요소가 정체성 감시이다. SNS에서 이루어지는 대부분의 활동은 자신이 감시를 자초하는 능동적인 형태의 감시이다. 스스로 감시 문화에 적응하여 자연스러워진 인터넷 이용자들은, 스스로 남의 눈을 의식하고 정체성을 점검받고자 하는 능동적인 감시를 만들어 낸다. 이는 변증법 차원의 해석, 사회적인 욕구, 이용과 충족 등의 접근을 통해서 탐색적으로 설명 가능하다. 하지만 보다 중요한 것은 이러한 정체성 감시가 소비문화를 고착화시키고, 기존 권력과 자본의 논리를 강화하는 데 기여함으로써 디지털 시대 착취를 내면화하고 감시상품을 정당화하게 된다는 점이다.

감시의 의미 변화는 디지털 시대의 독특한 현상이다. 평형 감시(Andrejevic, 2005), 참여 감시participatory surveillance(Albrechtslund, 2008), 암묵적 감시complicit surveillance(Christensen, 2014) 등은 모두 그런 현상을 대변하며, 미디어 감시가 자신의 정체성 문제와 연결되고, 사회적 감시와 자기 감시를 동시에 수행하는 감시의 의미 변화를 보여 준다. 이러한 감시의 의미 변화는 디지털 시대의 감시가 통제와 몰인간화 해석 수준에 머무르지 않고 감시를 통해서 사회적인 관계를 형성하고, 이를 넘어 감시를 능동적으로 소비하는 현대 소비사회의 큰 테두리에서 작동하고 있다는 것을 보여 준다(Zurawski, 2014). 현대 소비사회의 공중들은 위장된 감시에 의해 조작당하기보다는 감시를 수용하면서 나에게 특별한 무언가를 요구하는 행태에 오히려 익숙해져 있다. 멤버십 카드에 기꺼이 개인정보를 제공하면서, 더 나은 서비스를 제공할 것을 당당히 요구한다. 감시를 소비문화와 사회관계의 일부로 받아들이는 것이다. 이러한 감시의 확장은 결국 디지털 미디어를 통해서 스스로의 존재 가치를 끊임없이 감시interveillance하게 만드는 지경으로 몰아간다(Jansson, 2014).

디지털 시대 감시의 성격을 정리해 보면 분명 공포의 요소와 재미의 요소가 공존한다(Lyon, 2014). 사람들은 점점 더 수동적으로 당하는 대상이 아니라 적극적으로 감시의 생활화를 수용하고 참여하는 모습을 보여 준다. 감시가 생활이 되고 사회관계를 대체할 가능성과 함께 하나의 문화 형태로 발달해 가고 있다. 우리나라의 경우는 집단주의적인 문화 성격과 함께 감시를 생활로 받아들이는 사람들이 다수가 됨에 따라 감시와 개인정보 유출에 대한 의심의 기회를 갖지 못하고 맹목적으로 수용하는 경우가 대세를 이루고 있다. 물론 독립적으로 문화적인 해석을 필요로 하지만, 문화적인 행태의 기저를 이루는 물질적인 속성을 잊어버린다면 사실상 생활, 관계, 문화가 자연스러운 통제의 대상이 될 것임은 자명한 사실이다. 문화물질주의(Williams, 1977)가 해석한 것처럼, 문화에 대한 분석은 물질성을 너무 많이 투영한 것이 문제가 아니라, 물질성을 좀 더 전반적으로 고려하지 않은 것이 문제이다. 디지털 시대 감시의 문제도 디지털 프로모션 과정에서 일어나는 자본의 이윤 증식 과정을 함께 고려하지 않고 그 정치경제적인 함의를 해석해 내기는 어렵다.

한편 이렇게 우리가 점점 더 디지털 시대의 새로운 습속을 자연스럽게 받아들이는 것은, 디지털 감시를 포함해서 인터넷과 무한한 기술 발전의 시대가 앞으로 어떤 모습으로 귀착될 것인가에 대한 우리의 고민을 담고 있다. 마르크스가 기술의 발달이 불러올 사회 변화를 전망하면서 제시한 현상은, 기술의 발달이 잉여가치를 늘이게 되지만 고정자본에 들어가는 출혈경쟁을 불가피하게 함으로써 자본의 긴장 혹은 아이러니를 형성하게 된다는 것이다(이윤율 증가 = 잉여가치의 증가/자본 중 고정가치 비율의 증가)(Fuchs, 2016). 마르크스의 인터넷 시대에 대한 전망은 일반적으로 일반 지성general intellect 논의와 연결되는데(Marx, 1973), 기술의 발달은 기계가 인간의 장기를 형성함으로써 필요노동시간을 줄이고 자본의 이윤 창출에 기여하는 것 같아 보이지만 궁극적으로는 착취가 가능한 노동력을 줄임으로써 자본의 위기를 초래한다(Dyer-Witheford, 1999; Marx, 1976). 또한 소비할 수 없는 노동력과 기술 경쟁의 압박, 네트워크로 뭉쳐진 사람들의 자본에 대한 불만은 자본주의의 생존을 위협하게 된다.

이런 식으로 마르크스는 기술의 발달이 자본주의의 파국을 초래할 것이라고 전망했지만(Marx, 1973), 이러한 예상과 다르게 실제 상황은 디지털 감시를 통해서 디지털 자본가들에게 더 유리한 국면으로 전개되고 있다. 디지털 자본은 실제 일하는 시간뿐만 아니라 정당한 휴식 시간과 놀이 시간을 침범해서 착취를 일상화하고 있으며, 더 많은 기술적인 진보를 통해서 착취의 범위를 넓혀 가고 있다. 이는 자율주의자들의 일과 휴식의 전반적인 착취, 비물질노동 착취, 사회적 공장화 등의 예상과도 일치한다(Cleaver, 2000). 이 모든 착취를 가능하게 하는 밑바탕에는 디지털 감시가 있다. 따라서 디지털 감시에 대한 우리의 대응은, 앞으로 인터넷과 기술 발전의 시대가 자본의 독점으로 가게 할 것인가, 커뮤니케이션 공유지를 확대하는 방향으로 가게 할 것인가와 관련되어 있다. 다이어-위테포드Nick Dyer-Witheford(Dyer-Witheford, 1999)가 주장한 경합constestation 개념이 유용할 수 있다. 향후 자본주의는 기술적인 통제에 맞서고자 하는 자율주의의 투쟁, 자본의 상품화에 맞서는 공중의 상품화되지 않은 정보 형성, 이윤 추구에 맞서는 비영리 커뮤니케이션의 사회적 역할 증대,

알고리즘 감시에 맞서는 기술의 민주화 등 대립되는 힘들의 경합과 투쟁, 변증법적인 발전에 따라 그 경로를 결정할 것이다. 따라서 자본의 디지털 구역digital enclose이 아니라 공중의 구역public enclose, 자본의 독점이 아니라 커뮤니케이션 공유지를 확보하는 것이 디지털 감시에 대응하는 다중multitude들의 목표가 되어야 한다.

또한 디지털 감시사회 논의는 인터넷 활동을 포함한 디지털 노동이 과연 새로운 생산양식의 범주라고 할 수 있느냐의 문제와도 통해 있다. 대부분의 논의들은 디지털 노동이 새로운 생산양식이라고 보기에는 분명하지 않지만, 디지털 노동을 포함한 사회관계는 과거와는 다른 새로운 양상을 보여 준다는 데 동의하고 있다(Wayne, 2003). 따라서 현재는 인터넷과 소셜 미디어 등을 통해서 사회관계만 획기적으로 변화하다 보니, 디지털 생산양식은 산업시대의 노동력 착취 구도에 매우 관용적인 형태로 전개되는 경향이 있다. 어떻게 보면 완전한 생산양식의 변화 없이 사회관계만 급격하게 변화한 부수적인 효과라고 할 수 있다. 디지털 감시사회는 이러한 생산양식과 사회관계의 부조화를 파고드는 사회적인 기제가 되고 있다. 사회관계가 아무리 디지털화되더라도 생산양식은 산업사회에 머물러 있기 때문에, 자본가들은 감시 장치를 통해 기본적으로 산업자본주의의 이윤 착취 구조를 그대로 가져가려고 시도하고 있다. 감시 장치는 인터넷 이용자들의 공짜노동을 가장 거부감 없이 착취할 수 있을 뿐만 아니라, 자발적으로 자본의 가치 증식 과정에 참여하게 만든다. 즉, 디지털 감시사회는 산업자본주의가 물려준 생산양식의 착취 습관과 새로운 정보사회의 사회관계 변화가 촘촘하게 통합된 우리 시대의 어색한 자화상을 보여 준다.

감시를 부정적으로 정의하는 데 동의한다면, 문제점을 없애기 위해서 개인의 프라이버시 권리를 강화하는 것이 무엇보다 필요하다. 기본적으로 인터넷 이용자가 명백한 동의opt-in를 했을 때만 개인정보가 사용되도록 법적 제도적 장치를 강화하는 것이 필요하다. EU의 GDPR에서도 시도하고 있듯이, 민감한 정보는 최고 수준의 명백한 동의를 얻게 하는 것이 중요하고, 그러한 민감 정보의 범위를 넓혀 가는 것이 무엇보다도 중요하다. 특히 우리나라는 인터넷 이용정보의 경우 비식별정보로 간주하여 인터넷 기업에 무한정의 사용권한을 주고 있는데, 이는 법적으로 가장 먼저 정비되어야 할 부분이다. 인터넷 이용 정보는 인터넷 기업의 입장에서 언제든 식별정보로 전환이 가능하고, 명백한 동의가 없이 사용되었을 때 개인의 프라이버시를 침해할 가능성이 농후하다. 커뮤니케이션 공유지를 확보하려는 노력과 함께, 선진국 수준에 맞는 디지털 프로모션 규제에 대한 법적인 정비가 이루어질 필요가 있다. 이와 함께, 광고 주목이 필요한 적정선의 필요노동에 대한 사회적인 합의 기구가 만들어질 필요가 있다. 지금까지는 디지털 프로모션의 제시 포맷, 양, 주목 강도 등에 대한 권한이 프로모션 조직에 있었지만 사회적으로 이를 견제할 수 있는 장치가 마련되어야 한다.

디지털 감시 시대를 마르크스 시대와 비교한다면 인터넷 이용자의 역할을 가장 큰 변화로 지적할 수 있다. 인터넷 이용자의 생산소비자 역할이 가장 큰 특징이라고 할 수 있는데, 이러한 능동적인 성격의 이용자들이 함께 힘을 합쳐 통제권을 일정 부분 가져오는 것도 필요하다. 인터넷 이용자들이 힘을 합쳐 인터넷 기업의 전횡을 지적하고, 과도한 이윤 착취를 규제한다면 새로운 형태의 인터넷 생태계를 조성할 수도 있다. 이를 위해 이용자 조합union을 형성하여 실제적인 협상 대상자로서 인터넷 플랫폼의 경영에 참여할 필요가 있다

(Fuchs, 2014). 또한 비영리 인터넷 플랫폼을 형성해서 개인정보 위험과 디지털 프로모션으로부터 자유로운 인터넷 환경을 만들어 볼 수도 있다. 이는 자본의 지배에서 벗어나 인간 해방을 중심으로 커뮤니케이션 공유지를 넓혀 나가는 것을 의미한다(Dyer-Witheford, 1999). 비영리 인터넷 공유지의 수가 점차 늘어나게 되면 인터넷을 보는 사람들의 시각도 교환가치 의존에서 벗어날 수 있게 된다.

스마이드(Smythe, 1977)의 말대로 지불하지 않는다면 그것은 우리가 상품으로 팔리고 있다는 것이다. 수용자 상품을 만드는 인터넷 기업들은 생존을 위해서 더 많은 사람들을 끌어모으기 위한 기발한 아이디어를 만들어 낼 것이고, 스스로 경쟁력을 갖추기 위해 사람들을 상품화할 수 있는 모든 방법을 동원할 것이다. 사람들은 지불하지 않으면서도 매력적인 시스템을 찾아갈 것이고, 일정한 수의 사람이 모이면 사람들 스스로 강제성을 부여하는 플랫폼을 형성하고 만다. 따라서 자본주의사회에서 비영리 활동이 경쟁력을 가지기는 매우 어렵다. 어쩌면 디지털 시대 자본의 독점과 감시, 이윤의 독점은 자본주의 논리 하에서는 어쩔 수 없는 일인지도 모른다. 우리가 디지털 시대 과도한 프로모션과 감시의 문제를 풀 수 있는 방법은 따라서 현재 자본주의 시스템에 대한 우리의 숙고, 이를 극복하기 위한 대안적인 사고에 달려 있다고 할 수 있다.

참고문헌

강남훈, 《정보혁명의 정치경제학》, 문화과학사, 2001.
송재도, 《마케팅 지배사회: 소진, 파괴 그리고 불평등》, 들녘, 2017.
조정환, 《인지자본주의》, 갈무리, 2011.

김동원, 〈이용자를 통한 미디어 자본의 가치 창출〉, 《한국언론정보학보》 70호,
　　2015, 165~188쪽.
김수정, 〈페북 스타가 10대 소녀들에게 열어준 새로운 '노동'〉, 《CBS 노컷뉴스》
　　2018년 1월 27일자.
김영욱, 〈PPL에 대한 커뮤니케이션 정치경제학 해석: 노동으로서 시청 시간과
　　물신 숭배를 통한 프로모션 사회 비판〉, 《한국광고홍보학보》 19권 1호, 2017,
　　65~101쪽.
김영욱, 〈디지털 노동 착취와 감시의 상품화: 온라인 맞춤형 광고에 대한 커뮤니
　　케이션 정치경제학 해석〉, 《언론과 사회》 26권 1호, 2018, 34~78쪽.
김영욱 · 김혜인 · 윤소영, 〈온라인 맞춤형 광고 수용에 영향을 미치는 요인 연구:
　　지각된 개인화, 유용성, 프라이버시 염려, 침입성을 중심으로〉, 《한국언론정
　　보학보》 89호, 2018, 7~41쪽.
박진우, 〈유연성, 창의성, 불안정성〉, 《언론과 사회》 19권 4호, 2011, 41~87쪽.
백욱인, 〈정보자본주의와 인터넷 서비스 플랫폼 장치 비판〉, 《한국언론정보학보》
　　65호, 2014, 76~92쪽.
이경민, 〈'개인정보 유출' 페이스북…英 · 美 당국 조사, 수십억 달러 벌금 가능성
　　도〉, 《조선일보》 2018년 3월 19일자.
이인숙, 〈페이스북 사태가 남긴 것, 공짜 플랫폼의 '불편한 진실'〉, 《경향신문》
　　2018년 4월 13일자.
이희은, 〈디지털 노동의 불안과 희망〉, 《한국언론정보학보》 66호, 2014, 211~241쪽.
임문영, 〈[임문영의 호모디지쿠스] 남을 통해 나를 지켜보는 관음증, 세상을 보는
　　방법이 달라졌다〉, 《중앙일보》 2018년 2월 10일자.
정재헌, 〈플랫폼 노동, 기술변화에 따른 새로운 고용형태인가?〉, 《실사구시포럼》

4호, 2018.

조동원, 〈인터넷의 이중적 플랫폼〉, 《한국언론정보학보》 64호, 2013, 5~30쪽.

채석진, 〈테크놀로지, 노동, 그리고 삶의 취약성〉, 《한국언론정보학보》 79호, 2016, 226~259쪽.

한 선, 〈블로그 생산의 이윤화 기제에 관한 연구〉, 《한국언론정보학보》 37호, 2007, 307~341쪽.

한국인터넷진흥원, 〈GDPR이란?〉, 2018. (https://www.kisa.or.kr/business/gdpr).

행정안전부, 〈GDPR 이해하기: 유럽개인정보보호법〉, 2018. (https://www.privacy.go.kr/gdpr)

홍선기, 〈유럽개인정보보호법령(GDPR)의 주요 내용과 국내에의 영향〉, 《주간기술동향》 2017년 3월 29일자.

Andrejevic, M., Exploitation in the data mine. In C. Fuchs, K. Boersma, A. Albrechtslund, & M. Sandoval (Eds.), *Internet and surveillance: The challenges of Web 2.0 and social media*, New York, NY: Routledge, 2012, pp. 71-88.

Andrejevic, M., *iSpy: Surveillance and power in the interactive era*, Lawrence, KS: University Press of Kansas, 2007.

Andrejevic, M., *Reality TV: The work of being watched*, Lanham, MD: Rowman & Littlefield, 2004.

Bauman, Z., & Lyon, D., *Liquid surveillance*, Cambridge, UK: Polity, 2013.

Bauman, Z., *Liquid modernity*, Cambridge: Polity, 2000.

Benkler, Y., *The wealth of networks*, New Haven: Yale University Press, 2006.

Boggard, W., "Surveillance assemblages and lines of flight", In D. Lyon (Ed.), *Theorizing surveillance*, Portland, OR: Willian, 2006, pp. 111-136.

Bruns, A., *Blogs, wikipedia, second life, and beyond: From production to produsage*, New York: Peter Lang, 2008.

Castells, M., *The internet galaxy: Reflections on the internet, business, and society*, Oxford: Oxford University Press, 2001.

Christensen, M., "Complicit surveillance and mediatized geographies of visibility", In A. Jansson & M. Christensen (Eds.), *Media, surveillance and identity*, New York: Peter Lang, 2014, pp. 15-31.

Cleaver, H., *Reading capital politically*, Leeds: Anti/Theses, 2000.

Deuze, M., *Media work*, Cambridge: Polity, 2007.

Dyer-Witheford, N., *Cyber-Marx: Cycles and circuits of struggle in high-technology capitalism*, Urbana, IL: Universiy of Illinois Press, 1999.

Foucault, M., *Surveiller et punir: Naissance de la prison*, 1975. 《감시와 처벌: 감옥의 탄생》, 오생근 옮김, 서울: 나남, 1994)

Fuchs, C., "Critique of the political economy of Web 2.0 surveillance", In C. Fuchs, K. Boersma, A. Albrechtslund, & M. Sandoval (Eds.), *Internet and surveillance: The challenges of Web 2.0 and social media*, New York, NY: Routledge, 2012b, pp. 31-70.

Fuchs, C., *Digital labor and Karl Marx*, New York, NY: Routledge, 2014.

Fuchs, C., *Internet and society: Social theory in the information age*, New York: Routledge, 2008.

Fuchs, C., *Reading Marx in the Information Age: A Media and Communication Studies Perspective on Capital Volume 1*, New York: Routledge, 2016.

Fuchs, C., The digital labor theory of value and Karl Marx in the age of Facebook, Youtube, Twitter, and Weibo. In E. Fisher & C. Fuchs (Eds.), *Reconsidering value and labor in the digital age*, London, UK: Palgrave McMillan, 2015, pp. 26-41.

Gandy, O. H., *The Panoptic Sort: A Political Economy of Personal Information*, Boulder, CO: Westview Press, 1993.

GDPR, *General Data Protection Regulation*, 2018. (https://eugdpr.edu)

Haggerty, K., Tear down the walls: On demolishing the panopticon. In D. Lyon (Ed.), *Theorizing surveillance*, Portland, OR: Willian, 2006, pp. 23-45.

Hardt, M., & Negri, A., *Multitude*, New York: Penguin, 2004.

Hill, D. W. Jean-Francois Lyotard and the inhumanity of internet surveillance. In C. Fuchs, K. Boersma, A. Albrechtslund, & M. Sandoval (Eds.), *Internet and surveillance: The challenges of Web 2.0 and social media*, New York, NY: Routledge, 2012, pp. 106-123.

Jansson, A., & Christensen, M., *Media, surveillance and identity: Social perspective*, New York: Peter Lang, 2014.

Jansson, A., "Textures of intervaillance: A socio-material approach to the appropriation of transmedia technologies in domestic life" A. Jansson & M. Christensen (Eds.), *Media, surveillance and identity*, New York: Peter Lang, 2014, pp. 145-162.

Jhally, S., *The codes of advertising: Fetishism and the political economy of meaning in the consumer society*, London, UK: Frances Pinter, 1987.

Koskela, H. "The other side of surveillance': Webcams, power and agency", In D. Lyon (Ed.), *Theorizing surveillance*, Portland, OR: Willian, 2006, pp. 163-181.

Lyon, D., "Surveillance as social sorting: Computer codes and mobile bodies", In D. Lyon (Ed.), *Surveillance as social sorting*, New York: Routledge, 2003, pp. 13-30.

Lyon, D., *Surveillace society: Monitoring everyday life*, Buckingham, UK: Open University Press, 2001.

Lyon, D., *The electronic eye: The rise of surveillance society*, Cambridge: Polity, 1994.

Lyotard, J. F., *The inhuman: Reflections on time* (G. Bennington & R. Bowlby, Trans.), Standford, CA: Standford University Press, 1991.

Lyotard, J. F., *The postmodern condition: A report on knowledge* (G. Bennington & B. Massumi, Trans.), Manchester, UK: Manchester University Press, 2005.

Marx, K., *Capital: A critique of political economy* (Vol. 1) (B. Fowkes, Trans.), London, UK: Penguin, 1976.

Marx, K., *Capital: A critique of political economy* (Vol. 3) (D. Fernbach, Trans.), London, UK: Penguin, 1981.

Marx, K., *Economic and philosophic manuscripts of 1844*. (M. Milligan, Trans.), New York: Prometheus Books, 1988.

Marx, K., *Grundrisse: Foundations of a critique of political economy* (M. Niclaus, Trans.), London, UK: Penguin, 1973.

McStay, A., *Privacy and the media*, Los Angeles, CA: Sage, 2017.

Negri, A., *Marx beyond Marx*, London: Pluto, 1991.

Trottier, D., & Lyon, D., "Key features of social media surveillance", In C. Fuchs, K. Boersma, A. Albrechtslund, & M. Sandoval (Eds.), *Internet and surveillance: The challenges of Web 2.0 and social media*, New York, NY: Routledge, 2012, pp. 89-105.

Trottier, D., *Social media as surveillance: Rethinking visibility in a converging world*, Abingdon: Ashgate Publishing, 2012.

Tudge, R., *The no-nonsense guide to global surveillance*, Oxford: New Internationalist, 2010. (《감시 사회, 안전장치인가, 통제 도구인가?》, 추선영옮김, 서울: 이후출판사, 2013.)

Wayne, M., *Marxism and media studies: Key concepts and contemporary trends*. London, UK: Pluto Press, 2003.

Williams, R., *Marxism and literature*. New York: Oxford University Press, 1977.

Zurawski, N., "Consuming surveillance: Mediating control practices through consumer culture and everyday life", A. Jansson & M. Christensen (Eds.), *Media, surveillance and identity*, New York: Peter Lang, 2014, pp. 32-48.

Albrechtslund, A., "Online social networking as participatory surveillance", *First Monday* 13(3), 2008, (http://firstmonday.org/article/view/2142/1949/).

Andrejevic, M., "Surveillance and alienation in the online economy", *Surveillance & Society* 8(3), 2011, pp. 278-287.

Andrejevic, M., "The Discipline of Watching: Detection, Risk, and Lateral Surveillance", *Critical Studies in Media Communication* 23(5), 2006, pp. 391-407.

Andrejevic, M., "The work of being watched: Interactive media and the exploitation of self-disclosure", *Critical Studies in Media Communication* 19(2), 2002, pp. 230-248.

Andrejevic, M., "The work of watching one another: Lateral surveillance, risk, and governance", *Surveillance & Society* 2(4), 2005, pp. 479-497.

Arriaga, P., "On advertising: A Marxist critique", *Media, Culture & Society* 6(1),

1984, pp. 53-64.

Arvidsson, A., "Ethics and value in customer co-production", Marketing Theory 11(3), 2011, pp. 261-278.

Campbell, J. E., & Carlson, M., "Panopticon.com: Online surveillance and the commodification of privacy", Journal of Broadcasting & Electronic Media 46(4), 2002, pp. 586-606.

Caraway, B., "Audience labor in the new media environment: A Marxian revisiting of the audience commodity", Media, Culture & Society 33(5), 2011, pp. 693-708.

Cohen, N. S., "The valorization of surveillance: Towards a political economy of Facebook", Democratic Communiqué 22(1), 2008, pp. 5-22.

Elmer, G., "A diagram of panoptic surveillance", New Media & Society 5(2), 2003, pp. 231-247.

Elmer, G., "Spaces of surveillance: Indexicality and solicitation on the Internet", Critical Studies in Mass Communication 14(2), 1997, pp. 182-191.

Fisher, E., "How Less Alienation Creates More Exploitation? Audience Labour on Social Network Sites", tripleC: Communication, Capitalism & Critique. Open Access Journal for a Global Sustainable Information Society 10(2), 2012, pp. 171-183.

Fuchs, C., "Dallas Smythe today - The audience commodity, the digital labor debate, Marxist political economy and critical theory: Prolegomena to a digital labor theory of value", Triple C: Cognition Communication Co-operation 10(2), 2012a, pp. 692-740.

Fuchs, C., "Labor in Informational capitalism and on the Internet", The Information Society 26(3), 2010, pp. 179-196.

Gane, N.,"Computerized capitalism: The media theory of Jean-Francois Lyotard", Information Communication & Society 6(3), 2003, pp. 430-450.

Hardt, M., "Affective labor", Boundary 2(2), 1999, pp. 89-100.

Hesmondhalgh, D., "User-generated content, free labour and the cultural industries", Ephemera 10(3/4), 2010, pp. 267-284.

Kang, H., & McAllister, M. P., "Selling you and your clicks: Examining the audience commodification of google", *tripleC: Cognition communication cooperation* 9(2), 2011, pp. 141-153.

Lazzarato, M., "Immaterial labor", *Radical thought in Italy: A potential politics 1996*, 1996, pp. 133-47.

Lyon, D., "Everyday surveillance: Personal data and social classifications. Information", *Communication & Society* 5(2), 2002, pp. 242-257.

Lyon, D., "Liquid surveillance: The contribution of Zygmunt Bauman to surveillance studies", *International Political Sociology* 4(4), 2010, pp. 325-338.

Manzerolle, V., "Mobilizing the audience commodity: Digital labour in a wireless world", *Ephemera: theory & politics in organization* 10(4), 2010, pp. 455.

Marx, G. T., "What's New About the New Surveillance?" Classifying for Change and Continuity", *Surveillance & Society* 1(1), 2002, pp. 9-29.

Mathiesen, T., "The viewer society: Michel Foucault's Panopticon revisited", *Theoretical Criminology* 1(2), 1997, pp. 215-234.

Pasquinelli, M., "Google's PageRank algorithm: A diagram of cognitive capitalism and the rentier of the common intellect" *Deep Search* 3, 2009, pp. 152-162.

Smythe, D. W., "Communications: Blindspot of Western Marxism" *Canadian Journal of Political and Social Theory* 1(3), 1977, pp. 1-27.

Terranova, T., "Free laor: Producing culture for the digital economy", *Social Text* 18(2), 2000, pp. 33-58.

Turow, J., "Audience construction and culture production: Marketing surveillance in the digital age", *The Annals of the American Academy of Political and Social Science* 597(1), 2005, pp. 103-121.

교통과 커뮤니케이션 기술의 변화:

자동차 모빌리티의 통합적 연구를 위한 시론

김수철

모빌리티, 교통인가 커뮤니케이션인가?

이 글은 최근 교통transportation과 커뮤니케이션communications 기술의 변화에 따라 기존의 교통 연구와 커뮤니케이션 연구가 통합적으로 이루어질 필요성이 증가함에 따라서, 이러한 통합적 연구를 가능하게 할 수 있는 이론적 자원들을 살펴보고자 한다. 특히 대표적인 교통 기술의 대상인 자동차의 예시를 통해서 이를 보여 주고자 한다. 교통 연구와 커뮤니케이션 연구는 그 동안 매우 제한적인 교차점을 구성하면서 서로 분리된 채 연구되어 왔다. 자동차의 경우만 보더라도, 그 동안 자동차에 대한 연구는 주로 지리학에서의 교통 연구를 통해 자동차 기술에만 집중되어 진행되거나 혹은 교통 시스템 연구로 진행된 반면, 하나의 커뮤니케이션 기술로서 연구되는 경우는 매우 드물었다. 커뮤니케이션 연구 분야에서도 자동차에 대한 관심은 매우 제한적이었다. 자동차는 정보나 신호, 메시지를 전달하는 기술로서 여겨지기보다는 이동의 수단으로 여겨지는 경향이 강했다. 그러나 최근 4차 산업혁명 기술의 발전에 따라 자동차를 비롯한 기존의 교통 기술 영역들이 점차 정보·메시지의 전달을 주목적으로 하는 커뮤니케이션 기술과 복합적으로 상호 연결되는 현상들이 증가하고 있다. 이런 상황에서 기존의 방식처럼 교통과 커뮤니케이션을 따로 분리하여 보는 관점으로는 그 변화의 범위와 깊이 그리고 이러한 변화가 가져올 변화들을 제대로 파악하기 힘들다.

따라서 교통과 커뮤니케이션에 대한 통합적 연구를 위한 이론적 탐색을 위해, 이 글은 먼저 교통과 커뮤니케이션 사이의 관계에 대한 기존의 이론적 논의들을 살펴봄으로써 교통과 커뮤니케이션 연구 사이에 존재하는 간극의 연원과 배경을 살펴볼 것이다. 이러한 논의를 통하여 교통과 커뮤니케이션에 대한 기존의 분리적 관점의 한계를 살펴보고, 또한 통합적 연구가 가져올 수 있는 이론적 기여점에 대해 살펴보고자 한다.

교통과 커뮤니케이션 연구의 통합에서 또 한 가지 주목되어야 할 점은, 바로 교통과 커뮤니케이션 연구의 통합 필요성을 강제하고 있는 최근의 기술적 변화에 대한 이해이다. 이 글은 자동차 기술을 비롯하여 최근 교통 기술의 변화에 대해 자세히 논의하는 과정에서, 기존 교통 기술의 변화가 왜 커뮤니케이션 기술의 변화와 밀접하게 연관되는지 살펴볼 것이다. 그 과정에서 교통과 커뮤니케이션에 대한 통합적 연구를 가능케 할 수 있는 이론적 자원으로서 모빌리티 시스템에 대한 존 어리John Urry와 미미 셸러Mimi Sheller의 논의를 중심적으로 살펴봄으로써, 교통과 커뮤니케이션에 대한 통합적 연구의 의의에 대하여 논의할 것이다.

교통과 커뮤니케이션의 관계: 이론[1]

교통과 커뮤니케이션의 관계는 커뮤니케이션학 내에서 오랫동안 이론적 연구의 대상이었다. 하지만 동시에 교통(여행 등을 포함하여)에 대한 논의는 마치 커뮤니케이션 연구와는 다른 것처럼 여겨지는 경향이 없지 않았다(Sterne, 2006; Urry, 2007).

교통과 커뮤니케이션을 분리해서 보는 오랜 이론적 경향의 핵심을 살펴보는 데 있어서 제임스 캐리James Carey의 커뮤니케이션에 대

---

[1] 이 절은 《언론과 사회》 18(2), (2010)에 실린 원고의 일부 내용을 수정 및 보완하여 재수록한 것이다.

한 두 가지 모델—전송transmission 모델과 의례ritual 모델—을 검토해
보는 것이 유용하다. 캐리는 커뮤니케이션 수단으로서 전신telegraph
의 발명과 기차와 연관된 커뮤니케이션 역사에 대해 언급하면서 다
음과 같이 말한다.

전신의 등장으로 커뮤니케이션과 교통은 결정적으로 분리되었다.
이 전신 기술의 막대한 이론적 중요성은 커뮤니케이션과 교통의 분리
라는 사실뿐만 아니라, 사물의(특히 철도를 통한) 물리적 이동의 통제
를 위한 모델과 메커니즘으로써 전신이 사용된다는 점에 또한 있다고
할 수 있다. 이는 매우 근본적 발견이라고 할 수 있는데, 이것이 의미하
는 바는 정보information가 물리적 단위들보다 더 빠르고 독립적으로 움
직일 수 있다는 것을 의미할 뿐만 아니라, 정보가 그 이면에 존재하는
것들에 대한 통제 메커니즘과 시뮬레이션이 될 수 있다는 것을 의미한
다(Carey, 1989, 215, 필자 번역).

캐리에 의하면, 교통과 커뮤니케이션의 분리는 전신과 같은 커뮤
니케이션 기술 대상의 등장으로 인해 가능해진 더 빠른 커뮤니케이
션, 즉 정보의 전달이 기존의 기차와 같은 교통수단들에 대한 모빌
리티의 통제가 전자적인 원거리 통제control over distance를 통해서 이루
어짐을 의미한다고 볼 수 있다. 이러한 과정에서 19세기 물류logistics,
표준시간 등을 비롯한 다양한 응용 분야에서 교통과 커뮤니케이션
의 분리는 필수적이 되었다.
캐리는 원거리 이동에 대한 통제적이고 규제적인 관심을 중심으
로 구성된 전송 모델이 지니고 있는 공간적 편향성spatial bias이 1970
년대 미국 커뮤니케이션학에서 지배적이라는 판단 하에, 이러한 편

향성을 바로잡고자 하는 이론적 개입으로 의례로서의 커뮤니케이션 개념을 제시하게 된다. 이는 20세기 미국 커뮤니케이션학 내에서 찾아볼 수 있는 커뮤니케이션의 공간성에 관한 19세기적 사고에 대한 비판적 성격을 띠는 것으로, 캐리가 보기에 1970년대 미국에서 커뮤니케이션에 대한 지배적 관점은 여전히 공간에 대한 19세기적 패러다임에서의 이해─즉, 공간을 채워져야 할 빈 그릇container으로 파악하여 경험적으로 검증되거나 계산되어야 할 것으로 보거나 일종의 극복되어야 할 혹은 관리, 통제되어야 할 거리로 파악하는 한계─와 깊이 연관되어 있었다.

이러한 공간에 대한 특정한 방식의 이해에 바탕한 커뮤니케이션이란 무엇보다도 두 지점, 지역, 혹은 개인 간의 거리를 극복하고 더 많은 인구가 정착할 수 있도록 관리, 통제하는 것을 의미했다. 이는 19세기 미국 커뮤니케이션 패러다임에 지배적이던 프런티어frontier 프로젝트와 깊은 연관이 있다고 할 수 있다(Carey, 1989). 결국 커뮤니케이션에 대한 전송 모델을 통해 미국 커뮤니케이션 연구와 정책에서의 공간적 편향성의 역사적 배경을 드러내면서 캐리는 의례로서의 커뮤니케이션 모델을 제시한 것이다.

하지만 캐리의 미국 커뮤니케이션 연구와 정책의 공간적 편향성, 그리고 전송으로서의 커뮤니케이션 모델이 지니는 과학주의적·통제적 편향에 대한 비판과 이에 대한 이론적 개입으로 제시된 커뮤니케이션 의례 모델을 통한 논의는, 이 두 가지 모델에 대한 다양한 토론과 해석의 과정을 거치면서 본래의 맥락과는 일정한 거리를 두는 방식으로 변형되었다. 두 가지 커뮤니케이션 모델 사이에 존재하는 의례와 전송, 이동과 문화, 커뮤니케이션의 상징적 측면과 비상징적 측면을 서로 분리하여 대립적으로 바라보는 경향이 그것이다. 즉,

캐리의 과학주의적이고 통제적 관심보다는 의례 모델에 따른 상징적 행위와 실천, 혹은 문화로서의 커뮤니케이션에 대한 강조는 1970년대 미국 커뮤니케이션 연구 전반에 있어서 과학주의적 연구 경향, 혹은 공간적 편향성을 바로잡기 위한 일종의 반대급부적인 이론화의 노력이었지만, 결과적으로 캐리의 본래 의도와는 다르게 받아들여진 측면이 있음을 이해하는 것이 중요하다. 그의 두 가지 커뮤니케이션 모델에 대한 논의가 교통(모빌리티)과 커뮤니케이션에 대한 일반화된 논의로 받아들여져 커뮤니케이션학과 미디어 연구에서 교통과 커뮤니케이션을 분리하여 사고하는 경향을 고착화시키는 결과를 낳은 것이다(김수철, 2010).

많은 커뮤니케이션 이론에서는 교통과 커뮤니케이션의 분리가 하나의 역사적 사실이라는 측면에서 보아도 그리 정확하지 않다고 지적한다. 또한 교통과 커뮤니케이션은 일반적인 이해 방식과 달리 분리하기 쉽지 않으며, 오히려 분리 불가능하게 상호 보완적이라는 주장들이 활발하게 제기되었다(Sterne, 2006). 대표적인 예시로, 조나단 스턴Jonathan Sterne과 같은 커뮤니케이션 역사학자들의 논의를 찾아볼 수 있다. 그에 따르면 교통과 커뮤니케이션의 관계는 역사적으로 언제나 긴밀하게 연관되어 발전되었음을 알 수 있다(Sterne, 2006). 즉, 커뮤니케이션 수단으로서의 전신과 교통수단으로서의 철도뿐만 아니라 전신망, 라디오, 전화선망, 케이블 텔레비전, 고속도로망, 위성망, 전기 동축 케이블망들은 언제나 상호 긴밀하게 연관되어 왔다. 또한 최근에는 인터넷 네트워크의 물리적 인프라스트럭처를 구축하는 데 있어서 과거에 용도 폐기되었거나 기존에 있었던 철도길, 고속도로망, 유선망과 같은 도시 인프라스트럭처를 다시 재활용하는 현상 등도 역시 교통이 커뮤니케이션과 분리되어 있기보다는 밀접하게 상호 연관되어 있음을 잘 보여 주는 사례이다.

교통과 커뮤니케이션이 상호 연관되어 있음을 잘 보여 주는 사례 연구로서 또한 주목할 만한 논의는 철도 여행에 대한 문화사적 논의로 잘 알려진 볼프강 쉬벨부쉬Wolfgang Schivelbusch의 논의를 들 수 있다. 특히 쉬벨부쉬의 논의는 교통과 커뮤니케이션의 연관성을 일상생활의 측면에서 조명하고 있다는 점에서 흥미롭다. 그에 따르면 교통과 커뮤니케이션 네트워크 확장이라는 기술적, 물질적 변화는 우리의 일상생활의 다양한 측면에도 영향을 미쳤다. 기차의 등장과 일상생활에서 커뮤니케이션 실천의 배경이 되는 시공간 개념의 관계에 주목하는 쉬벨부쉬의 연구에 의하면, 19세기 말 서구 사회에서 기차의 등장은 우리의 시공간 사용 방식에서 적지 않은 변화를 가져왔다. 철도망 설립에 따라 가능해진 기차를 통한 장거리 고속 여행의 생활화는 기존의 장소들 사이에 존재하는 공간을 제거해 버림으로써 공간 축소의 효과를 가져왔으며, 동시에 과거 철도가 등장하기 이전에는 존재하지 않았던 특정 상이한 장소들을 연결시킴으로써 공간 확대라는 모순적 결과를 가져왔다(Schivelbusch, 1986).

또한 쉬벨부쉬에게 있어서 장거리 고속철도 여행의 등장은 다양한 시각 커뮤니케이션 기술—사진(기), 클로드 유리claude glass, 여행 가이드북, 스케치북, 우편엽서, 디오라마diorama 등—의 발전과 맞물려 과거 전원적 삶의 공간을 도시 기차 여행객의 시각적 소비 공간, 즉 경관landscape으로 변화시켰다. 이는 또한 고유한 장소의 아우라aura의 상실을 가져왔다(Schivelbusch, 1986: 41-43). 여기서 아우라의 상실이라는 장소 의미의 변화는 어떤 특정 장소나 지역들이 자신의 고유한 아름다움이나 특징에 의해서가 아니라 어떤 장소와 비슷하다거나 어떤 장소로 가는 길에 있다거나 하는 다른 장소와의 맺게 되는 공간적 위치 관계—이는 흔히 교통망과의 관계에 의해 특징지어진다—에 의해서 그 장소의 의미가 규정됨을 의미한다고 할 수 있다.

쉬벨부쉬의 연구는 교통에서의 변화가 상징적 커뮤니케이션 영역에서의 중요한 변화를 가져왔음을 보여 주는 연구로서 해석될 수 있다. 구체적으로 철도처럼 보다 발전된 고속 교통수단의 발전이 여행의 속도를 빠르게 하면서 동시에 외부 세계를 내다보는 여행자들의 시각을 제한시키고 여행자들을 주변 환경으로부터 분리시키는 역할을 함으로써, 움직이는 주체들과 주변 환경과의 관계 그리고 이들이 공간을 인식하는 방식에 돌이킬 수 없는 변화를 가져왔음을 설득력 있게 보여 주고 있다. 즉, 커뮤니케이션 당사자들 간에 존재하는 거리, 그리고 이들 사이에서 이루어지는 정보·신호·메시지의 전달과 교환이라는 의미에서의 커뮤니케이션이란 실제로 일상생활에서 공간을 생산하고 통제, 관리하기도 하는 다양한 행위들—여기에는 의례화된 재현 행위와 같은 다양한 공간적 실천들이 있다—에 의존하고 있다.

이러한 측면에서 보았을 때, 철도망 건설과 같이 비상징적 행위로 보이는 교통 시스템의 변화는 상징적 행위로서의 커뮤니케이션과 언제나 상호 연관된 것으로 이해될 필요가 있다. 다시 말해서 사회적 현실은 상징적으로 구성되기도 하지만 때로는 비상징적인 행위, 즉 철도망이나 도로망과 같은 대규모의 도시 인프라스트럭처의 구축이나 장거리 관광 여행상품의 구축과 같이 개인적 수준에서의 상징적 행위는 아니지만 새로운 사회적 현실을 구성하는 데 막대한 영향을 준 교통에서의 변화가 상징적 커뮤니케이션 현상에 다시 영향을 미침으로써 구성되기도 하기 때문이다. 개인적 수준에서의 상징적 행위를 벗어나는 다양한 커뮤니케이션 실천의 배경으로서 인식되는 비상징적 커뮤니케이션 현상은 19세기에 이루어진 도시 인프라스트럭처 건설을 기반으로 해서 20세기 들어 본격화한 대량생산, 대량소비를 특징으로 하는 근대주의적 대중사회에서 본격적으로 나타났다(Graham & Marvin, 2001). 또한 우리의 일상생활에서도 나타나고 있듯이, 적지 않은 커뮤니케이션이 사실은 여행이나 어떤 만남 혹은 어떤 장소에 도달하기 위한 조정 과정에 대한 것이라는 사실 역시 커뮤니케이션과 교통이 분리되어 있다기보다는 상호 연관적, 상호 보완적이라는 점을 일깨워 준다.

교통과 커뮤니케이션을 상호 분리된 것이 아닌 상호 연관적이고 상호 보완적인 것으로 파악하는 시각은 현상적인 것(경험, 담론, 의미)과 본질적인 것the real, 전송과 의례, 의미의 영역과 물질적 효과 사이의 관계에 대한 근대주의적인 이분법적 구분 방식을 넘어서는 것과도 깊이 연관된다. 이는 이질적 영역이나 현상 사이에 존재하는 관계적 성격에 주목함으로써, 다양한 사회현상을 분석함에 있어서 그 재현 방식뿐만 아니라 이러한 현상의 정치적, 제도적, 기술적, 문화적인 측면을 경제결정론, 문화결정론, 혹은 기술결정론과 같은 추상화된 가정에 의지하지 않고 포괄적으로 바라보려는 접근 방식(Grossberg, 1996)과도 밀접하게 연관된다.

교통과 커뮤니케이션 문제로서 공유 모빌리티의 미래: 새로운 대안인가, 신자유주의의 악몽인가

교통과 커뮤니케이션의 관계를 경험적 현실에 비추어 살펴보자. 특히 오늘날 중요한 이슈가 되고 있는 공유 모빌리티를 둘러싼 논란과 사회적 현상에 대한 고찰을 통해, 어떻게 교통과 커뮤니케이션의 문제가 경험적 현실 속에서 깊숙이 연관되어 있는지 살펴보고자 한다.

최근 자동차 모빌리티의 혁신에 대한 관심이 고조되고 있다. 근대 사회에서 자동차 모빌리티 시스템은 연결성과 이동성을 보장하는 가장 중요한 방식으로서 다른 어떤 방식이나 시스템도 따라갈 수 없는 것으로 여겨졌다(Urry, 2004). 20세기를 자동차의 시대라고 말하는 데 큰 무리가 없을 만큼, (개인의) 자유·성공·유연성을 상징하는 모빌리티 기계로서 자동차를 따라갈 만한 것은 없는 것으로 보였다. 하지만 최근 자동차 기술과 자동차 모빌리티 시스템에서의 몇몇 변화들로 인해서 과거 자동차 모빌리티 시스템이 누렸던 독점적 지위는 다양화되고 있다. 이러한 변화는 전기차와 같은 자동차 연료 공급 소스의 변화와 무인주행차와 같이 디지털 기술을 이용한 다양한 모빌리티 매개 기술의 발전이 주도하고 있는 듯 보인다. 예를 들어, 자동차 산업과 그 주요 생산품인 자동차의 디지털화와 로봇화는 일상생활, 경제활동, 그리고 사회 일반의 조직화 방식에 깊은 영향을 미치고 있다. 전기차와 무인주행차로 대표되는 자동차 모빌리티 시스템의 변화, 즉 자동차 연료 공급 소스의 변화와 자동차 모빌리티 시스템의 디지털화(로봇화) 현상에서 핵심 쟁점은 과연 현재의 자동차 모빌리티 혁신이 자동차의 사적 소유와 기후변화(환경오염)의 해결책이 될 수 있느냐의 문제이다. 더 구체적으로 현재의 자동차 모빌리티 혁신—예를 들어, 전기차의 보급, 자동차 공유, 무인주행차 등—이 자동차의 사적 소유가 아닌 사회적 공유를 더욱 확산시켜 또 다른 자동차 모빌리티 혁신에서 핵심 쟁점인 기후변화(환경오염)에 대한 대안으로 자리를 잡게 될 것인가의 문제인 것이다.

이러한 측면에서 최근 모빌리티의 공유를 둘러싼 기술 혁신의 방향과 사회적 논의들을 주의 깊게 살펴볼 필요가 있다. 공유 모빌리티는 오늘날 다양한 형태와 의미를 지닌 공유경제 개념과는 달리 상당히 협소한 형태로 나타나고 있다. 즉, 공유sharing 담론은 주로 경제적인 성격을 띠고 있지만 오늘날 공유가 의미하는 바는 매우 복합적이고 때로는 혼란스러우며 심지어는 모순적인 경우도 많다.

도대체 공유경제란 무엇인가 혹은 공유라는 이 현상은 무엇인가? 다음과 같은 질문이 가능하다.

〔그것은〕 자본주의적인가 아니면 사회주의적인가? 상업적 경제인가 아니면 선물gift경제인가? 시장인가 위계 구조인가? 글로벌한 것인가 아니면 로컬한 것인가? 중앙집중화된 가치 확보인가 아니면 탈집중화된 가치 확보인가? 권능이 부여된 기업가인가 아니면 무허가 드론인가? 일자리 파괴인가 아니면 일자리 창출인가? 고립사회인가 아니면 연결사회인가? 이제 당신이 눈치 채고 있듯이 이러한 문제들에 대한 공유경제에서의 답은 모두 '예스'다(Sundararajan, 2016, 205, in Freudendal-Pedersen & Kesselring, 2018, 2에서 인용).

즉, 공유경제가 무엇을 의미하는지는 오늘날 매우 복잡한 문제이며, 아마도 그것이 정확히 의미하는 바는 공유경제가 제공하는 자원들을 사용하거나 여기에 접근하는 공동체나 네트워크에 따라 상이한 의미를 갖는 경우가 많다고 봐야 할 것이다. 공유경제는 영리인 경우도 있으며 또한 비영리인 경우도 모두 포함한다. 또한 때로는 플랫폼을 통한 경제적 교환을 의미하기도 하지만 또 다른 경우는 공동체에 기반한 이타적인 문화나 선물경제와 같은 것에 연관되기도 한다.

이에 비해서, 최근의 공유 모빌리티는 기존의 자동차 소유에 기반한 모빌리티 시스템보다는, 온라인 플랫폼을 통해 상대적으로 유휴 혹은 과소 이용되고 있는 모빌리티 수단들을 활용하여 이를 공동체나 이를 필요로 하는 다른 사람들이 접근할 수 있도록 하는 어떤 시스템을 의미하는 것으로 일반적으로 통용되고 있다. 그러나 이러한 시각은 수정될 필요가 있다. 사실 자원의 공유, 혹은 이동과 연결을 위한 모빌리티의 공유는 결코 새로운 현상이 아니다. 공유는 인류의 시작부터 채집과 사냥을 통해서 자기 부족의 생존 유지와 강화를 위해 자원을 공유하던 시기부터 존재해 왔으며, 또한 신뢰에 바탕한 공동체 유지에 핵심적이었다. 음식이나 물질적 자원의 공유만 있는 것이 아니다. 정보와 지식의 공유는 오늘날 인터넷과 같은 고속의 지식과 정보 공유를 가능케 하는 커뮤니케이션 미디엄을 통해서 이루어지고 있으며 이는 세계화globalization 혹은 '성찰적 근대화reflective modernization'(Beck, 2008)에 핵심적이다.

이런 측면에서 보면, 공유 모빌리티는 단순히 자동차의 공유나 혹은 다른 교통수단의 공유 그 이상을 의미한다. 오늘날 이러한 공유 모빌리티가 갖는 가장 중요한 의미 중 하나는 기후변화와 지속가능성 및 자동차 개인 소유와 깊은 연관을 맺는다. 그 동안 자동차는 개인의 자유와 자아 성취에 접근할 수 있도록 하는 근대 일상생활의 가장 중요한 기술이었으며, 오늘날 공유 모빌리티와 모빌리티 혁신을 둘러싼 논란들은 이러한 문제들과 분리 불가능하게 연관되어 있다고 볼 수 있다. 그리고 오늘날의 글로벌 자동차 회사들이 카셰어링 서비스 개발에 투자하거나 새로운 개념의 모빌리티, 혹은 모빌리티 혁명과 같은 용어들을 사용하고 있다는 것은 자동차 산업이 모빌리티의 미래가 현재와는 달라질 것이라는 점을 잘 알고 있음을 뜻한다. 즉, 과거 20세기 동안 자동차 모빌리티를 통해서 공고해진 '자유=개인화된, 사적 소유의 모빌리티'라는 등식이 오늘날에는 더 이상 같은 방식으로 통용되지 않을 것이다.

모빌리티 공유의 기회가 점차 증가하는 것과 관련하여 검토되어야 할 문제들 중 하나는 만약 공유(셰어링)에 대한 관심과 유행이 단지 더 많은 이윤, 더 큰 규모의 비즈니스 기회를 추구하기 위한 혹은 자본주의 발전 과정에서의 또 다른 단계를 나타내는 것은 아닌가 하는 의문이다. 예를 들어, 에어비앤비Airbnb나 우버Uber와 같은 공유 모빌리티 플랫폼—에어비앤비는 여행, 관광이라는 모빌리티의 공유 플랫폼이라고 볼 수 있다—의 경우 사람들은 어떤 의미에선 자발적으로 집, 자동차와 노동에 대한 투자를 수행하고 있으며, 이 과정에서 이러한 고정자산을 상업화시키면서 공유 플랫폼 기업들은 이 과정에서 이윤을 얻고 있다. 이는 데이비드 하비David Harvey(Harvey, 2001)가 말했던 현재의 자본축적의 한계를 극복할 수 있는 공간적 해결책 spatial fix을 제공하고 있다. 특히 도시 모빌리티와 도시 거주(부동산) 분야에서 자본축적의 장애물을 극복할 수 있는 수단을 제공하고 있는 것이다. 이러한 면에서 일부 학자들은 공유 개념이 이윤 추구 과정에서 주류 경제학에 포섭되었다는 진단을 내리기도 한다(Martin, 2015). 더욱이 최근 몇 년간 우버나 에어비앤비 같은 공유 플랫폼에서 나타나는 모습들을 보면, 자본주의사회의 질서가 더욱더 공고해지는 것처럼 보이는 것이 사실이다.[2]

하지만 공유 모빌리티의 확산이 반드시 다음 단계의 자본축적 과정으로 포섭되어 일방적으로 신자유주의적 자본주의화의 심화, 확

---

2 에어비앤비의 확산은 수많은 도시들에서 부동산 가격 상승과 임대료 상승을 더욱 가속화시켜 저소득자(혹은 임차인들)에게는 거주 비용의 상승이라는 효과를 가져오고 기존 도시 공동체의 파괴까지 우려되고 있는 상황이다. 우버의 경우는 주로 운전자의 지위, 노동권리 등이 이미 심각한 문제가 되고 있다.

산으로 나아갈 것이라고만 볼 수 없는 측면들, 현상들도 존재한다. 예를 들어, 공공기관에 의해서 한국의 도시들을 포함한 세계 각 도시에서 시행되고 있는 자전거 공유 서비스 시스템이 그 예시라 볼 수 있다. 이러한 공공, 비영리 공유 서비스 시스템은 유연한 모빌리티라는 근대주의적 원리를 근본적으로 변형시키면서 무엇보다도 생태적, 사회적, 경제적 위험risk 요소들에 의해서 점차 위협받고 있는 전 지구적 거주환경의 미래에 대한 사회문화적 논의와 고찰에서 사회문화적 자원으로서 커먼스commons의 가치를 제고시키는 효과를 일정하게 일으키고 있다. 기존의 상업적, 영리 추구 공유 모빌리티 시스템이나 플랫폼에 대한 대안적인 비영리 공유 플랫폼 논의가 활발하게 제기되고 있는 상황이다(Scholz, 2016). 물론 비영리, 공공기관에 의한 공유 모빌리티 시스템이 상업적 이윤 추구나 사적 자본화, 혹은 화석연료 체제the fossil energy regime로부터 완전히 자유로운 것은 아니다. 그럼에도 불구하고 이윤 추구 시스템에 의존하지 않는 비영리, 혹은 당사자들에 의해 보다 직접적으로 운영되면서 더 많은 실질적 이윤을 배분할 수 있는 협동조합형 공유 모빌리티 시스템의 강력한 잠재력이 존재하는 것도 사실이다.

오늘날 공유(셰어링)는 모빌리티 혁신에 있어서 이제 역전 불가능한 하나의 중요한 흐름이 되었다. 상업화 모델이든 비영리 모델이든 공유는 글로벌 수준에서 제기되는 환경 위기와 연결되어 기존의 자본주의적 모빌리티의 규범과 관행들의 점진적 변화와 혁신 흐름의 일부가 되었고, 또한 사회정치적 행동의 중요성을 일깨울 수 있는 기회를 제공하고 있다(Freudendal-Pedersen & Kesselring, 2018; Urry, 2011). 더욱이 최근 미디어를 통해서 우리의 소비 행위가 지구환경과 우리의 일상생활에 미치는 영향에 대한 경고가 끊임없이 등장하고 있다.

하지만 개인화가 당연시되고 만연해 있는 사회에서 커먼스를 위한 행동은 커다란 도전이다. 이는 단지 이기적인 혹은 협소한 자기 공동체 중심적인 행위나 공통의 자원과 미래에 대한 무관심, 책임감 결여만의 문제가 아니다. 여기에 더해 스마트 기술의 발전과 디지털 기술의 발전에 의한 가상 모빌리티의 발전은 과거에는 존재하지 않았던 물리적 모빌리티를 증대시킬 수 있는 선택들을 더욱 활성화시키고 있다는 점도 유의해야 할 지점이다. 따라서 공유 모빌리티의 문제를 바라보는 시각은 결코 기술적 혁신의 문제에만 한정될 수 없다. 공유 모빌리티는 개인들이 일상생활에서 이러한 도전에 직면하여 사회정치적 감수성을 재인식하고, 동시에 공동체 차원에서는 로컬과 글로벌 공동체의 책임을 나누고 증대하고 있는 환경 위기에 대한 집단적 대응으로서 다양한 도시와 거주 지역에서 새로운 커뮤니케이션의 공동체를 구성해 나갈 수 있는 기회를 제공하고 있다. 즉, 공유 모빌리티는 다양한 측면에서 커뮤니케이션의 문제이다.

'모빌리티 시스템'으로서의 자동차 그리고 커뮤니케이션

앞에서 살펴보았듯이 교통과 커뮤니케이션의 관계는 오랜 역사를 지니고 있다. 19세기 교통, 커뮤니케이션 기술의 등장과 발전 그리고 20세기를 거치면서 고도로 분화되어 온 교통과 커뮤니케이션은 이제 21세기 전기자동차, 자율주행차, 스마트 기술 등의 디지털 기술의 발전으로 단지 기술적 측면에서뿐만 아니라 그 산업적 측면과 정치사회적 측면에서 새로운 관계의 정립을 필요로 하고 있다.

하지만 먼저 교통과 커뮤니케이션의 기술적 융합과 더 나아가 산업적, 정치사회적 측면에서의 관계 변화 양상을 정확히 파악하기 위해서는 교통과 커뮤니케이션을 서로 분리된 것으로 파악하는 기존의 시각과 방식에서 벗어나 현재의 변화를 통합적인 시각에서 새롭게 진단하고 조망하는 작업이 요구된다.

이에 따라 자동차 모빌리티 시스템에 대한 존 어리와 미미 셸러의 논의를 통해서 교통과 커뮤니케이션에 대한 통합적 시각의 가능성을 탐색해 보고자 한다. 존 어리와 미미 셸러의 사회기술적 sociotechnical 시스템으로서의 자동차 모빌리티 시스템에 대한 논의와 포스트 카post-car 시스템에 대한 논의는, 20세기 자동차 모빌리티 시스템을 통해서 공고해진 교통과 커뮤니케이션의 분리에 대한 기존의 시각을 넘어서 자동차 모빌리티 시스템의 등장과 변화 발전 과정의 기술적, 산업적, 사회문화적 측면에 대한 논의를 제공하고 있다. 또한 포스트 카 시스템에 대한 논의는 현재의 자동차 모빌리티에서 나타나고 있는 변화들이 단지 자동차 기술을 넘어선 모빌리티 사회의 커다란 변화와 어떠한 연관이 있는지에 대한 통찰들을 담고 있다 (미미 셸러, 2019; Urry, 2004; 2011).

교통과 커뮤니케이션에 대한 통합적 관점에서 보았을 때 자동차 모빌리티 개념은 자동차를 하나의 인위적 가공물로 바라보는 것 그 이상의 의미를 내포한다. 뵘(Bohm et al, 2006, 2)에 따르면, 자동차 모빌리티란 모더니티가 조직화되는 과정에 연계된 주요 사회-기술적 제도들 중 하나이다. 이러한 시각에 따르면, 자동차 모빌리티란 자동차의 공간적 이동과 또한 이러한 자동차 이동이 주는 영향들을 조직화하고 가속화하고 변화시키며 동시에 그에 따른 결과와 영향들을 규제하는 정치적 제도들과 실천들의 집합이라고 볼 수 있다. 더 나아가 자동차 모빌리티라는 사회기술적 제도는 하나의 담론적 구성체로서 자유, 프라이버시, 운동, 진보, 자율성의 이상들을 체화시키며 자동차의 담론적 재현에서의 다양한 모티프들을 포괄한다. 그리고 이 담론 구성체를 통해서 도로, 자동차와 같은 기본적인 기술적 인공물들이 정당화된다. 이러한 측면에서 자동차 모빌리티는 미셸 푸코Michel Foucault가 말했던 하나의 '장치apparatus'라고도 볼 수 있다. 이 용어를 통해서 푸코가 지칭하고자 했던 것은 첫째, 담론, 제도, 건축형태, 규제, 법, 행정 조치, 과학적 언술, 철학적, 도덕적 그리고 박애주의적 진술들과 같은 이질적인 것들의 집합이었다. 즉, 말 되어진 것과 말 되어지지 않은 것들을 포함하여 이들을 그 장치의 요소들로 보았다. 또한 푸코는 장치들 자체를 이러한 요소들 사이에 이루어진 관계들의 체계로 보았다(Foucault, 1980).

이러한 모더니티의 장치로서 자동차 모빌리티에 대한 포괄적이고 복합적이며 사회기술적인 개념화는 일찍이 존 어리(Urry, 2004, 25f)에 의해서 이루어졌다. 자동차 모빌리티automobility를 통해서 어리는 두 가지 측면에 주목했다. 첫째는 자동차 모빌리티의 복합성이다. 어리는 자동차 모빌리티를 하나의 글로벌 시스템으로 보았다. 즉, 산업적 생산 대상물로서의 자동차, 주요 소비 아이템으로 자동차의 사회적 의미, 관련 산업에서의 경제적 의미, 그리고 서비스, 거주 패턴, 다른 교통 양식에 비해 볼 때 자동차 모빌리티의 압도적으로 지배적인 위치, 생태적 영향뿐만 아니라 문화적 측면에서의 지배적 영향력 등을 포괄한다.

둘째 자동차 모빌리티에 대한 어리의 장치적 개념화에는 자동차 헤게모니를 생산하는 요소들 사이의 권력관계에 주목하고자 하는 의도가 있다. 따라서 이 개념에는 자동차의 이동에서 허가된 이동과 불허된 이동의 공간, 그리고 반counter문화적 모빌리티 풍광뿐만 아니라 상상과 가시적인 모빌리티 공간들도 존재하며 또한 각기 상이한 스케일에서 사회 권력투쟁이 구조화되고 구조화하는 과정에서의 규범적, 일탈적, 그리고 불가능한 모빌리티의 주체들도 포함된다.

다시 말해서, 모더니티의 생산적 장치로서의 모빌리티를 바라보는 것은 근대사회에서 이동적 신체의 구성, 질서, 통치성, 그리고 이에 따른 공간성에 주목하는 것을 의미한다(Manderscheid, 2014, 607). 여기서 이동(운동)은 사회적 의미와 지식, 공간 구조, 풍광, 교통과 커뮤니케이션 기술, 사회적 관계, 경제 지리, 주거 공간 등의 복합 네트워크 안에서 발생하며 또한 그 네트워크의 구성에 기여한다. 장치 개념은 이러한 요소들 사이에 존재하는 부조리, 모순, 적대들에 주목하도록 한다. 즉, 헤게모니적, 반헤게모니적 담론들, 의미들, 사회 구조들, 공간적 물질성, 실천들, 주체, 정체성들 사이에 존재하는 복합적인 상호 관련성에 주목하는 것이다. 예를 들어, 담론적 측면에서 특정 담론은 이동과 정치를 규정하고 이러한 사회적 사실들에 특정한 의미와 가치를 부여함으로써 지식의 대상을 구성하게 된다. 하부구조, 기술, 법, 교통규칙, 그리고 풍광, 정착지, 도시들을 지속적으로 변화시키는 사회적 제도들은 물질적이고 비물질적인 객관성들을 구성하게 된다. 모빌리티 장치는 또한 특정한 모바일 주체성들을 구성한다. 따라서 모빌리티와 연관된 권력구조, 사회적 불평등은 모빌리티 장치의 요소들의 특정한 맥락과 관계성 안에서 분석되어야 한다. 이러한 맥락에서 푸코는 모빌리티 장치들이 역사적으로 인구의 이동, 유동 인구의 증가로 인한 광기, 성병, 정신병 등의 긴급emergency 상황으로 인해 제기되는 통제와 질서의 "긴급한 필요성"에 대한 대응으로 등장했음을 보여 주고 있다(Foucault, 1980).

이러한 복합적이고 광범위한 자동차 모빌리티에 대한 개념화를 통해서 어리는 20세기에 걸쳐 나타난 자동차 모빌리티의 진화 과정에 대하여 설명하고 있다. 이 과정을 설명하는 데 있어서 어리는 자동차 모빌리티를 자기-조직화, 자기-확장적인 자기 자동생산 autopoietic 시스템으로 보고 있다(Urry, 2004, 27). 이는 자동차 모빌리티를 설명함에 있어서 흔히 나타나는 기술결정론적 설명 방식과는 구분되는 시각이다. 이러한 개념화는 자동차 모빌리티 시스템의 변화와 발전 양상을 설명하는 데 있어서 단지 특정 자동차 기술의 혁신이나 발명을 유일한 원인으로 보는 것이 아니라 자동차 모빌리티와 관련된 기술적, 산업적, 사회적, 정치적 측면들을 복합적으로 재조명할 수 있는 대안적 시각을 제공한다는 점에서 매우 중요하다.

어리의 이러한 자동차 모빌리티 시스템 개념은 본래 미미 셸러와의 공동 저작(Sheller and Urry, 2000)에서 제시된 것으로 다음의 여섯 가지 측면을 포괄하고 있다. 첫째, 20세기 자본주의 산업과 그 산업 분야의 핵심적인 기업들(예를 들어, Ford, GM, Mercedes, Toyota, VW 등)에 의해서 생산된 핵심적인 생산품들을 포함한다. 둘째, 주택이 그 사용자와 소유주에게 그와 연관된 기호적 가치sign-value를 제공하는 위치를 차지했던 것처럼 자동차라는 개인 소비의 주요 아이템을 제공했다. 셋째, 자동차 모빌리티 시스템의 타 산업과의 기술적, 사회적 연관성을 통해서 매우 강력한 기술적 복합체를 구성했다는 점이다. 넷째, 자동차 모빌리티 시스템은 다른 공공 모빌리티의 형태들(걷기, 자전거, 기차 여행 등)을 그 하위 형태로 종속시키는 유사-사적 소유 형태 모빌리티의 글로벌 형식이라는 점이다. 따라서 자동차 모빌리티 시스템은 일, 가정, 레저, 휴가 등과 같은 일상생활에서의 기회와 제한 사항들을 사람들이 협상하는 방식을 재조직화한다. 다섯째, 문화적 측면에서 자동차 모빌리티 시스템은 무엇이 좋은 삶인지, 적절한 모빌리티 시민권이란 무엇인지에 대한 논의에서 필수적이며 문학적·예술적 이미지와 상징들로 구성되는 자동차 문화와도 깊이 연관된다. 마지막으로, 자동차 모빌리티 시스템은 환경 자원 활용의 가장 중요한 요소로서 이는 자동차, 도로, 자동차 전용 환경 등을 건설함에 있어서 물질, 공간, 에너지 등 환경 자원 사용에 있어서 역대급의 규모와 범위를 포괄한다. 또한 이는 자동차 모빌리티 시스템이 유발하는 환경적 영향에 어떻게 대처할 것인가 하는 과제와도 연관된다(Sheller and Urry, 2000).

어리에게 있어서 자동차 모빌리티 시스템은 모더니티의 장치로서 어느 정도 안정화되면 새로운 기술, 정책, 소비자의 상이한 요구들과 같은 변화된 조건들을 통합시켜 다시 재조직화하고 적응하는 사회기술적 시스템이다. 다시 말하면, 자동차 모빌리티 시스템의 변화, 발전 과정에서 필연적인 것은 아무것도 없다는 것이 어리의 자기-조직화하고 자기-확정적인 시스템으로서 자동차 모빌리티 논의의 핵심이다. 자동차 모빌리티가 오늘날과 같은 모습(예를 들어, 주 에너지원이 화석연료가 된 것)을 띠게 된 데에는 기술적으로 필연적인 이유가 존재하는 것이 아니라, 이는 자동차 모빌리티 시스템이 자동차와 관련된 기술, 정책, 소비 양식, 시장적 조건들과 통합되어 적응한 과정의 산물이라는 것이다.

이러한 측면에서 보면, 오늘날 자동차 기술의 혁신에 따른 자동차의 혁신과 변화에 대한 논의들이 기술적, 산업적 그리고 사회정책적 맥락에서 이루어지고 있다는 점에 주목할 필요가 있다. 과연 현재 자동차 기술 및 주원료(석유)의 변화를 기본으로 하는 '자동차 모빌리티 혁명'이라고 불리는 자동차 모빌리티의 역사적 전환은 수많은 기술적 변화에도 불구하고 그에 따르는 수많은 정책적 지원(새로운 자동차 혁신에 걸맞은 도시 하부구조 기반시설에 대한 투자), 소비자의 취향(사적 소유), 일자리 축소, 사회 구성원 사이의 이해관계 충돌(택시기사와 타다와 같은 택시 플랫폼 사업), 환경오염 심화 등의 사회경제적 문제들의 도전들을 극복하는 과정에서 어떠한 변화를 겪게 될 것인가? 수많은 도전에도 불구하고 현재 자동차 모빌리티의 혁신이 일정한 안정화 단계(일정한 안정화 단계의 조건이 무엇인지도 따져 봐야 할 문제지만)에 들어선다면 과연 어리가 말했듯이 자동차 모빌리티 시스템은 자기-조직적, 자기-확장적, 자동생산 시스템으로서 소위 모빌리티의 문제들(환경문제, 자동차에 의한 도시 공간 침해 및 교통문제 등)을 해소할 대안으로 진화할 수 있을 것인가?

이러한 측면에서 미미 셸러의 포스트 카 시스템에 대한 최근 논의는 자동차 모빌리티 시스템의 중요한 변화의 국면을 교통과 커뮤니케이션의 융합적 변화로 재해석하는 데 있어서 요구되는 핵심 통찰과 이러한 변환 과정에서의 주요 이슈들을 교통과 커뮤니케이션의 통합적 관점에서 검토할 수 있는 기회를 제공해 주고 있다.

셸러는 최근 저작 《모빌리티 정의》에서 지구 생태계의 생존을 위협하고 있는 환경오염 및 기후변화에 기여하고 있는 현 자동차 모빌리티 시스템의 변화 문제를 제기한다. 여기서 셸러는 모빌리티 시스템이 모빌리티 권력과 불평등의 문제 그리고 사람, 자원, 정보의 순환에서 불평등한 모빌리티와 정주immobility의 패턴을 어떻게 규정짓는지에 대하여 고찰할 필요성을 제기하기 위해서 모빌리티 정의 mobility justice라는 개념을 주창한다. 셸러(미미 셸러, 2019)에 따르면, 우리는 다양한 수준에서 발생하는 모빌리티 정의 문제에 대하여 생각해 볼 수 있다. 예를 들어, 상호주관적인 미시적 관계에서 발생하는 모빌리티 정의의 문제부터 도시 교통, '도시에의 권리', 그리고 여행, 이주, 국경을 두고 나타나는 초국적transnational 관계와 글로벌 환경 자원 사용과 에너지 순환이라는 가장 거시적 수준에서 발생하는 모빌리티 정의 문제에 이르기까지 다양하다.

셸러의 모빌리티 정의 개념과 이론적 논의는 최근의 변화된 모빌리티 정경의 변화를 반영하면서, 단지 교통과 관련된 자동차 모빌리티 시스템의 문제를 넘어 환경오염(기후변화)과 도시 공간의 사용과 연관된 권력과 불평등 문제들을 포괄하려는 의도가 엿보이는 모빌리티 이론화 작업이라고 볼 수 있다. 따라서 이러한 이론화는 기존의 모빌리티 연구가 충분하게 주목하지 못했던 계급, 젠더, 인종, 에스니시티, 섹슈얼리티, 그리고 신체적 능력 안에 체화된 차이들이 불평등한 모빌리티를 재생산하는 모빌리티 체제와 통제 시스템과 어떻게 상호작용하며 또한 모빌리티에의 접근성에 어떠한 영향을 주는지에 보다 천착하기 위한 것이라고 볼 수 있다. 예를 들어 모빌리티의 불평등이 어떻게 우리가 도시에서 이동하는 데 영향을 미치는지, 젠더화되고 인종화된 식민의 역사와 신식민의 현재는 어떻게 불평등한 모빌리티에 의해서 영향을 받아 왔는지, 그리고 광산업이나 에너지 생산 관련 산업들은 우주적planetary 모빌리티의 정치생태계적 문제들에 어떠한 영향을 미치고 있는지 등의 문제들에 대한 더 성숙한 이해를 돕기 위한 목적을 지니고 있다.

셸러의 모빌리티 정의 개념을 통해서 이루어지고 있는 모빌리티 이론화의 핵심은 기존의 자동차나 교통을 중심으로 한 이론화 방식에서 완전히 벗어나 새로운 영역에서 모빌리티의 문제를 이론적으로 제기하고자 하는 의도만으로 보아서는 안 된다. 모빌리티 정의라는 새로운 논의 방식에서 더욱 중요한 점은 기존의 교통, 자동차를 중심으로 한 모빌리티의 문제가 더 이상 교통의 문제에만 제한되지 않으며, 더욱이 그 문제의 해결을 위한 대안을 상상하는 데 있어서 기존 교통 중심의 모빌리티 논의만으로는 포괄할 수 없는 다른 분야와의 물질적 연관성이 점차로 고밀화되고 있다는 모빌리티 정경의 변화를 포착하려는 의도가 깔려 있다는 것이다.

여기서 모빌리티 정경과 현상 변화에서 핵심적으로 파악되어야 할 점은 바로 기존 모빌리티에서의 불평등과 권력 문제가 점차 심화됨에 따라서 이러한 문제들은 이제 단지 교통 영역에서의 기술적·정책적 문제만이 아니라 인종, 계급, 젠더, 세대, 섹슈얼리티 등과 같은 사회문화적 영역—동시에 커뮤니케이션 영역—에서의 불평등과 차별 그리고 통제와 자유의 문제와 불가분하게 연관되어 있다는 점이다. 다시 말해서, 이동의 자유나 모빌리티 능력에서의 불균등 문제는 결코 인종, 계급, 젠더, 세대, 섹슈얼리티에서의 체화된 관계들과 분리되어 사고될 수 없으며 현 시기 나타나고 있는 불평등의 문제를 해결하기 위한 대안을 사고함에 있어서 결코 분리되어 이루어질 수 없다. 도시에의 권리나 젠트리피케이션 문제, 공적 공간의 사용과 관련된 공간 정치의 영역, 오늘날 모빌리티 공간의 규범들에 개입하고자 하는 공간 점유와 공유의 정치와 분리할 수 없는 것도 같은 맥락에서 이해될 수 있다. 뿐만 아니라 오늘날 전 지구적으로 나타나고 있는 이주, 난민, 국경의 안전화securitization 등의 문제도 인적 모빌리티를 두고 나타나는 다양한 국제정치 및 지정학적 문제들과 혼합되어 등장하고 있다. 결국 셸러의 모빌리티 정의 개념을 통한 이론화는 모빌리티 현실의 문제와 분리된 모빌리티 개념의 메타 담론적 이론화라기보다는, 모빌리티의 불평등과 권력 체제의 변화상을 추적하는 과정에서 필연적으로 등장하는 모빌리티 문제의 변화와 그에 따른 대안적 해결 방안을 사고하는 방식에서의 변화를 요구하는 문제 제기이다.

통합적 접근의 과제

오늘날 자동차 모빌리티 시스템의 변화를 둘러싸고 나타나고 있는 문제들은 교통과 커뮤니케이션의 문제가 불가분하게 연관되어 있음을 잘 드러내고 있다. 교통과 커뮤니케이션에 대한 연구는 그동안 이 두 영역이 마치 서로 다른 영역인 것처럼 고립적으로 연구되어져 왔다. 교통에 대한 연구는 기술공학이나 교통공학 영역에서 주로 다루어져 왔으며, 교통으로 인한 문제들은 커뮤니케이션 연구에서의 문제들과는 별도의 것처럼 다루어져 왔다. 자동차에 대한 연구도 앞에서 살펴보았듯이 주로 기술적 부분이나 교통공학, 교통 정책의 측면에서만 다루어져 왔다.

2000년대 초반 '새 모빌리티 패러다임New Mobility Paradigm'을 주창했던 존 어리와 미미 셸러에게 있어서 자동차 모빌리티 문제는 결코 자동차 기술의 변화만을 의미할 수 없었다. 이들은 자동차 모빌리티 문제를 하나의 사회기술적 시스템의 문제로서 제시했다. 이를 통해서 자동차 모빌리티가 결코 교통이나 기술적 영역에만 연관되는 것이 아닌 광범위하게 사회, 문화, 정치, 경제적 영역에서의 문제들과 깊숙이 연관되어 있음을 보여 주었다. 또한 포스트 카 시스템으로 표현되는 20세기 자동차 모빌리티 시스템의 변화는 그 연관된 범위와 규모에 있어서 기존의 자동차 시스템과는 비교할 수 없을 정도로 매우 복잡한 시스템의 문제임을 주장했다. 더 나아가 미미 셸러와 같은 모빌리티 연구자들은 최근의 모빌리티 현상에서의 불평등과 더욱더 심화되고 있는 권력의 문제에 천착하면서 모빌리티 문제가 포괄적이고 복합적 성격을 지니고 있음을 밝히고 있다. 따라서 이러한 모빌리티에서의 불평등과 권력 문제를 해결하기 위한 노력이 필연적으로 계급, 인종, 젠더, 섹슈얼리티와 연관된 불평등과 차별의 문제들을 드러내고 새로운 대안을 사고하기 위한 노력들과 분리되어 이루어질 수 없음을 보여 주고 있다. 전 지구적인 차원에서 제기되고 있는 다양한 사회문제들—예를 들어 이주, 난민, 기후변화, 환경문제 등—을 둘러싼 다양한 갈등의 양상과 원인 그리고 이에 대한 대안적 해결 방안을 찾기 위한 사회정책의 이슈들과 사회운동들의 어젠다들만큼 이를 잘 보여 주고 있는 것은 없다.

　이 글은 최근 교통과 커뮤니케이션의 변화 양상들에 주목하면서 자동차 모빌리티 시스템의 변화에 대한 기존의 논의들을 살펴보았다. 이를 통해서 교통과 커뮤니케이션에 대한 통합적 연구에 유용한 이론적 논의들을 소개하고 비판적으로 고찰함으로써, 오늘날의 자동차 시스템과 모빌리티에 대한 연구가 기존의 교통과 커뮤니케이션에 대한 분리된 연구 접근 방식이 아닌 새로운 통합적 접근 방식을 요구하고 있음을 보여 주고자 했다. 교통과 커뮤니케이션에 대한 통합적 접근 방식을 위한 시론적 연구는 자동차 모빌리티 시스템의 변화를 기술적 변화만이 아닌 사회문화적 측면에서 포괄적으로 분석하는 연구들로 더욱 발전될 필요가 있다. 더불어 오늘날 전 지구적으로 나타나고 있는 이주, 난민, 관광, 환경문제가 어떻게 모빌리티의 불평등 문제와 권력 문제 그리고 차별적인 모빌리티 능력에 따라 역사적으로 형성되어 온 접근성 문제와 밀접하게 연관되어 있는지에 대한 연구들로 더욱더 세분화되어 분석될 수 있을 것이다. 이 과정에서 교통과 커뮤니케이션은 기존의 관점에서는 상상될 수 없었던 방식으로 새로운 연관성을 드러낼 것이다. 이는 현 시기 모빌리티 연구와 교통-커뮤니케이션 연구에서의 새로운 기회이자 도전이다.

참고문헌

미미 셸러.《모빌리티 정의》. 최일만 옮김, 앨피. 2019.
김수철. 〈유비쿼터스 커뮤니케이션 환경에 대한 이론적 고찰: 물질 공간론적 접
근을 중심으로〉,《언론과 사회》18권 2호, 2010, 129~164쪽.

Beck, Ulrich. *World risk society*. 2nd ed. New York: Wiley. 2008
Carey, W. *James. Communication as culture: Essays on media and society*. New York,
    NY: Routledge. 1989.
Graham, Stephen. & Marvin, Simon. *Splintering urbanism: Networked
    infrastructures, technological mobilities, and the urban condition*. New York,
    NY: Routledge. 2001.
Grossberg, Lawrence. The space of culture, the power of space. in I.
    Chambers and L. Curti (eds.), *The Post-colonial question: Common skies,
    divided horizon* (pp.169~188). London: Routledge. 1996.
Foucault, Michel. *Power/knowledge: selected interviews and other writings, 1972–
    1977*. Harlow: Longman. 1980.
Schivelbusch, Wolfgang. *The railroad journey: The industrialization of time and
    space in the 19th century*. Berkeley: University of California Press. 1986. (《철
    도여행의 역사》, 박진희 옮김, 서울: 궁리. 1999.)
Scholz, Trebor. Platform Cooperativism: Challenging the Corporate Sharing
    Economy. Rosa Luxemburg Stiftung. New York Office. (Search date:
    2019/12/01). 2016. https://rosalux.org.br/wp-content/uploads/2016/06/
    scholz_platformcooperativism_2016.pdf
Stern, Jonathan. Transportation and communication: Together as you've
    always wanted them. in J. Packer and C. Robertson (eds.), *Thinking with
    James Carey: Essays on communications, transportation, history* (pp.115~135).
    New York: Peter Lang. 2006.
Sundararajan, Arun. *The sharing economy: The end of employment and the rise of*

crowd-based capitalism. Cambridge, MA: The MIT Press. 2016.

Urry, John. *Climate change and society*. Cambridge: Polity. 2011.

_____, *Mobilities*, Cambridge, UK: Polity Press. 2007. (《모빌리티》, 강현수 옮김, 서울:아카넷. 2014.)

Harvey, David. Globalization and the 'Spatial Fix'. *Geographische Revue* 2, 2001. pp. 22 – 30.

Freudendal-Pedersen, Malene & Kesselring, Sven. Sharing mobilities. Some propaedeutic considerations, *Applied Mobilities* 3(1), 2018, pp. 1-7.

Manderscheid, Katharina. The Movement Problem, the Car and Future Mobility Regimes: Automobility as Dispositif and Mode of Regulation, *Mobilities* 9(4), 2014, pp. 604-626.

Martin, Chris J. The sharing economy: A pathway to sustainability or a new nightmarish form of neoliberalism? *Ecological Economics* 121 (C), 2015, pp. 149 – 59.

Sheller, Mimi and Urry, John. The City and the Car, *International Journal of Urban and Regional Research* 24(4), 2000, pp. 737-757.

Urry, John. The 'System' of automobility. *Theory, Culture & Society* 21(4 – 5), 2004, pp. 25 – 39.

하펜시티 프로젝트에 기반하여 조성되는 '인천항'의 미래

정은혜

이 글은 《한국도시지리학회지》 제22권 1호(2019. 4)에 게재된 원고를 수정 및 보완하여 재수록한 것이다.

항만의 중요성

현재 세계경제는 자유무역 확산으로 인해 국경 없는 무한경쟁의 시대로 돌입하였다. 이 같은 환경 변화는 세계경제 지역으로서 새로운 기회가 주어짐과 동시에 경쟁우위를 확보하지 않는다면 경쟁에서 도태될 수밖에 없는 냉철한 현실을 반영하고 있다. 이러한 점은 항만의 환경 변화에도 영향을 미치고 있다. 예를 들어, 컨테이너를 수송하는 정기선사는 기업 이익을 최대화하기 위해 선박의 대형화를 추구하고 있고, 그로 인한 기항지의 축소는 불가피한 사항으로 여겨지고 있다. 이러한 선박의 대형화와 기항지 축소는 기간항로상의 해운 네트워크도 변화시키고 있으며, 이에 따라 항만시장은 시설 확충이 이루어지도록 변화가 유도되고 있다(홍근·전경수, 2006; 이정순·주경식, 2006). 특히 항만을 둘러싼 환경 변화와 경쟁은 동아시아 경제권에서 두드러지고 있는데, 이들 경제권에서는 중심항만으로서의 경쟁 우위를 선점하기 위한 항만 개발이 필수적으로 이루어지고 있다. 왜냐하면 동아시아 지역은 기간항로상에 위치하고 있고, 중국의 급성장에 힘입어 북미, EU와 함께 세계 3대 경제권으로 부상하고 있기 때문이다.

이러한 상황에서 항만의 기능은 갈수록 다기능 복잡화되어 가고 있으며 네트워크 중심지화되어 가고 있다. 최근의 항만은 배후지 산업이 중요하게 여겨지고, 국제무역센터로서의 역할이 강화되고 있으며, 주요 산업의 부품 공급기지로서의 기능뿐만 아니라 금융, 문화의 중심지 역할도 병행되고 있다. 즉, 국가경쟁력 차원에서 세계 주요 은행의 집적화 기능, 24시간 활용 가능한 첨단 통신 네트워크가 뒷받침되는 비즈니스가 가능해짐으로써 항만 지역은 경제뿐만 아니라 문화와 관광 명소로서의 기능으로까지 점차 확대되고 있으며, 모빌리티 인프라스트럭처로서의 기능을 요구받고 있다. 여기에서 모빌리티 인프라스트럭처란 단지 모빌리티와 관련된 하드웨어만을 의미하는 게 아니라 보다 근본적인 의미에서 사회기술적인 시스템socio-technical system을 의미하는 것으로 모빌리티와 연관된 조직, 제도, 지식 체계, 미디어 커뮤니케이션 환경 등을 포괄하는 개념이다 (Hughes, 1983).

무엇보다 우리나라의 서울 및 수도권은 국가 중추 관리 기능의 집적지이자 혁신 창출지로서 산업과 지식기반산업의 육성이 거대하게 이루어진 곳으로, 인천항은 이러한 수도권을 주요 배후지로 삼고 있어 그 기대가 더욱 크다. 그런 의미에서 인천항은 동아시아 대도시권과의 관계 속에서, 그리고 해외의 대도시권과 경쟁하여 국가경쟁력을 제고시키는 지역으로서 선도적인 역할을 기대할 수밖에 없는 중요한 모빌리티 인프라스트럭처가 될 가능성이 있다(김천권, 2008; 박선미, 2007; 손승호, 2011).

인천항은 한반도 중서부 해안에 위치한 항만으로 서해안 개발축의 중추적 거점 기능을 담당하는 서해안 지역의 전략적 요충지에 위치한다(〈그림 1〉). 그리고 우리나라의 수도인 서울로 진입하는 관문역할을 해 오고 있으며, 국내 최대 공업지대의 하나인 수도권공업지대와 중부지방을 세력권으로 하는 서해안 제일의 무역항이다. 단순히 배가 드나드는 곳이 아닌 "19세기부터 21세기까지 대한민국 역사와 사회·문화·경제를 지탱해 온 문화유산이자 산업유산인 인천항이 이제는 중국, 일본, 동남아시아 위주의 항로에서 중동, 미주, 유럽으로 진출을 확대"하고 있는 것이다(정은혜, 2018, 68). 게다가 인천항은 개성공단 등 북한의 생산기지를 배후산업단지로 두고 있다. 당장은

〈그림 1〉 인천항 위치도. 출처: 구글맵스(https://www.google.co.kr/maps)를 필자가 재가공.

생산기반이 위축되어 있기는 하지만, 향후 남북관계가 개선되고 북한 정권의 전향적 체제 운영이 가능하게 된다면 북한의 생산기지화의 강화로 인천항의 네트워크를 통한 무역이 이루어질 수 있을 뿐만 아니라, 다국적기업 및 국제무역항으로서 기대를 모을 수 있는 항만이다(서문성, 2011). 여기에 함부르크항의 '하펜시티 프로젝트HafenCity Project'를 롤 모델role model로 삼아 최근 인천시가 '인천항 종합발전계획 2030'을 발표하면서 더 큰 발전이 기대되고 있다(《문화일보》 2019년 3월 7일자).

이에 인천항이 현재 동북아시아 및 수도권 중심항만으로서 네트워크 중심지 전략의 중심에 있다는 점을 바탕으로, 인천항의 여러 가지 잠재력을 살펴본다. 특히 현재 함부르크항의 '하펜시티 프로젝트'를 기반으로 한 '인천항 종합발전계획 2030'이 구상되어 발표된 만큼 이들 사안을 중점적으로 설명·소개한다. 그럼으로써, 이들 내용을 기저基底로 향후 더 나은 국제무역항으로서 인천항의 미래 발전방안을 제시한다. 또한 인천항의 역할과 위상을 유지하기 위한 방법을 모색함으로써 모빌리티 인프라스트럭처로서의 가능성을 제시한다.

인천항 개관 및 선행 연구 고찰

인천항 개관

인천항은 1883년(고종 20) 우리나라에서 세 번째로 개항을 맞았다. 이때부터 본격적인 상업항으로서, 그리고 수도권 관문항으로 성장하여 근대 산업항의 역사가 시작되었다. 개항 20년 만에 우리나라의 대표 항구로 떠올랐고, 1911년 2중 갑문식 선거 구축 등의 발전을 거듭하며, 국내 최초 컨테이너 부두(1974), 양곡 전용 부두(1982), 8부두(1985) 개발 등으로 내항 확장 및 인천항 기능도 대폭 확대되었다(인천항만공사, 2008; 인천항만공사, 2015a). 한중수교(1992) 이후 대중국 교역 거점으로 자리매김하여, 인천항의 대중국 수출은 1992~1993년 수교 직후 200퍼센트 이상 증가하였고, 이후 국제통화기금IMF 외환위기 전후를 제외하고 매년 두 자릿수의 증가율을 기록하였다(인천항만공사, 2015a). 그 결과 중국은 수교 직후인 1993년부터 인천항의 최대 수출국으로 부상하였으며, 1996년부터는 수입에 있어서도 최대 수입국으로 등장하였다. 또한 물동량 증가, 선박 대형화 등에 대응하여 외항이 본격 개발되어 남항의 컨테이너 부두(2003), 북항 철제 부두(2006) 등 항만시설이 확충되었다. 그리고 2005년에는 인천항만공사IPA가 출범하였다(인천항만공사, 2015b).

무엇보다 동양 최대의 갑문시설을 갖춘 인천항은 갑문시설을 중심으로 갑문 내의 '내항'과 갑문 밖의 '외항'으로 구분된다. 내항은 우리나라 최초의 컨테이너 부두로 특화되어 있는데 8개의 수출입 화물 부두를 운영하고 있다. 제1·2·3·6부두는 잡화 취급 부두, 제4·5부두는 컨테이너 및 자동차 전용 부두, 제7부두는 양곡 전용 부두, 제8부두는 고철 전용 부두로 운영되고 있다(김홍섭, 2018).[1] 외항은 다시 위치와 기능에 따라 '남항, 북항, 신항(경인항)' 등으로 새로 재편되어 항만별 특색에 맞춰 운영함으로써 경쟁력 강화를 유도하고 있다(황진회, 2007)(〈그림 2〉). 외항의 남항은 연안화물선과 바지선 등 중소형 화물선의 화물을 중점 처리하는 곳으로, 컨테이너 부두와 다목적 부두로 구성되어 있다. 이외에도 시멘트와 석탄 부두가 있는데, 시멘트와 석탄의 연간 물동량은 1만 5,644천만 톤에 달한다(인천항만공사,

〈그림 2〉 **인천항의 신항 · 남항 · 북항 · 경인항 전경.** 출처: 산업통상자원부 공식블로그(https://blog.naver.com/mocienews)를 필자가 재구성.

---

1 해양수산부는 내항의 경우, 환황해권을 넘어 세계 속 물류 중심 항만으로 성장하기 위해 내항 1·8부두 재개발사업에 2020년까지 약 350억 원을 투입하여 511명의 일자리가 생길 예정이라고 발표하였다(《인천일보》2017년 8월 4일자).

https://www.icpa.or.kr). 1997년부터 컨테이너 전용 부두 7개 선석과 잡화 부두 1개 선석을 갖춰 모래운반선과 연근해 화물선을 맞이하고 있다. 외항의 북항은 도심과 가까운 내항을 잇는 징검다리 역할을 하고 있다. 특히 배후단지, 청라고속도로, 항만시설 부지를 활용해 인천경제자유구역의 중간 연결지로 부상한 북항은 1997년부터 축조 공사를 시작해 중구 북성동과 서구 원창동 일원에 5만 톤급 등 총 17척이 동시에 접안할 수 있는 시설을 갖추고, 산업항으로서의 역할을 담당하기 위해 2018년 현재 유류, 원목과 고철, 사료용 부원료 등 산업원자재 화물을 주로 취급하고 있다(《교통신문》 2018년 9월 18일자).

한편 2000년대 들어 인천항 물동량이 매년 20퍼센트 이상 증가하자 남항·북항과 함께 중국과 동남아 지역, 북한과의 교역에 대비한 거점항만이 필요해졌다. 거기에 정부의 양항 정책two port system(부산항과 광양항 체계)에 대응해야 한다는 주장이 이어져, 결국 2015년 6월 신항이 문을 열게 되는 계기가 되었다. 신항은 한강과 서해를 잇는 경인 아라뱃길 운송 인프라가 잘 갖춰진 항구로 송도국제도시 10공구에 건설되어 인천뿐만 아니라 수도권 주민이 즐길 수 있도록 레저 시설을 갖추고 있다. 이처럼 현재 신항은 인천항만공사의 항만시설과 배후단지를 더욱 개발하고 육성하여, 황해권 최고의 교류중심지로 만드는 것을 목표로 삼고 있다. 최근에는 갑문시설 없이도 화물선이나 크루즈선 등 대형 선박의 입·출항이 가능한 신항만이 송도국제도시 외곽에 건설되면서 인천항은 해양관광 및 레저항으로서 더 나은 도약을 앞두고 있다. 게다가 신항 개장 이후 인천항은 아시아 권역에서 미주와 중동 지역으로 노선을 확장하며 국제항으로서의 능력을 보여 주고 있다. 또한 중국·한국·베트남 간 FTA 효과가 지속적인 영향을 발휘해 컨테이너 물동량이 꾸준히 증가하여 2017

2,673,376

2,334,939   2,376,996

2,160,797

1,902,733   1,997,779   1,981,855

■■■ 연도별 컨테이너 물동량

단위 : TEU

| 2010년 | 2011년 | 2012년 | 2013년 | 2014년 | 2015년 | 2016년 |

〈그림 3〉 인천항 연도별 컨테이너 물동량 추이. 출처: 인천항만공사(https://www.icpa. or.kr).

년에는 약 300만TEU 달성이 가시화되었다(인천항만공사, https://www.icpa. or.kr)(〈그림 3〉). 여기에 월미관광특구 조성과 함께 '해양관광벨트' 구축 계획이 발표되면서 지금 인천항은 우리나라의 중요한 모빌리티 인 프라스트럭처로서 제2의 개항기를 맞고 있다(〈KBS 뉴스〉 2019년 1월 9일자).

선행 연구 고찰

국제무역항으로서의 항만 및 인천항에 대한 선행 연구는 크게 세 가지로 나누어 살펴볼 수 있다. 첫째, 항만의 물류 네트워크 전략과 실행의 필요성에 관한 연구이다. 물류 네트워크 전략이라는 표현은 연합, 제휴, 협력적 전략 등 다양한 용어로 지칭되고 있는데, 이는 물 류 네트워크가 항만물류를 구성함에 있어서 전략적 우위를 획득하 기 위한 협력적이고 자발적인 계약으로 보고, 정보·자본·기술·제 품·서비스 등 다양한 자원에 의한 공동개발 내지는 교환과 공유를 포괄하는 개념으로 이해해야 함을 의미한다(Porter & Fuller, 1986; Gomes-

Cassers, 1994; Harrigan, 1998; Gulati, 1995a; 1995b). 이들 연구는 항만의 물류 네트워크 전략을 위해 잠재적인 정보, 자본, 기술, 자원의 한계, 마케팅 시너지, 규모의 경제, 시장의 확대, 정보 인프라 구축의 용이성 등에 바탕을 두어야 한다고 주장한다(Oliver, 1990; Gulati et al, 2000; Jarillo, 1988; Gomes-Cassers, 1994; Gulati, 1995a; 1995b). 이와 관련하여 서문성 (2011)은 인천항이 공항과 개성공단 등과 연계하여 향후 부가가치 물류 창출의 가능성이 크다고 보고, 동아시아 항만으로서 네트워크 변화와 강화가 요구된다고 하였다. 안우철·임성연·안승범(2006)은 인천항을 외항과 내항으로 나누어 물류 애로사항을 파악하여 물류 네트워크 기지화로서의 보완점을 제시하였고, 윤호(2003)는 동북아 물류중심항으로서 인천항의 위상을 확인하여 인천항의 역할을 증대시켜야 한다고 주장하였다. 그리고 김병일·유홍성·서재환(2009)은 인천항의 물류 네트워크 경쟁력 분석을 통해 경쟁 항인 칭다오항, 톈진항, 다롄항 등에 비해 인천항의 물류 네트워크 서비스 수준이 부족하다고 지적하며 전략적 제휴와 합작을 고려해야 함을 피력하였다. 한편 추창엽(2003), 문광석·유홍성·김연성·이동원(2011)은 동북아 시대 인천항 컨테이너 부두 활성화 전략 연구를 통해 인천항 컨테이너 물류운송 실태 및 컨테이너 부두의 시설 현황과 개발 계획의 중요성을 다루었다.

둘째로, 포트 비즈니스 밸리Port Business Valley: PBV로서 인천항을 바라본 연구를 들 수 있다. 포트 비즈니스란 항만 클러스터port cluster와 비슷한 개념으로, 항만 및 배후부지라는 지리적 공간을 중심으로 화물 처리를 핵심 사업으로 하여 전·후방 연관 지원 사업 및 관련 기관 등을 네트워크화함으로써 항만을 이용하는 사람들에게 원스톱 서비스one stop service를 제공하는 것을 의미한다. 즉, 항만에서 관련한 업무를 일괄 처리하여 고객 만족을 추구하고 제공하는 집적체, 더 나아가서는 지역적 발전과 연계된 항만 및 배후부지를 포괄한다(김새로나, 2004; 한철환, 2002; Peter, 2002; Bird, 1980). 이와 관련해 로빈슨(Robinson, 1976)은 항만을 하나의 통합적인 운용 시스템으로 간주하여 기능 관계를 파악하였고, 버드(Bird, 1980)는 항만과 지역 간의 밀접한 관련성이 포트 비즈니스 밸리로서의 지역 발전을 도모한다고 하였다. 김운수·안우철(2012)은 그간 국내의 항만 클러스터 및 포트 비즈니스 연구가 상대적으로 부족했음을 지적하고 도시 전역에 분산·고립되어 있는 해운항만물류 관련 기능들의 선별적인 유치와 연계를 통해 기능별 거점과 최적 네트워크를 구축하고, 혁신 클러스터 구성 요소와 결합시켜 항만 클러스터의 집적도를 강화해야 한다고 주장하였다. 특히 인천항의 지리적 여건과 항만 클러스터로서의 잠재력이 풍부하다고 보고, 향후 인천항을 포트 비즈니스 밸리로 구상하여 전략적으로 수립해 나가야 한다고 하였다. 그리고 임영태·이미영·류재영(2009)은 우리나라 여건에 맞는 포트 비즈니스 밸리의 개념을 정립하여 해외 사례를 비교함으로써 인천항의 광역경제권 설정이 필요하다고 언급하면서 포트 비즈니스 밸리 조성을 위한 전략과 제도적 개선 방안을 제시하였다. 또한 김병일·조철호(2007)은 포트 비즈니스 밸리로서 내재된 항만 비즈니스 서비스 품질을 고객 만족과 관련하여 연구하였고, 이언경·장지선·길광수(2009)는 인천항의 포트 비즈니스 밸리 구조를 유형화하여 항만 배후단지에서 부가가치 창출을 유도할 수 있는 품목을 선정하여 시장 성장률의 증가를 도모하는 방안을 제시하였다.

셋째로, 항만의 개발·계획 및 항만 경쟁력과 연관한 연구로서, 윌링게일(Willingale, 1985)과 머피 외(Murphy, et al, 1988)는 항만 선택을 결정하는 주요 요인으로 항만시설과 장비, 항만 비용, 터미널 운영, 항만 입지, 시장 위치와 접근성 등을 꼽았으며, 이러한 선택 기준을 바탕으로 항만의 경쟁력을 산출해 내야 한다고 주장하였다. 더 나아가 김율성(2005), 린 외(Lirn, et al, 2003; 2004), 송동욱 · 여기태(Song & Yeo, 2004)는 항만 경쟁 요인을 보다 세부적으로 구성하여 항만의 지정학적 위치, 배후 경제 규모, 선석 스케줄 등의 서비스, 항만 마케팅 등도 주요하게 부각해야 함을 연구하였다. 세부적으로는 항만 마케팅 연구를 강조한 연구들도 있다(김홍섭, 1998; 정태원, 2003). 인천항 자체의 항만 경쟁력에 관한 연구로, 모수원(2004)은 대중국 수출을 중심으로 우리나라 주요 항만인 부산항, 인천항, 울산항의 위치를 살펴봄으로써 이들 3개 항만 중 중국 경기변동에 가장 큰 영향을 받는 곳은 인천항임을 밝혔다. 또한 박창호 · 강상곤(2007)은 인천항과 평택항만의 비교를 통해 상생하는 물류 협력체계 구축 방안을 통해 새로운 국제 물류 패턴의 변화에 부응할 수 있는 경쟁력 있는 항만으로 성장해야 한다고 주장하였다.

한편 주엘(Juhel, 2000)은 항만당국의 핵심 역할은 교역과 운송 시스템의 활성화, 민간 부문의 항만 서비스 제공을 위한 건전한 환경 조성, 정부와 민간 부문 사이의 완충 역할, 정부 정책의 조화, 항만 마케팅 촉진 등이 항만 개발과 계획으로 요구된다고 주장하였으며, 히버 외(Heaver, et al, 2001)는 항만공사와 컨테이너 터미널 주체 간 경쟁과 협력이 필요하며 이를 위해서는 글로벌 경영 및 인수합병, 합작투자도 이루어질 수 있다고 주장하였다. 또한 노테붐 & 윈켈만(Notteboom & Winkelmans, 2001)은 항만시장의 발 빠른 환경 변화로 인해 항만당국의 역할이 그 어느 때보다도 중요하다는 점을 피력하였다.

따라서 향후 인천항 역시 중국 경제 효과에 따른 항로 및 물류 네트워크의 변화, 항만 클러스터 및 포트 비즈니스 밸리 구축 필요성, 항만 간 경쟁 심화, 선사의 전용터미널 확보, 국제무역항으로서 시장성 강화 등의 측면에서 미래 방안에 대한 모색이 절실히 요구된다(정환호·고봉훈, 2009). 이러한 상황에서 해양수산부와 인천항만공사는 '함부르크항의 하펜시티 프로젝트'를 롤 모델로 하여 '인천항 종합발전계획 2030'을 발표하기에 이르렀다.

함부르크항의 하펜시티 프로젝트

독일의 함부르크Hamburg항은 수도 베를린에서 북서쪽으로 약 3백 킬로미터 떨어진 독일 제2의 도시 함부르크에 위치한 항구로서, 독일 최대 항만이자 북유럽의 다기능 관문항이다(〈그림 4〉). 총 74.25제곱킬로미터의 항만 구역에 약 3백여 개 선석으로 구성된 함부르크항은 유럽 전 지역 및 러시아를 연결하는 편리한 교통 시스템과 트

〈그림 4〉 함부르크의 하펜시티 프로젝트 위치도. 출처: 구글맵스(https://www.google.co.kr/maps).

력, 철도, 항공 등 다양한 운송수단을 이용한 복합운송체계를 구축하고 있다. 2015년 기준 연간 1.4억 톤(컨테이너 882만TEU)의 출항을 처리하여 연간 부가가치 20억 유로 및 고용 26만 명을 창출하고 있다(《ECONOMY Chosun》 2018년 10월 29일자). 이러한 결과는 함부르크항의 '하펜시티 프로젝트' 덕분으로 볼 수 있다. 2020년 현재 기준으로, 19년째 지속 중인 하펜시티 프로젝트는 유럽 최대의 도심 재개발사업으로, 노후화된 항만시설의 재개발을 도모하여, 옛 부두와 창고가 있던 내항 지역을 사무실, 호텔, 상점, 오피스빌딩과 주택 지역 등이 어우러지는 최첨단 복합도시로 탈바꿈하고자 계획한 것으로 2025~2030년까지 재개발하는 것을 골자로 하고 있다.[2] 이 프로젝트가 완성되면 함부르크 도심은 지금보다 40퍼센트 이상 커진다.

하펜시티 지역은 항구도시로서 최적의 지리 조건을 갖춘 곳으로 북해와 가까이 엘베강the Elbe river[3] 하구를 끼고 있다. 이러한 영향으로 과거부터 유럽의 동쪽과 서쪽을 연결하는 최대 교역항으로 이름이 높았고, 동유럽으로 향하는 물건들을 내리고 싣는 관문이었다. 이처럼 하펜시티는 자유무역항으로 쓰이던 곳이었으나, EU가 자유경제지역이 되면서 자유무역항의 경제적 중요성이 쇠퇴해 버렸고, 함부르크의 자유무역항 규모 역시 축소되었으며 하펜시티 지역도 규제에서 해제되었다. 결국 함부르크시가 점차 내륙으로 확장하면

---

2 2001년에 시작한 하펜시티 프로젝트는 7,000가구를 위한 거주지와 상업시설, 문화공간, 교육시설이 들어서는 것을 주요 사업으로 하고 있다. 2018년까지 57개 사업이 완료됐고, 53개는 계획 수립 중이다. 완료 시점(2025~2030년) 기준 민간자본 85억 유로와 공공자본 24억 유로, 총 109억 유로(14조 원)가 투입될 예정이다(《ECONOMY Chosun》 2018년 10월 29일자).
3 엘베강은 폴란드, 체코의 국경 지대에 있는 스테티 산지를 그 수원水源으로 하고 체코 북부, 독일 동부를 흘러 함부르크 부근에서 북해에 흘러드는 하천이다.

서 엘베강을 중심으로 도시가 단절되자 하펜시티 프로젝트라는 신
도시 개발을 통해 도심을 강변으로 옮겨 오고자 계획하게 되었다.

무엇보다 '하펜시티 프로젝트'는 역사성과 지역성을 모두 살리기
위해 고심하였다. 그 결과 새 건물을 짓는 게 아니라 기존의 건물을
개조해 사용하도록 한다는 결정이 이루어졌다. 이에 따라 방치된 보
일러실은 홍보센터로, 창고는 국제해양박물관·과학센터·콘서트홀
로 바뀌었다. 특히 커피 창고를 콘서트홀로 변경한 엘베강변의 '엘
프필하모니ElbPhilharmonie 콘서트홀'⁴은 대표적이다《그림 5》). 이 건축물
들은 하펜시티의 상징이 됐다. 여기에 마리나와 크루즈의 개발, 랜
드마크로서의 문화시설 건축 등을 더함으로써 국제도시로서 경쟁력

〈그림 5〉 하펜시티 엘베강변의 엘프필하모니. 출처: 정은혜(2018, 70).

---

4 엘프필하모니의 상층부는 물결치는 파도 실루엣을 본떴고, 주변은 모두 유리로 둘
러싸여 있다. 멀리서 보면 왕관 모양이 연상된다. 13년 동안 8억4900만 유로(약 1
조1100억 원)를 투자해 2018년 1월 일반인에게 처음 공개됐는데, 도시 경관을 바
꿔 놓으며 랜드마크로 부상한 이 건물은 '엘피'라는 애칭으로 불리고 있다(《한겨레》
2017년 7월 11일자).

을 높이며, 혼합용도 개발 및 단계적 개발로 도시의 통합과 지속성을 달성하고 있다.

하펜시티의 개발 원리와 도시구조 기본 개념은 다음과 같다. 첫째, 도심 중심부의 거주 기능을 강화한다는 점, 둘째, 소매업·교육·문화·오락·관광 등의 분야에서 다양하고 새로운 고용 기회를 창출하는 혼합용도를 개발한다는 점, 셋째, 육지와 바다가 만나는 항구의 전형적인 모습을 유지하면서 도시적 특징을 갖도록 설계한다는 점, 넷째, 공공 수변 공간을 위한 도시계획이 초점이 된다는 점, 다섯째, 민간이 참여한 하펜시티와 함부르크시가 가능한 밀접히 연결되어 시너지 효과를 극대화할 수 있도록 설계한다는 점, 마지막으로 하펜시티의 개발이 함부르크시의 지속가능한 미래까지 고려함으로써 생태적인 측면에서도 긍정적인 효과를 가져오도록 한다는 점 등은 큰 강점으로 작용하고 있다(박희정, 1994, 65). 이러한 개발 원리 및 도시구조 개념은 현재 하펜시티의 모습을 크게 바꾸고 있다. 즉, 사람들이 '떠나는 항구'에서 '모이는 항구'로 변화하였다.[5] 현재(2017), 3,275명의 시민이 거주하고 회사 730여 곳이 자리를 잡았는데, 향후 이 프로젝트가 완성되면 약 1만 4천 명이 거주하고 4만 5천 개 이상의 일자리가 만들어질 것으로 전망하고 있다(하펜시티 홈페이지, https://www.hafencity.com).

이 같은 '하펜시티 프로젝트'가 세계의 유사한 도시 수변 재개발 프로젝트와 구별되는 것은 바로 입지 조건에 있다. 함부르크 시청사, 중앙역, 주요 쇼핑센터 지역과 박물관, 극장 등이 모두 걸어서 몇

---

5 독일 통계청에 따르면 2017년 기준 함부르크 방문객의 숙박일 증가율(2007년 대비)은 86퍼센트로, 같은 기간의 수도 베를린(80퍼센트)을 넘어섰다(하펜시티 홈페이지).

분 거리 안에 있으며, 항구와 엘베강에 가까운 수변지역이라는 특징은 독특한 수변경관을 개발할 수 있는 기회가 되었다. 즉, 이러한 지리적 접근성과 환경은 인천항과 유사하게 접목할 수 있는 요인으로 작용하였다. 이는 인천항이 문화·역사지구로 선정된 인천 중구를 중심으로 한 월미관광특구[6]와 송도신도시[7]에 이르는 주변의 수변지역과 연계하여 발전 도모 가능성이 있다는 점에서 기저基底가 될 수 있었다. 결국 1883년 개항해 근대 서양문물을 가장 먼저 받아들인 인천 내항(특히 1·8부두)을 한국판 하펜시티로 개발하기로 결정하였고, 하펜시티 프로젝트는 '인천항 종합발전계획 2030'의 기본계획으로 적용되었다.

인천항 종합발전계획 2030 프로젝트

인천항의 물동량은 국내 항만 중 4위 수준으로 컨테이너 물동량 기록을 매년 갈아 치우며 비약적인 증가세를 이어 오고 있지만, 전체 물동량 증가율은 전국 평균치인 3.97퍼센트에 크게 못 미치고 있다. 이러한 실정에서 인천항은 새로운 미래 성장동력이자 모빌리티의 대안으로서 '인천항 종합발전계획 2030 프로젝트'를 계획했다《인천일보》 2016년 12월 29일자). 2016년 12월 27일, 해양수산부와 인천항만공

---

6 월미관광특구는 인천 중구 차이나타운을 중심으로 한 근대역사문화권, 월미도권, 신포국제시장권, 그리고 연안부두권으로 조성되어 개항지가 갖는 다양성과 이질성을 특성으로 한 관광 정책을 펼치고 있다(정은혜·손유찬, 2018).
7 영종도와 인천대교로 연결된 송도신도시는 인천 앞바다인 연수구 동춘동 일대를 매립해 조성한 대규모 단지로 인천의 경제자유구역 중 하나이다(김준우·안영진, 2006; 인천광역시, 2003).

사는 국제·문화·관광도시를 지향하는 인천시 미래 비전에 발맞춰 고부가가치 해양 문화공간을 확대하는 내용의 '인천항 종합발전계획 2030'을 발표했다. 인구 3백만 명을 넘으면서 서울, 부산에 이어 국내 제3의 도시로 올라선 인천은, 외형에 걸맞도록 속을 채우기 위해 새로운 미래 창출에 다각도의 노력을 기울여야 하는 상황에 놓인 것이다. 그러한 의미에서 이 프로젝트는 오랫동안 잃어버렸던 정체성 찾기, 즉 역사성과 지역성을 모두 살리고 마리나와 크루즈와 같은 해양관광 교통의 발달, 랜드마크로서의 문화시설 건축 등을 통해 세부적으로는 인천항에 대한 가치 재창조 사업과 해양 부문을 활성화시킬 필요성을 가진다. 따라서 '인천항 종합발전계획 2030'은 인천이 물류와 해양중심도시로 세계를 향해 도약할 수 있는 계기가 될 수 있을 것으로 보고 있다. 이러한 '인천항 종합발전계획 2030 프로젝트'는 다음의 세 가지 내용을 골자로 하여, 모빌리티 인프라스트럭처로서 재구상되고 있다.

첫째, 신항·남항·내항·북항의 네 공간으로 나뉘어 운영되고 있는 인천항의 항만별 특성을 고려하여, '인천항 종합발전계획 2030 프로젝트'는 항만 기능을 재정립하고 물류경쟁력을 강화한다는 계획이다. 먼저 신항에서는 선박 대형화 경향에 맞추어 항로 증심(수심 14→16미터) 준설작업을 하고, 컨테이너 전용 부두와 항만 배후단지를 단계적으로 공급할 예정이다. 장기적으로는 남항 컨테이너 부두를 신항으로 일원화하여 수도권 컨테이너 물류 허브로 육성한다. 그리고 남항에 위치한 석탄 등 분진성 화물을 취급하는 부두와 일부 컨테이너 부두를 이전하고 남은 시설은 자동차 물류단지, 해양산업 클러스터로 활용할 계획이다. 그리고 북항은 항로 증심(수심 12→14미터)을 통해 제철·목재 가공 등 배후 산업 물류 지원 기능을

〈그림 6〉 내항 단계별 부두 기능 전환 구상도. 출처: 해양수산부(2016, 8).

강화시킬 계획이다(구현모, 2017, 68; 인천광역시공식블로그, https://blog.naver.com/incheontogi).

　무엇보다 내항의 변화가 크다. 하펜시티 프로젝트가 단계별로 개발된다는 원리를 적용하여, 내항 역시 단계별 부두 기능을 전환할 계획을 가진다(〈그림 6〉). 내항의 경우, 유휴 항만시설을 효율적으로 활용하고 배후 원도심과 연계된 시민 친화 공간을 제공하기 위해, 1단계로 내항 1·8부두를 친수 공간으로 만들어 달라는 주민들의 요구를 수용하여 수변 산책로 공간, 청년창업 일자리를 생성하는 창작 공간, 4차 산업혁명을 주도할 수 있는 스마트 혁신 공간을 형성한다. 특히 내항 8부두 내 기둥과 벽이 없는 단일 공간으로서는 아시아 최대 규모인 폐곡물창고[8] 부지에 인천항의 랜드마크가 될 수 있는 '상상플랫폼'을 만들겠다는 목표를 세웠다(〈그림 7〉). 즉, 낡고 단절된 곡물창고를 문화·역사·자연을 감상할 수 있는 개방형 공간을 만듦으

8　내항 8부두의 폐곡물창고는 1978년 건립되었는데, 길이 270미터, 폭 45미터, 전체 넓이 1만 2,150제곱미터 규모로 기둥과 내벽이 없는 단일 창고로는 아시아 최대 규모를 자랑했다. 하지만 항만 재개발계획에 따라 2016년 4월 폐쇄됐다.

〈그림 7〉 내항 8부두 내 상상플랫폼 사업 부지 위치(좌)와 이곳에 조성하는 상상플랫폼 조감도(우). 출처: 카카오맵(https://map.kakao.com)을 필자가 재구성(좌), 인천광역시 공식 블로그(https://blog.naver.com/incheontogi)(우).

로써 이 공간에서 최첨단 문화 콘텐츠를 즐기고 창의성·상상력을 발현하며 청년들이 미래를 설계할 수 있도록 변화시키겠다는 방침이다.[9] 1단계가 이루어짐과 동시에 2단계로 내항 물동량 감소에 따라 시설물들을 종합적으로 고려하여 내항 운영사를 통합·연계하고, 컨테이너 화물 처리를 위한 적정 규모의 부두로 운영하는 것을 검토하기로 결정하였다. 마지막으로 내항의 전반적인 물동량이 일정 수준 이하로 내려가지 않도록 잡화와 철재 등의 물동량을 유지하도록 하는 한편, 양곡이나 유류 등 배후 산업시설과 연계되는 시설은 이전 가능성을 열어 두고 개발을 진전시키겠다는 방안을 내놓았다. 그리고 이를 월미관광특구와 연결하여 인천항과 도심을 연결하는 하나의 큰 문화관광 명소로 조성함으로써 역사와 문화, 그리고 교통과 경제가 융합된 도시 관광의 거점이자 국제무역항으로서 변화하겠다

---

9 상상플랫폼은 지하1층, 지상2층짜리 전용면적 1만4194제곱미터 규모의 복합문화 공간cultureplex으로 꾸며질 계획이다. 이 중 전용면적 4,774제곱미터(33.6퍼센트)는 인천 시민들이 이용하는 공공 기능 공간으로 조성되고 나머지 전용면적 9420제곱미터(66.4퍼센트)에는 연간 약 300만 명의 관광객을 불러들일 수 있는 문화·관광·쇼핑 관련 시설이 들어선다(《시사저널》 2018년 9월 14일자).

고 밝혔다.

둘째, '인천항 종합발전계획 2030 프로젝트'는 인천 연안을 잇는 '해양관광벨트'를 구축하고, 인천공항, 크루즈 및 국제카페리터미널과 연계하여 국제적인 해양관광 명소로 만든다는 내용을 담고 있다. 특히 인천시는 영종도와 내항, 송도국제도시의 해안선을 잇는 문화 공간을 창출해 세계적인 해양관광벨트를 조성하겠다고 하였는데, 여기에는 '인천공항 – 영종도 – 경인항 – 내항 – 남항 – 송도국제도시' 등 6개의 거점이 포함된다〈그림 8〉). 인천시는 이를 위해 거점별 기본계획을 수립해 선도사업과 중·장기사업으로 구분해 2035년까지 29개 사업을 단계별로 추진하겠다고 밝혔다《파이낸셜 뉴스》 2018년 9월 5일자). 이 사업을 통해 선박의 대형화가 현실화된다.

예로, '해양관광벨트'와 관련하여 남항에서 송도신도시에 이르는 구간에 크루즈와 카페리 등이 접안하는 송도 신국제여객터미널과 그 배후부지에 복합관광단지를 짓는 이른바 '골든 하버 프로젝트golden harbor project'를 통해 22만 톤급 크루즈 전용 부두, 국제카페리터미널과 복합쇼핑몰 등을 입주시키고, 영종 매립지를 호텔, 리조트, 쇼핑몰, 연구소 등 관광·레저·공공 기능이 조화된 국제적인 해양 수변 공간으로 재개발한다. 이곳은 인천항 국제터미널과 매우 가

〈그림 8〉 국제도시를 선도하는 인천 해양관광벨트. 출처: 정은혜(2018, 72)를 재구성.

까워 연 3백만 명이 방문할 것으로 기대를 모으고 있으며, 특히 크루즈 터미널 건설을 통해 인천항은 한국을 대표하는 크루즈 모항지·기항지로서, 해양관광항으로서, 그리고 모빌리티 인프라스트럭처로서 자리매김할 수 있을 것으로 전망된다(구현모, 2017, 69; 이인애, 2017, 29).

셋째, '인천항 종합발전계획 2030 프로젝트'는 '항만도시로서 새로운 상생 모델을 제시'하는 내용을 포함한다. 2030년까지 여의도 면적의 약 4.7배(준설토 투기장 총 면적 1,366만제곱미터)에 달하는 토지가 이곳에 새로 생긴다. 이 토지를 항만배후단지 건설뿐만 아니라 도시 기능과 연계한 신산업 및 해양·항만 분야 첨단산업 연구 개발 공간 조성에도 활용하여 미래 성장동력으로 육성해 나간다는 계획이다. 특히 수도권과 인접한 장점을 살려 산학연계형 혁신 신생 사업체 지원 기지, 청년창업 공간 등을 조성하여 양질의 일자리를 만들기 위한 기회도 제공한다. 여기에 항만 이용 차량이 직접 간선도로로 진입할 수 있도록 신항과 제2외곽순환고속도로를 연결하는 나들목을 신설하고 교차로를 입체화하는 등의 도로망 정비를 확충한다는 내용을 가지고 있다. 또한 신항에는 화물철도, 남항에는 도시철도(인천 1호선 연장) 등 항만 특성에 맞는 다양한 배후 교통망을 도입하는 방안도 검토한다. 아울러 친환경 연료인 액화천연가스LNG 공급 서비스를 도입하고, 신재생에너지 확대 등 저탄소 친환경 항만 정책을 적극 추진할 뿐만 아니라 미세먼지나 소음 등 환경오염 실태를 조사하여 항만 환경 관리 대책도 마련하겠다고 발표하였다(해양수산부, 2016; 정은혜, 2018; 노선호, 2018b). 이미 친환경 항만의 필요성을 공감하여 연안 여객터미널에는 '선박 육상전원공급시설Alternative Maritime

Power: AMP[10]'을 설치해 운영하고 있으며(한국해사문제연구소, 2016), 'LNG 콜드 클러스터 조성사업'이 진행 중에 있어 급증하는 냉동·냉장화물 수요에 대해 친환경적으로 대비하고 있다(한국정책학회, 2018).

이처럼 인천항은 본격적인 외항 시대를 맞아 여러 가지 청사진을 포함한 준비가 한창이다. 정리하자면, '인천항 종합발전계획 2030 프로젝트'는 인천항의 항만물류 기능을 재편하고, 국제·문화·관광도시를 지향하는 인천시 미래 비전을 선보이며, 도시 상생을 도모함으로써 모빌리티 인프라스트럭처로서 구상되는 내용을 담고 있다〈표 1〉. 이는 향후 고부가가치 해양문화공간을 확대해 나감과 동시에 적지 않은 경제적 파급 효과를 일으킬 것으로 예상되며, 국제무역항으로서 확고한 기반을 다지는 기초 작업이 될 것으로 전망한다. 앞으로 이어질 10여 년간의 장기 계획에는 재정 1조 5천억 원을 비롯해 민

〈표 1〉 인천항 종합발전계획 2030 프로젝트 정리: 3단계 세부 추진 전략

1	항만별 기능 재정립을 통한 경쟁력 강화 및 특성화	신항: 컨테이너 중심 수도권 물류 허브 육성 내항: 단계별 부두 기능 전환 남항: 자동차 허브 등 새로운 성장동력 거점화 북항: 항만 기능 고도화 및 배후 지원시설 확충
2	국제도시를 선도하는 해양관광벨트 구축	역사와 문화가 융합된 도시 관광 중심의 내항 재개발 新국제여객부두 해양관광벨트 핵심 거점화 항만시설을 활용한 다양한 해양관광 인프라 확충
3	도시와의 상생 발전을 구현하는 항만 공간 조성	수도권 내 대규모 부지 공급 및 활용 다각화 배후 교통망 확충을 통한 도시 교통 간섭 최소화 저탄소, 친환경 Eco-Hub 항만 구축

출처: 해양수산부(2016, 6)를 필자가 재구성.

---

10 선박 육상전원공급시설AMP이란 항만 내에 선박이 정박할 때 배에서 필요로 하는 필수 전력을 육상에서 공급하는 것을 말한다. 기존의 화석연료를 땐 선박 내 발전기를 가동하여 전기를 공급하는 방식보다 선박 운용비용 및 대기오염 물질 배출을 현저히 줄일 수 있다.

자 6조 9천억 원, 지방자치단체 6천억 원 등 총 9조 원이 투입된다는 해수부의 설명도 있다. 투자액을 분야별로 살펴보면 항만물류 2조 4천억 원, 해양관광 5조 9천억 원, 도시 상생 7천억 원인데, 이로 인한 파급효과는 생산 유발 21조 1천억 원, 부가가치 유발 6조7천억 원, 그리고 취업 유발은 약 13만 명이 될 것으로 추산한다(구현모, 2017). 여기에 4·27 남북정상회담과 판문점선언으로 남북경제협력 재개에 대한 기대도 무시할 수 없는 변수다(노선호, 2018b).[11] 특히 인천 내항은 2005~2010년간 남북 교류의 중심항이었기에 앞으로의 기대감은 클 수밖에 없다. 물론 인천항이 남북 바닷길로서, 그리고 글로벌 거점항만으로 재도약하기 위해 수많은 파고波高를 넘어야 하겠지만, 인천시와 인천항만공사, 물류항만 업계와 시민단체까지 힘을 합치고 있는 상황으로 보면, 국제무역항으로서 그리고 모빌리티 인프라스트럭처로서의 인천항은 커다란 잠재력이 있다고 판단된다.

인천항의 미래와 과제

복합 기능을 가진 수도권 산업항으로서 인천항의 존재 가치는 여전히 높다. 즉, 수도권 관문항으로서, 그리고 미래의 환황해권 해운 물류를 주도해 나갈 중심항만으로서의 존재 가치를 지닌다. 무엇보

---

11 판문점선언 이후 남북경제협력과 신경제지도 구상은 크게 목포-인천-개성-해주-신의주-중국 다롄을 엮는 '환서해벨트'와 부산-포항-속초-원산-나진 및 선봉-러시아 블라디보스톡을 엮는 '환동해벨트', 그리고 인천-금강산을 엮는 'DMZ평화벨트'로 구성된다. 그중 환서해벨트의 물류에 있어 인천항은 중요 거점이 될 수밖에 없는데 이미 2002년부터 2011년까지 인천과 남포를 연결하는 항로는 남북 경협의 중추를 담당했었고 향후 인천과 해주를 연결하는 항로가 신설될 것임을 감안한다면 인천항의 역할은 더욱 커질 것으로 보인다(노선호, 2018a, 58).

다 주목할 것은 동북아 국가들과의 교역 증대, 그리고 신남북시대를 맞이해 모빌리티 인프라스트럭처로서 인천항의 역할이다. 국가 경제의 비약적인 발전과 함께 북방정책 추진에 따른 동북아·북한과의 교역량 증대로 서해안 시대의 도래가 재촉되고 있으며, 이로 인해 서해안에 위치한 항만의 중요성은 한층 고조되고 있다. 그중에서도 수도권의 관문인 인천항은 군사적 요충항만의 성격과 함께 서해안 시대의 중추적 항만으로서 대륙 진출을 위한 국제교역항 역할이 커지고 있다. 현재 중국과의 교역이 직접교역으로 바뀌면서 교역량이 지속적으로 증가하고 있고, 기타 아세안ASEAN 국가들과의 교역도 이와 비슷한 추세에 있다. 또한 남북경제협력을 통해 향후 인천과 남포 간 상업항로가 재개설되고 이를 통해 산업협력단지가 조성될 가능성도 배제할 수 없다. 하지만 오늘날 인천항의 위기감은 급격한 대외적 환경 변화, 즉 중국의 경제적 성장 효과에 따른 항로 및 물류 네트워크의 변화, 항만 클러스터 및 포트 비즈니스 밸리로서의 내재된 요인, 항만 간의 경쟁력 심화 등에 기인하고 있으나, 보다 근본적으로는 미래에 대한 내부적인 자신감 결여와 초조함도 배제할 수 없는 원인이라 할 수 있다(길광수, 2001; 이정순·주경식, 2006).

이에 미래의 기회 점유 경쟁에서 인천항이 상대적 우위를 확보할 수 있도록 인천은 '하펜시티 프로젝트'를 연계해 '인천항 종합발전계획 2030'을 발표한 상태이다. 이를 통해 인천항은 국제무역항으로서 성장하고 모빌리티 인프라스트럭처로서 탄탄한 기반을 다지기 위해 항만별 기능 재정립, 해양관광벨트 핵심 건설, 항만배후단지 조성, 그리고 저탄소·친환경 항만 구축 등을 재조정할 것으로 보인다. 즉, 신항·남항·북항·내항 등 항만별 기능 재정립으로 물류경쟁력을 강화한다는 계획 하에 신항은 컨테이너 부두 개발로, 남항은 자동차 허브 등 새로운 성장동력 거점화로, 북항은 항만 기능 고도화 및 배후 지원시설 확충을 위한 북항 항만배후단지 조성과 항로 중심 준설로 변모가 이루어지고 있다. 특히 내항은 단계별로 부두 기능을 전환하여 복합문화공간으로 바꾸어 나가고 있다. 이와 함께 세계적인 해양관광벨트 구축을 위해 인천공항-영종도-경인항-내항-남항-송도국제도시 등 인천 해안선을 잇는 관광벨트를 연결하는 여객 부두를 건설하고 있다. 이 부두는 대형 크루즈 부두 및 전용터미널을 구축한 해양관광벨트의 거점 시설로서, 선박의 대형화를 이루기 위한 발판을 마련한다. 여기에 항만-배후도시 상생 방안으로 여의도 면적의 약 4.7배에 달하는 준설토 투기장에 2030년까지 배후단지 건설뿐만 아니라 도시 기능과 연계한 신산업 및 해양·항만 첨단산업 연구 개발 공간을 만들고 도로망 정비와 친환경 항만 정책도 동시에 이루어질 예정이다.

이처럼 인천항의 미래를 위해 국제무역항으로서의 능력을 제고시키고자 '하펜시티 프로젝트'를 기저로 수립한 '인천항 종합발전계획 2030 프로젝트'는 중요한 시점에 놓여 있다. 사회기술적 시스템을 지니는 모빌리티 인프라스트럭처로서 인천항은 다음과 같은 미래 발전 방안이 요구된다. 첫째, 인천항의 역할과 잠재력을 국제화 시대에 제대로 적용하려면 단지 화물 교역 창구에 머물러서는 안 된다. 이 프로젝트를 통해 인천항은 단순한 생산과 유통 기능을 넘어서 포트 비즈니스 밸리로서의 면모를 높이고, 역사성과 지역성을 모두 살려 국제항으로서 혼합 용도 개발 및 단계적 개발로, 모빌리티 도시로서의 통합과 지속성을 달성해야 한다. 그리고 이러한 경제적 기반을 바탕으로 문화·관광적 효율을 높임과 동시에 환경적 정책도 수반되어야 한다.

둘째, 개발 및 정책 관리, 그리고 실천에 있어서도 시와 주민이 함께 적극적으로 참여하는 공간으로 나아가야 한다. 현재 인천시, 인천항만공사, 물류항만 업계와 시민단체까지 힘을 합치고 있기는 하지만 기존의 국가 주도 사업과 달리 스스로의 지역정체성을 회복하려면 그간 인천이 지녔던 타자지향성을 극복해 나감으로써 보다 차별성을 가져야 한다. 게다가 인천은 여전히 서울을 향한 종속성이 내재되어 있음을 부인할 수 없다. 일반적으로 항만 프로젝트에 대한 도시관리주의적 관점, 도시사업주의적 관점은 그 비중이 국가나 시 중심으로 치중되는 경향이 적지 않다(Ball and Maginn, 2005). 그런 의미에서 인천항 종합발전계획 2030 프로젝트가 단계별로 잘 추진될 수 있도록 시민의 적극적인 개입이 필요하다. 즉, 현재 해양수산부와 인천항만공사를 주축으로 진행되는 이 프로젝트를 독립적인 항만계획의 수립 및 추진, 그리고 도시계획과 병행하도록 하되 추후 계획의 관리와 실천에 있어서는 자치단체나 그 관계자가 공동으로 참여하도록 설치·운용할 것을 제안한다. 그리고 보다 장기적으로는 항만관리권을 자치단체가 가질 수 있도록 권한의 지방 이양도 고려되면 좋을 것이다.

셋째, 지속가능한 발전을 통해 항만도시로서 새로운 상생 모델을 제시한다는 측면은 고무적이다. 다시 말해, 항만배후단지의 환경적 건설을 도모하고, 도시 기능과 연계한 신산업 및 해양·항만 분야의 첨단산업 연구단지 등을 조성하여, 저탄소 친환경 항만정책을 추진하겠다는 계획은 긍정적으로 여겨진다. 그러나 배후 교통망 확충과 환경정책 간에 다소 이질감이 공존하는 것도 사실이다. 그나마 친환경 항만의 필요성을 공감하고 있다는 점은 다행이지만 이에 관한 문제는 지속가능성의 관점에서 계속 지켜봐야 할 것이다.

한편, 높은 모빌리티의 가능성을 지닌 인천항을 설명하기 위해 '인천항 종합발전계획 2030 프로젝트'를 소개하는 데에 집중할 수밖에 없음은 한계일 것이다. 하지만 향후 이 프로젝트가 어떠한 과정을 거쳐 어떠한 모습으로 재단장될지에 대한 지속적인 관심을 유발할 수 있다는 점에서 이 글의 가치가 있다. 따라서 '인천항 종합발전계획 2030 프로젝트'가 함부르크항의 '하펜시티 프로젝트'를 맹목적으로 학습하는 것에 그치지 않고 면밀한 연구적 검토와 주체적 비판을 거쳐 인천만의 사업으로서 보다 효율적이고 지속가능한 발전으로 나아가길 바라 마지 않는다.

참고문헌

인천광역시,《인천경제자유구역 개발계획》, 2003.

인천항만공사HPA,《사진으로 보는 인천항, 엑스커뮤니케이션》. 2007,

_____,《인천항 미래 100년의 항로를 그리다(vol 01): 歷史로 읽는 인천항만 공사 10년사》, 분도출판사, 2015a.

_____,《인천항 미래 100년의 항로를 그리다(vol 02): 時間으로 읽는 인천항 만공사 10년사》, 분도출판사, 2015b.

_____,《인천항사》, 국제문화사, 2008.

임영태 · 이미영 · 류재영,《글로벌 통합물류체계 연결을 위한 Port Biz Valley 구 축방안 연구》, 국토연구원, 2009.

정은혜 · 손유찬,《지리학자의 국토읽기》, 푸른길, 2018.

한철환,《Port Cluster 구축 및 효과에 관한 연구》, 한국해양수산개발원, 2002,

구현모,〈인천항 2030년까지 컨 400만teu, 관광객 180만 명 목표〉,《해양한국》 2017(2), 2017, 68~69쪽.

길광수,〈인천항 비전 21 개요와 주요 추진계획〉,《월간 해양수산》 204, 2001, 40~53쪽.

김병일 · 유홍성 · 서재환,〈인천항의 물류네트워크 경쟁력 분석에 관한 연구〉, 《한국항만경제학회지》 25(2), 2009, 177~200쪽.

김병일 · 조철호,〈항만서비스품질이 고객만족에 미치는 영향 및 사후행동에 관 한 연구〉,《해운물류연구》 54(54), 2007, 73~97쪽.

김새로나,〈항만클러스터 구축에 영향을 미치는 요인에 관한 연구〉, 중앙대학교 박사학위논문, 2004.

김운수 · 안우철,〈인천항 포트 비즈니스 밸리 전략수립에 관한 연구〉,《한국항만 경제학회지》 28(2), 2012, 1~27쪽.

김율성,〈컨테이너 선사의 항만선택 결정모형에 관한 연구〉, 한국해양대학교 박 사학위논문, 2005.

김준우 · 안영진,〈한국 경제자유구역의 개발 배경과 동인 – 인천 송도 경제자유구역을 중심으로〉,《한국도시지리학회지》8(3), 2006, 79~87쪽.

김천권, 〈인천 송도경제자유구역의 초국적 도시조성을 위한 SWOT 분석〉,《한국
　　도시지리학회지》11(2), 2008, 59~74쪽.

김홍섭, 〈녹색항만의 구축과 활성화 방안 - 인천항의 사례를 중심으로〉.《한국항
　　만경제학회지》34(4), 2018, 161~180쪽.

_____, 〈항만서비스의 마케팅믹스전략 구축방안〉,《제13차 항만경제학회 국
　　제학술발표》14, 1998.

노선호, 〈북한 경제활성화 대비, 인천항 환적기지 육성〉,《해양한국》2018(6),
　　2018a, 56~59쪽.

_____, 〈인천항, 올 컨물동량 33만 teu 목표〉,《해양한국》2018(2), 2018b,
　　72~73쪽.

모수원, 〈국내 주요항만의 위치변화〉,《해운물류연구》43(43), 2004, 17~32쪽.

문광석 · 유홍성 · 김연성 · 이동원, 〈국제여객터미널의 컨테이너화물 기종점 분
　　석 - 인천항을 중심으로〉,《한국항만경제학회지》27(2), 2011, 195~215쪽.

박선미, 〈인천의 장소 만들기 정책에 대한 비판적 고찰〉,《한국도시지리학회지》
　　10(3), 2007, 13~25쪽.

박창호 · 강상곤, 〈인천 · 평택항만의 물류협력체계 구축방안〉,《한국경영학회 통
　　합학술발표논문집》, 2007, 1~13쪽.

박희정, 〈항만과 인천〉,《황해문화》3, 1994, 58~73쪽.

서문성, 〈인천항의 동북아시아 및 수도권 물류 복합화 네트워크화 중심지 전략에
　　관한 연구〉,《한국항만경제학회지》27(4), 2011, 291~311쪽.

손승호, 〈인천시 공간상호작용의 변화에 따른 기능지역의 재구조화〉,《한국도시
　　지리학회지》14(13), 2011, 87~99쪽.

안우철 · 임성연 · 안승범, 〈인천항 물류애로요인 분석에 관한 연구 - 컨테이너 화
　　물을 중심으로〉,《로지스틱스연구》14(2), 2006, 65~90쪽.

윤호, 〈동북아 물류중심항으로서 인천항의 역할〉,《물류학회지》12(1), 2005,
　　109~127쪽.

이언경 · 장지선 · 길광수, 〈부가가치 창출을 위한 항만 배후단지 유치품목 선정
　　연구〉,《해운물류연구》25(3), 2009, 639~663쪽.

이인해, 〈인천항, 환서해권 물류허브 해양관광의 메카 거듭나〉,《해양한국》
　　2017(5), 2017, 28~29쪽.

이정순 · 주경식, 〈우리나라 항만체계 발달과정〉, 《한국도시지리학회지》 9(2), 2006, 89~100쪽.

정은혜, 〈평생 처음 보는 아름다운 항구, 인천항〉, 《해양수산부 전문매거진 海島地》 2018 겨울호(2), 2018, 54~73쪽.

정태원, 〈부산항 컨테이너터미널 마케팅 전략에 관한 연구〉, 《대한교통학회지》 23(6), 2003, 31~40쪽.

정환호 · 고봉훈, 〈인천항 이용 만족에 따른 경쟁력에 관한 실증 연구〉, 《한국항만경제학회지》 25(3), 2009, 183~206쪽.

추창엽, 〈동북아시대 인천항 컨테이너부두 활성화 전략에 관한 연구〉, 《물류학회지》 13(1), 2010, 27~47쪽.

한국정책학회, 〈인천항의 스마트 에너지 추진 현황〉, 《한국정책학회 동계학술발표논문집》, 2018, 1002~1009쪽.

한국해사문제연구소, 〈인천항, 정박 여객선 전기 사용: 친환경 항만 - IPA, 연안여객터미널에 전력공급시설 설치〉, 《해양한국》 2016(8), 2016, 102쪽.

해양수산부, 〈인천항 미래전략, 도시와의 동반성장에서 찾다. 인천항 비전 2030: 도시와 함께 발전하는 물류 · 해양관광 거점항만〉, 《해양수산부 항만정책과 보도자료집》, 2016, 1~15쪽.

홍근 · 전경수, 〈환황해권 물류중심 항만을 위한 인천항의 현황 및 개발계획〉, 《대한토목학회지》 54(9), 2006, 38~44쪽.

황진회, 〈한반도 동북아 물류 허브화를 위한 인천항과 개성공단의 역할〉, 《남북물류포럼 학술대회 자료집》, 2007, 83~116쪽.

《ECONOMY Chosun》, 2018년 10월 29일자, 〈유럽 최대 도심 재개발 '하펜시티 프로젝트': 157만㎡ 낡은 항구를 첨단복합도시로 50년간 개발 중〉.

〈KBS 뉴스〉, 2019년 1월 9일자, 〈100년 인천 내항…'해양관광특구' 재개발〉.

《교통신문》, 2018년 9월 18일자, 〈인천 북항 고도화 프로젝트 개시〉.

《문화일보》, 2019년 3월 7일자, 〈인천내항을 한국판 하펜시티로: 市, KCAP와 1 · 8부두 업무 협약〉.

《시사저널》, 2018년 9월 14일자, 〈인천항 상상플랫폼 '전용면적 34%' 인천시민 공간〉.

《인천일보》, 2016년 12월 29일자, 〈인천항 종합발전계획 적극적인 관심을〉.

《인천일보》, 2017년 8월 4일자, 〈해수부 내항 · 영종도매립지 개발, 1만9000명 일자리 창출〉.
《파이낸셜 뉴스》, 2018년 9월 5일자, 〈인천 해안선 잇는 세계적 해양관광벨트 구축〉.
《한겨레》, 2017년 7월 11일자, 〈엘프필하모니와 한강 개발〉.

Ball, M., and Maginn, P. J., "Urban Change and Conflict: Evaluating the Role of Partnership in Urban Regeneration in the UK", *Housing Studies* 20(1), 2005, pp. 9-28.

Bird, J., "Seaports as a subset of gateways for regions: a research survey", *Progress in Human Geography* 4, 1980, pp. 360-370.

Gomes-Casseres, B., "Group versus Group: How Alliance Networks Compete", *Harvard Business Review*, 1994, pp. 97-102.

Gulati, R., "Network Location and Learning: The Influence of Network Resources and Firm Capabilities on Alliance Formation", *Strategic Management Journal*, 1995a, pp. 397-420.

    , "Social Structure and Alliance Formation Pattern: A Longitudinal Analysis", *Administrative Science Quarterly* 40, 1995b, pp. 619-642.

Gulati, R., Nohria, N., and Zaheer, A., "Strategic Network", *Strategic Management Journal* 21, 2000, pp. 203-215.

Harrigan, K. R., "Joint Ventures and Competitive Strategy", *Strategic Management Journal* 9(2), 1998, pp. 141-158.

Heaver, T., Meersman, H, and Van de Voorde, E., "Co-operation and Competition in International Container Transport: Strategies for Ports", *Maritime Policy and Management* 28(3), 2001, pp. 293-306.

Hughes, T., *Networks of Power: Electric in Western Society, 1880-1930*, Baltimore: Johns Hopkins University Press, 1983.

Jarillo, J. C., "On Strategic Networks", *Strategic Management Journal* 9(1), 1998, pp. 31-41.

Juhel, M. H., "Globalisation and partnerships in ports: Trends for the 21st century", *Port and Harbours* 45(5), 2000, pp. 9-14.

Lirn, T. C., Thanopoulou, H. A., and Beresford, A. K. C., "An Application of

AHP on Transshipment Port Selection: A Global Perspective", *Maritime Economics &Logistics* 6, 2004, pp. 70-91.

_____, "Transshipment Port Selection and Decision-making Behaviour: Anyalysing the Taiwanese Case", *International Journal of Logistics: Research and Application* 6(4), 2003, pp. 229-244.

Murphy, P. R., Dalenberg, D. R., and Daley, J. M., "A Contemporary Perspective of International Port Operations", *Transportation Journal* 28(2), 1988. pp. 23-32.

Notteboom, T. E. and Winkelmans, W., "Structural Changes in Logistics: How will Port Authorities Face the Challenge?", *Maritime Policy and Management* 28(1), 2001, pp. 71-89.

Oliver, C., "Determinants of Interorganizational Relationships: Integration and Future Directions", *Academy of Management Review* 15(2), 1990, pp. 241-265.

Peter, H. J., "Structural Changes in International Trade and Transport Markets: The Importance of Logistics", *The 2nd KMI International Symposium*, 1990, pp. 151-189.

Peter, W. L., "Clustering and Performance: the case of Maritime Clustering in the Netherlands", *Maritime Policy and Management* 29(3), 2002, pp. 209-221.

Robin, R., "Modelling the port as an operational system: A perspective for research", *Economic Geography* 52, 1976, pp. 70-86.

Song, D. W. and Yeo, K. T., "A Competitive Analysis of Chinese Container Ports Using the Analytic Hierarchy Process", *Maritime Economics & Logistics* 6(1), 2004, pp. 34-52.

Willingale, M. C., "The Port Routing Behavior of Short Sea Ship Operator: Theory and Practice", *Maritime Policy and management* 8, 1982, pp. 109-120.

구글맵스, https://www.google.co.kr/maps
산업통상자원부 공식블로그, https://blog.naver.com/mocienews

인천광역시 공식블로그, https://blog.naver.com/incheontogi
인천항만공사, https://www.icpa.or.kr
카카오맵, https://map.kakao.com
하펜시티 홈페이지, https://www.hafencity.com

2부

이주 인프라스트럭처와
인간 생태계의 재구성

이주 중개인을 통해서 본 이주 인프라의
형성 과정

고민경 · 백일순

이 글은 《한국지역지리학회지》25(2), 2019,에 게재된 원고를 수정 및 보완하여 재수록한 것이다. 이 글은 2017년도 정부재원(교육부)으로 한국연구재단 한국사회과학연구사업(SSK)의 지원을 받아 연구되었다(NRF—2017S1A3A2066514).

이주와 중개인

국제이주기구IOM 사무총장인 윌리엄 스윙William Swing은 전 세계 인구 7명 중 1명이 이주자인 현실을 지적하면서 "이주는 21세기 메가트렌드"라는 말을 공식석상에서 자주 한다. 이처럼 전 세계적으로 이주자가 지속적으로 증가하고 흔한 현상이 되고 있는 지금, 역설적으로 이주, 특히 노동이주는 "쉬워지고 어려워지고 있다"(Xiang and Lindquist, 2014, S148). 누구나 자유롭게 여권을 가질 수 있고 해외 취업에 합법적으로 접근할 수 있으며, 이주를 위한 이동 역시 각종 기술에 힘입어 더욱 빨라지고 안전해지고 있다. 동시에 이주에 필요한 절차와 서류 준비는 점점 복잡해지고 이에 따른 규제가 강화되고 있다. 이와 같은 이주의 역설적 상황은, 법적·제도적 이주 접근성은 증가하고 있지만 개개인이 이주를 모두 준비하기 어려워 중개인과 중개업이 제공하는 서비스에 의존할 수밖에 없음을 의미한다.

이주에 '중개'가 필요하다는 말은 매우 어색하게 들릴 수 있다. 일반적으로 이주는 "국경을 넘었거나 혹은 특정 국가 내에서 사람이나 집단이 이동"하는 것, 즉 인구 이동을 의미하기 때문이다(국제이주기구, 2011). 그러나 넓은 의미에서 이동은 조력자와 같은 중개인의 개입을 필요로 한다. 예를 들어 라투르Bruno Latour는 "비행은 공항, 비행기, 발사대, 티켓 카운터를 포함하는 개체들의 전체 연합의 자산이다. B-52기종이 비행하는 것이 아니라, 미국 공군이 비행하는 것이다"라고 비행을 개념화했다(Latour1999, 182). 이를 따라 샹Biao Xiang과 린드퀴스트Johan Lindquist는 "이주를 하는 것은 이주자가 아니라 이주자와-비이주자, 인간과 비인간 행위자의 무리이다"라고 이주를 재개념화한다(Xiang and Lindquist, 2014, S124). 이들에 따르면 이주는 한곳에서 다른 곳으로의 인구 이동이라는 기본 개념을 넘어서서 이주 중 개인을 비롯한 다른 행위자에 의해 이주자가 이동을 '당하는' 행위로 해석할 수 있다. 예를 들어 조선족의 경우, 한중수교 수립 이후 독립유공자 후손이나 이산가족과 같은 제한적 이주만 허용되었으나, 이후 국내 노동력 부족을 해결하기 위해 노동이주가 전면적으로 확대되었다. 이 과정에서 취업관리제, 방문취업제 실시 및 재외동포비자 발급 등의 관련 제도가 바뀌었으며, 이에 따라 이주는 점차 이주자 개인의 의지와 능력뿐 아니라 보다 쉽고 빠르며 안정적으로 비자를 취득할 수 있도록 돕는 중개인이 개입하는 과정이 되었다. 달리말하면 이주 중개인은 이주자의 이동을 조건 짓는다.

이와 같은 중개의 역할을 강조하는 이주의 재개념화는 "이주 인프라"라는 새로운 이론의 등장으로 연결된다. 이주 인프라 이론은 최근 아시아 내 이주 중개인이 급증하고 이주의 과정이 복잡해지고 있는 상황을 설명하기에 유용하다. 보편적으로 인프라는 사회간접자본과 같이 사회의 운용을 위해 필요한 기본 물리적·조직적 구조와 시설, 즉 "공간을 넘어 자원, 사람, 아이디어 등의 흐름을 용이하게 하고 이들의 교환을 가능하게 하는 건조 환경"을 의미한다(Larkin, 2013, 328). 그러나 인프라는 물리적 환경이나 이를 가능케 하는 과학기술만을 의미하지 않는다. 사회·경제·정치적 행위와 이에 의해 형성되는 연결망 역시 교환을 통해 공간을 넘게 하는, 즉 이동을 가능하게 하는 시스템이다(Elyachar, 2011; Simone, 2004). 따라서 이주 인프라는 이주자 개인이 맺는 연결망부터 전 이주 및 정착 과정에서 이주자가 접하는 각종 기술, 기관, 국가, 제도 및 행위자들의 상호 연결 혹은 이주자의 이동성을 생산하는 시스템이자 이동을 가능하게 하는 '중개의 공간space of intermediation'으로 이해될 수 있다(Shrestha and

Yeoh, 2018; Xiang and Lindquist, 2014). 그리고 중개인은 다른 행위자들과의 관계망 속에서 공식/비공식, 합법/불법의 경계를 가로지르면서 이주자들의 이동을 가능하게 하는 이주 인프라의 핵심적 행위자이다 (Collins, 2012; Lindquist et al., 2012; Meehan and Plonski, 2017). 이주 인프라 혹은 중개의 공간은 이와 같은 다양한 행위자들의 활동에 의해 끊임없이 진화하여 강화 혹은 약화되기도 한다.

일반적으로 이주 중개인은 이주자들의 이동을 도와 취업, 학업, 결혼 등의 이주 목적을 현실화시키며 정착을 돕는 사람을 일컫는다 (Gorman and Beban, 2016). 중개인은 '브로커'라는 명칭으로 친숙하게 알려졌지만, 사실 중개인의 범위는 훨씬 넓다. 수수료를 받고 영업을 하는 개인이나 사업체뿐 아니라 친·인척이나 친구처럼 무료 서비스를 제공하는 사람도 포함하며, 정부로부터 허가를 받거나 정부를 대행하여 이주 과정을 매개하는 사람까지 포함한다. 이러한 맥락에서 본 글은 중개인을 이주자의 이주 및 정착 과정에서 발생하는 행정적인 업무를 대행하여 이주자의 이주를 실현하고 안정적으로 정착할 수 있게끔 유·무료 서비스를 제공하는 행위자로 정의한다[1]. 이와 같은 광의의 개념에서 정의된 중개인은 합법과 불법적 영역을 넘나들면서 이주 과정을 지원하며, 각종 대행기관, 행정사, 여행사 등이 그 예이다. 중개인은 이주가 점차 산업화되면서 이주 전 단계에 이르러

---

1 이주 연구에서 중개인broker 혹은 intermediary은 에이전시와 에이전트로 표현된다. 에이전시는 보통 이주 관련 대행업무를 수행하는 기관이나 기업을, 에이전트는 개인을 지칭한다. 본 글에서는 광의의 중개인을 다루는 만큼 이 둘을 구분하지 않고 에이전시와 에이전트 모두 중개인으로 간주한다. 한편 브로커는 가치중립적인 중개인을 의미하지만, 국내에서는 불법적인 행위와 관련되어 있고 각종 범죄 행각을 알선하는 사람으로 알려져 있어 본 글에서는 그 사용을 지양한다.

필요한 서류 준비와 자격 획득 등의 절차가 복잡해지고 있는 가운데 이주에서 그 역할이 증대되고 있음에도 불구하고, 아직 국내에서는 이들에 관한 연구가 큰 주목을 받지 못하고 있다(Molland, 2012).[2]

국내에서 이주 중개인과 관련된 연구는 대부분 출입국 관리와 관련된 법적, 제도적 측면에서의 쟁점과 문제 해결에 관한 내용이 주를 이룬다(김경제, 2014; 김현미·김경제, 2017; 문병효, 2018). 특히 밀입국과 체류의 장기화와 관련하여 조선족에 대한 출입국 이슈(1996, 평화문제연구소; 김영화, 2014)나 불법 체류와 범죄 발생의 문제(최영신, 2007; 최은하, 2016) 등이 불법 이주 중개와 관련 있는 것으로 나타났다. 그러나 이러한 국내의 선행 연구들은 이주 중개의 불법적인 측면과 단속 및 예방적 측면에서만 접근하였을 뿐, 그것의 작동 메커니즘을 밝힌다거나 이주 인프라와의 관계를 설명하는 시도는 드물었다고 할 수 있다. 최병두·김영경(2011)과 이용균(2014) 등의 연구는 이주의 제도 및 정책에 대한 비판적 해석을 제시했는데, 이는 사회 통합의 대상으로 이주자를 분석하거나 혹은 이주자의 배제 및 소외의 문제 해소를 위한 시사점을 도출하는 데 그치고 있다. 또한 이주자의 적응과 공간 변화에 대한 논의(장영진, 2006; 김영경·이정향, 2014; 정유리, 2016)는 활발히 진행되었으나, 이들의 이동을 중개하고 정착을 도운 행위자들의 역할은

---

2   국내에서 이주 중개인 관련 연구는 주로 결혼중개업에 국한되어 많이 이루어졌는데, 주로 브로커들이 어떻게 결혼이주를 성사시키는지 그 메커니즘을 규명하거나 그 결과로 나타나는 이주여성의 인권 실태 등을 밝히면서 이들의 불법성을 드러내는 데 초점을 두었다(권행운·강병노, 2016; 김정선·김재원, 2010; 최은실 외, 2009; 최재헌, 2007). 중개인의 불법성은 언론에 의해 더욱 강화되었는데, 특히 2000년 중반까지 성행했던 일부 중개업자들의 여성을 상품화하고 인종차별 내용을 담고 있는 자극적인 광고문구와 허위 정보에 기반한 사기결혼의 피해가 자주 보도되었기 때문이다. 또한 조선족이나 다른 이주자 집단과 관련해서도 중개인의 불법적 수법이 주로 보도되면서 이들의 '악마화'된 이미지가 점차 고착되었다.

충분히 다루어지지 않았다는 점에서 한계를 보인다.

그렇다면 국내에서 이주는 어떻게 중개되며, 인프라는 어떻게 구성되어 작동하는가? 본 글은 이와 같은 문제의식에서 출발해 중개인의 역할을 재조명하고, 이를 통해 이주 인프라 이론을 소개하고 국내 사례에 적용해 보는 시론적 연구를 시도한다[3]. 국내 이주 역사가 가장 오래된 조선족의 이주를 돕는 중개인을 사례로 하여, 이들의 이주 인프라가 국내에서 어떻게 형성되는지를 살펴볼 것이다. 구체적으로는 첫째, 조선족의 이주를 알선하는 중개인의 방법은 어떻게 변화했는가? 둘째, 조선족의 이주를 알선하는 중개인은 실제로 누구이며, 이들은 어떻게 국내 이주 인프라를 지속적으로 재구성하는가에 초점을 맞추었다.

국내 이주 인프라 형성에 대한 시론적 연구인 본 글은 위의 질문에 대한 답을 도출하기 위해 '조선족과 관련된 이주 중개인'에 대해 언급한 뉴스 기사와 관련 통계를 중심으로 자료를 구성[4]하였다. 특히, 뉴스에서 보도되는 이주 중개인 관련 기사는 이들의 불법적 매개 수법이 주를 이루지만, 약 30여 년에 걸쳐 점차 '다양화'되고 '지능화'되는 중개인들의 수법 발달을 보여 주기에 유의미하기에 중요한 자료로 활용하였다. 신문 기사, 자료 등은 사례를 보여 주는 2차 자료지만 시계열적인 변화를 추적하는 데 용이하고, 불법성의 변화와 이주 정책 사이의 관계 분석에 있어 이주 인프라가 구축되는 방식과 이의 진화 형태를 간접적으로 보여 줄 수 있다는 점에서 중요하다.

---

[3] 현재까지 국내에서 이루어진 이주 인프라 관련 연구는 임안나(2018)가 유일하다.
[4] 본격적인 신문기사의 분석이라기보다는 각 시기별로 이주 중개인의 행위가 잘 드러나는 주요 사건들의 기사 인용문을 활용하였다. 이러한 자료 분석은 본 연구의 한계로 추후에 보완하도록 하겠다.

이론적 배경

이주 인프라 이론

최근의 이주 연구는 중개인을 비롯한 다양한 행위자의 등장에 주목하여 이주 과정을 살펴본다는 점에서 이전의 연구와 결을 달리한다(Martin, 2008, Kyle et al., 2011; Fernandez, 2013). 기존의 이주 연구가 이주자 개인 차원에서 이주를 저해하거나 유인하는 동기를 밝히고 이주 이후의 정착 과정에 초점을 둔 반면, 최근의 연구들은 이주 과정에 개입하는 행위자들의 역할을 규명하고 이를 통해 이주가 추동되는 과정을 보여 주고 있다(Goh et al., 2017). 이와 같은 연구들은 샹과 린드퀴스트(2014)가 최근에 제시한 '이주 인프라' 개념과 이론을 통해 구체화되고 있으며, 이들의 동료들이 경험적 연구를 확장해 가면서 발전해 가고 있다.

아직 국내에선 생소한 이주 인프라의 개념과 이론을 샹과 린드퀴스트(2014)를 중심으로 요약하면 다음과 같다[5]. 전술한 바와 같이 이주 인프라는 이주자들의 이동 과정에 직·간접적으로 참여하는 기술, 제도 및 기관, 행위자 등이 상호 연결되어 이주자의 이동을 용이하게 하거나 통제함으로써 이동성을 생산하는 시스템이다(Xiang and Lindquist, 2014). 이주는 이주자의 합리적·이성적·독립적 의사 결정 및 선택에 의한 결과물이 아니며 또한 국가 정책, 노동시장, 이주자의 사회적 연결망 등의 개별적 요소로 설명되지 않는다. 오히려 이

---

[5] 이주 인프라 이론이 소개된 지 약 5년밖에 되지 않았고, 이를 적용한 경험 연구와 이론은 아직 발전 중이다. 따라서 본 글은 이 이론이 처음 소개된 Xiang and Lindquist(2014)의 논문을 요약하여 이를 간략히 소개한다.

와 같은 각 요소는 상업(채용 중개인), 규제(국가기구, 서류 작업, 허가, 교육 등), 기술(의사소통과 교통), 인도주의(NGO와 국제기구), 사회(이주자 개인의 사회적 연결망) 등의 다섯 가지 차원으로 구성된 "운용의 논리logics of operation"을 형성한다. 그리고 요소들이 형성하는 각 차원은 복잡하게 상호 연결됨으로써 이주를 매개한다(〈그림 1〉 참조).

상과 린드퀴스트는 이주 인프라의 다섯 가지 차원을 반드시 함께 고려하여 이주가 실제로 어떻게 구성되는지 그 운용의 논리를 규명해야 한다고 주장한다. 이들에 의하면, 각 차원은 서로 연결되고 중첩되어 (당연히) 충돌 혹은 모순되며 또한 깊이 연루되어 서로를 강화시키는 메커니즘을 형성한다. 이를 통해 이주를 추동시키는 인프라는 끊임없이 변화·진화하여 자기-영속적인 특성을 갖게 된다. 그리고 이를 통해 형성되는 인프라는 그 자체로 이주자들의 이동을 가능하게 하는 중개의 공간이 된다. 즉, 이주 인프라 이론은 국가 정책, 노동시장, 이주자의 사회적 연결망 등의 개별적 요소를 전체 하나

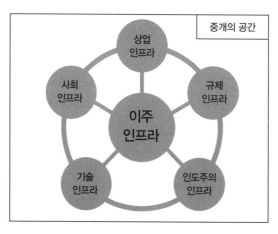

〈그림 1〉 **이주 인프라의 구성.** Xiang and Lindquist(2014) 재구성

의 시스템의 부분으로 간주하며, 이들의 연계가 이주자의 이동성을 생산할 뿐 아니라 이렇게 생산된 이동성은 다시 각 차원과 복잡하게 얽혀 이주 시스템 자체를 지속적으로 변화시킨다. 샹과 린드퀴스트는 이와 같은 인프라의 지속적 변화를 "내적 진화(involution, S126)"로 개념화하여 인프라의 주요한 특성으로 설명했다.

따라서 이주 인프라 연구는 이주자 개인의 의사 결정이나 이들이 형성하는 초국가적 관계망 등을 통해 어떻게 이동하는가의 주제를 넘어서서 이주의 상업화, 규제와 탈규제로 인한 이주 방식과 시스템의 변화 등으로 중개인, 국가 제도, 교통수단, 병원, 국제기구 등에 의해 이주자가 "어떻게 이동되는가"에 대한 이해를 제공한다(S131). 더 나아가 이처럼 이주자의 이동성을 조건화하는 인프라가 어떻게 특정한 방식으로 이주자의 이주 이후 주체성과 행동 양식을 생산하는지 등을 통해 관련 연구의 폭을 넓혀 왔다(Chang, 2018; Hoang, 2016). 뿐만 아니라 이주 인프라는 행위자-네크워크 이론을 비롯한 그동안의 이주 연구가 가진 이주자와 그들의 친지 및 가족 등에만 의존하는 "방법론의 가공artefact of methodologies" 문제를 피하게 함으로써 이주 연구의 지평을 넓힌 의의가 있다(Hugo, 2004; Lindquist, 2012). 이와 같은 이주 인프라의 개념과 이론은 그동안 이주의 과정성을 강조하고 과정 내에서 다양한 행위자들의 역할을 강조한 '이주 시스템 이론migration system theory', '이주 채널migration channel', '이주 산업migration industry', '이동성 체제mobility regime', '이주 연결망migration network', '이주 기구migration apparatus' 혹은 '이주 거버넌스migration governance' 등과 매우 유사해 보인다. 그러나 이주 인프라는 이주의 매개 과정과 방식을 모두 포함하며, 더 나아가 다섯 가지 차원의 상호 얽힘을 통해 내적 진화를 설명한다는 점에서 이들과 구별된다.

예를 들어, '이주 시스템' 이론은 이주를 쌍방향two-ways의 흐름 혹은 연결 통로로 바라본다. 이들은 이주의 여러 연결성, 과정 및 다방향성에 대한 이해를 제공하고, 송출국과 이주국 혹은 송출지와 이주국 내 정착지가 이주에 의해 상호 연결되어 있음을 강조한다. 이주는 송출국과 이주국을 연결하는 흐름이자 이들을 변화시키는 힘이다(Fawcett, 1989). 그러나 이주는 항상 시스템을 형성하지는 않는다. 보다 궁극적으로 이주 시스템 이론은 송출국-이주국과 같이 이분법에 의해 이주를 이해하게 한다. 세계화가 심화되고 있는 오늘날 대부분의 장소는 송출지이자 정착지이므로 두 장소의 연결에 의한 변화를 강조하는 이주 시스템 이론은 현대의 이주를 설명하기에 충분하지 않다(Papademetriou and Meissner, 2006). 또한 이주 시스템 이론은 이주가 어떻게 중개되는지에 대해서는 거의 고려하지 않는다는 점에서 이주 인프라와 차이를 갖는다. 유사한 맥락에서 이주 채널은 이주 시스템 내에서 직업소개소, 다국적기업 등의 이주 중개인의 역할을 강조한다는 점에서는 인프라와 비슷하지만, 왜 어떻게 중개인이 이주에서 핵심적인 역할을 하는지에 대한 고려가 부족하다(Findlay and Li, 1998).

반대로 '이주 산업'은 브로커를 비롯한 중개인에 의한 이주 중개 방식에 대한 설명을 제공한다. 특히 최근 이주 산업과 관련된 연구는 중개인의 역할을 다각도로 규명해 낸다는 점에서 인프라와 유사하다. 예를 들면 '악당'이 아니라 이주자를 구해 주고 현실에 적응할 수 있도록 도와주는 중개인의 활동이 새로이 밝혀지고 있다(Andersson, 2014). 그러나 이주 산업은 유료 서비스를 제공하는 상업적 중개인의 활동에 주로 초점을 두고 있어 이들의 활동을 이윤 추구 목적의 경제활동으로만 이해하는 경향이 있다. 그렇지만 이주 중개인은 반드시 유료 서비스만을 제공하지 않는다. 예를 들어 결혼이주에서 최근 결혼이주여성이 중개인으로 등장하는데, 이들은 자신의 이주 경험과 사회적 연결망을 토대로 결혼이주 중개를 시도한다. 친지에게 무료로 중개하기도 하지만 전문적인 중개업체를 설립하여 유료 사업을 시작하기도 한다는 점에서 상업적 중개인만을 이주 중개인 혹은 이주 산업 종사자로 보는 것은 무리가 있다(Chee et al., 2012). 또한 이주 산업 이론은 '소개'와 관련된 이주 중개인의 역할을 강조한다는 점에서 이주 인프라와 구별된다. 이주 인프라는 소개뿐 아니라 이주가 수반하는 여러 복잡한 일들을 대행해 주는 업무—서류 작업, 사전 취업교육과 신체검사, 언어시험과 자격증 준비 등—를 포괄적으로 중개로 간주한다.

'이동성 체제'는 이주를 권력관계에 의한 구조화된 이동으로 바라본다는 점에서 시스템, 채널 및 산업과 차별성을 제공한다. 제도의 배열에 초점을 두는 이동성 체제는 제도를 형성하는 주로 국가-시장의 조합과 정치경제적 권력관계를 강조한다는 점에서 제도에 영향을 미치는 다른 행위자를 함께 고려하는 인프라와 유사하다. 그러나 이동성 체제는 이동성 자체를 정치경제적 권력관계의 결과물로 간주하여 이주를 작동시키는 다른 부문에 대한 설명을 배제한다(Glick Schiller and Salazar, 2013). '이주 연결망' 이론은 이주자의 네트워크가 어떻게 형성, 확대 및 유지되는지를 밝히고 이를 통해 이주자들이 안정적으로 정착하고 사회적으로 적응하는 모습을 보여 주는 데 의의가 있다. 그러나 개개인의 연결망에 초점을 두고 있어 이주가 매개되는 방식이나 이주자들이 개개인뿐 아니라 다른 행위자와의 연결망을 어떻게 구축하는지, 그리고 이들의 연결망이 사회의 다른 부분과 어떻게 연결되어 이주를 추동시키는지 등에 대한 설명이 부족하다는 한계를 갖는다. 반면 이주 인프라 이론은 이주자들의 연결망이 인프라의 일부로서 어떻게 기능하는지, 그리고 이를 통해 연결망이 어떻게 성장이나 쇠퇴를 비롯한 변화를 경험하는지에 초점을 둔다는 점에서 차이가 있다.

'이주 기구'는 이주를 둘러싼 여러 형태의 제도와 조직을 일컫는 용어로, 국가기구, 정책, 담론 등에 의해 정책의 대상이 된 이주의 특성을 밝힌다(Feldman, 2011). 그러나 이주 기구 관련 연구는 주로 국가나 정부 및 정책에만 초점을 두고 있어, 보다 넓은 범위의 행위자를 다루는 인프라와 차이점을 갖는다. 한편 국가나 정부뿐 아니라 사적 영역의 행위자들이 이주를 조직, 통치, 규제하는 방식을 밝힌다는 점에서 '이주 거버넌스'는 이주 기구의 논의를 보다 확대시킨다(Betts, 2011). 특히, 합법적 중개인의 다양한 역할을 밝히고 동시에 이들 중개인이 정책이나 다른 통치술에 의해 조절되거나 규제되고 있음을 설명하는 이주 거버넌스는 이주 인프라와 매우 유사하다고 할 수 있다. 그러나 이주 거버넌스는 이주 기구와 마찬가지로 주로 국가, 정부 및 정책에 초점을 두고 이들과 관련된 사적 영역의 행위자를 주요 대상으로 다루고 있으며, 이들과의 파트너십 혹은 각 행위자의 통치govern 방법을 중점적으로 분석한다는 면에서 이주 인프라보다 제한적이다.

샹과 린드퀴스트가 이주 인프라 이론을 제시한 이후로, 최근 많은 연구가 이주 인프라가 형성·발전하는 양상을 밝히고 이를 통해 실제로 이주가 성사, 실패 혹은 변형된 방법으로 발생하는지, 그리고 인프라에 의해 생산되는 이주자들의 주체성과 불안정성 등에 대한 설명을 제공하고 있다. 그중에서도 특히 아시아 내에서 이주가 산업화되면서 이주 인프라의 다섯 가지 차원 중에서 주로 중개인에 초점을 둔 상업적 차원과 국가의 제도 및 정책에 초점을 둔 규제적 차원에 연구가 집중되고 있다. 이는 이주자를 관리하고자 하는 국가와 시장의 변화하는 관계를 통해 이주자의 이동성이 점차 조건화되어 생산되고 있는 현실을 반영하기 때문이며, 이를 통해 이주 정책과 이주 방법이 함께 지속적으로 바뀌고 있기 때문이다(Xiang and Lindquist, 2018). 위와 같은 이주 인프라 이론은 주로 민속지적 연구 방법을 통해서 설명되고 있다(Lin et al., 2017). 민속지적 연구 방법은 이주 과정의 복잡함을 밝히고, 중개인을 비롯한 다양한 행위자를 통해 인프라의 다섯 가지 차원이 상호 연계 및 상호 발전하여 이주자의 이동성을 생산 및 재생산하고 있음을 잘 보여 준다.

그러나 이와 같은 인프라 연구는 전술한 바와 같이 주로 장기체류 이전의 이주 과정을 밝히는 데 주목할 뿐, 안정적이고 장기적인 체류에 의해 형성되는 인프라를 간과한다. 인프라를 이동성 생산 시스템이라 간주한 이상, 이주국에서 생산된 이동성에 대한 고려가 이루어지지 않는 것은 어찌 보면 당연할 수도 있다. 그러나 끊임없는 내부의 역동적인 변화를 특징으로 하는 인프라가 이주 이후 정착을 통해 어떻게, 그리고 왜 변화하고 있는지에 대한 설명이 부족하다는 것은 분명한 한계이기도 하다. 더 나아가 민속지적 연구 방법은 개별 이주자들이 중개인이나 다른 행위자와의 관계를 통해 연결망이 확장 혹은 통제되는 모습을 통해 인프라 형성의 한 부분을 보여 주는 의의가 있지만, 인프라의 각 차원의 얽힘을 통한 내적 진화 및 이주의 변화를 설명하기에는 충분치 않다. 이와 같은 맥락에서 이주 인프라를 위한 시론적 시도인 본 연구는 직접적으로 형성되는 인프라의 한 부분을 보는 것이 아니라, 이주 과정에서부터 정착에 이르기까지 이주가 어떻게 구성되며, 이를 매개하는 중개인이 누구며,

이들의 역할은 무엇이며, 중개 방법이 어떻게 변화해 왔는지를 분석하여 인프라의 내적 진화를 설명하고자 한다.

이주 중개인의 재조명

이주 중개인은 브로커로 널리 알려져 있는데, 이들은 각종 불법적 행위를 일삼는 소위 '악당'으로 흔히 인식된다. 이주 중개인의 악당 이미지는 17세기부터 시작된 것으로, 노예무역을 비롯한 노동이주가 선박주, 상인, 직업소개소, 잠재적 고용주와 투자자 등의 중개인을 통해 성사되는 과정에서 중개인들이 이주자에 대한 인권 침해와 노동 착취를 발생시키는 것으로 알려졌기 때문이다(McKeown, 2008). 따라서 이주자의 이동 과정에서 중개인이 초래하는 부정의不正義를 막기 위해 국가의 규제가 이루어졌으며, 중개인과의 경제적 거래 혹은 강압에 의한 이주가 규제의 대상이 됨으로써 중개인과 중개업의 악마화는 가속화되었다. 이는 또한 이주자 개인의 자유의지에 의한 이주를 이상화하고 권장하는 계기가 되기도 했다. 19세기부터 '자유' 이주자의 이동은 그 과정에서 중개인의 개입 여부가 아닌 여권과 같은 개인의 정보 제공과 이를 심사하는 국가의 권한 행사에 의해 발생하는 것으로 변화하게 되었다(McKeown, 2012). 이제 이주에 대한 규제는 개개인의 투명한 정보 제공에 초점을 두고 적합한 이주 여부를 판정하는 것으로 그 대상이 바뀌었다. 이와 같은 이주자 개인에 대한 직접적인 규제는 이주 과정에서 중개인의 역할을 축소시켜 이들을 합법적 영역에서 '보이지 않게' 하고 동시에 불법적 활동을 부각시키는 계기가 되었다(Cook-Martin, 2008).

그러나 최근 신자유주의적 세계화와 국가의 분권화가 가속화되고 이주가 급증하면서 이주 중개인의 역할이 재조명되고 있다. 주지하다시피 신자유주의의 분권화, 자유화 및 탈규제화를 통해 나타나는 국가 기능의 퇴행화는 세계화로 인해 점차 증가하는 사람, 자본, 자원의 국제적 이동 흐름의 직접 통제를 불가능하게 만들었다. 또한 국가의 통치이성이 국가 영역에 균등하게 행사되지 못하는 상황에서, 국가와 비국가적 행위자 사이의 다양한 권력의 이성과 논리의 충돌이 발생하게 되었다. 이러한 상황에서 국가는 점차 증가하는 이주자를 직접 통제하기보다는 이들의 상세 정보를 파악함으로써 규제의 대상을 규정하고 조건화하는 방법으로 이주자의 이동을 관리한다(Anderson, 2010). 이는 국가에 의한 이주자의 직접적인 관리가 아니라 민간으로 통제 권한을 이양하고 시장화함으로써 가능해진다(이주자 구금 및 추방센터와 국경수비대의 시장화, 난민정착프로그램을 운영하는 비정부기구 등). 이를 통해 국가는 이주자를 관리하는데 들어가는 비용을 감소시키고 통제를 강화할 수 있으며, 이 과정에서 불가피하게 발생하는 이주자의 인권문제 등 각종 불합리한 처우에 대한 비난을 피할 수 있게 된다(Gammeltoft-Hansen, 2013; Menz, 2013; López-Sala and Godenau, 2016). 동시에 점차 복잡해지는 이민법의 제정과 이에 따른 이주 방법의 다양화는 이주자들로 하여금 합법적인 이주를 좀 더 편리하고 빠르게 해 줄 수 있는 이주 중개인을 찾게 만든다. 달리 말하면 이주 산업은 이윤을 추구고자 하는 사설업체의 경제활동뿐 아니라 이주자를 관리하고자 하는 국가와 조응하면서 형성되며, 이때 국가 대행기관(우리나라의 한국산업인력공단 등) 혹은 사설업체 등의 형태로 나타나는 이주 중개인은 이주 산업의 핵심적 위치를 차지한다(Cranston et al., 2018; Geiger and Pécoud, 2013; Sørensen and Gammeltoft-Hansen, 2013).

이와 같은 이주 산업과 중개인의 등장은 사실 긴 이주 역사에서 새로운 현상은 아니지만, 최근 노동이주 및 결혼이주의 급증과 함께 아시아 내에서 두드러지면서 주목받고 있다. 일본을 비롯한 아시아의 신흥공업국은 산업화 과정에서 발생한 단순노무직의 노동력 부족을 인근 아시아 출신 노동력의 도입으로 해결하는데, 이 과정에서 많은 민간행위자와 국가 대행기관과 같이 법을 준수하는 대행업체의 개입이 시장을 형성하고 이주의 산업화를 촉진하고 있기 때문이다(Gammeltoft-Hansen and Sørensen, 2013). 보통 이주국은 이주노동자에게 제한적인 자격만을 부여하는데, 송출국에서부터 자격 요건을 충족시킨 자에 한에서 비자를 발급한다. 이주의 증가와 함께 점차 복잡해지는 서류 작업과 까다로워지는 비자 발급 조건은, 잠재적 이주자들이 수수료를 내고 이주를 위한 자격 요건을 충족시키고 서류 작업을 대행해 주는 중개인에게 의존하게 만든다.

이처럼 전문 중개인의 개입으로 이주 관련 시장이 형성되는 이주 산업은 합법적 제도 틀에서 이주자를 관리하고자 하는 이주국에서도 마찬가지로 나타난다. 유료 서비스를 기반으로 하는 이주 산업이 비난받아야 할 대상이 아니라 합법적으로 중개업체에게 허가를 주고 인센티브 부여와 규제를 통해 관리하는 것이 궁극적으로 이주를 관리하는 나은 방법이라는 인식이 널리 퍼지고 있다. 이와 같은 인식 확산된 데에는 국제이주기구와 같은 비정부기구들의 역할이 크다. 이들은 국가의 폐쇄적인 이주자 관리보다 계약과 쌍방합의 형태의 방식(G2G, MOU(국가 간) 혹은 국가-시장의 관계)이 합법적 영역하에서 이주자를 보호할 수 있다고 여기기 때문이다(Gordon, 2015; Jones, 2015; Tayah, 2016). 따라서 중개인은 각 국가로부터 허가를 받고 합법적 이주를 위한 절차 진행을 대행한다. 이들 이주 중개인은 국가와 시장의 경계를 넘나들면서 이주를 용이하게 혹은 통제함으로써 이주 이동성의 불평등을 생산한다(Lindquist et al., 2012; Gammeltoft-Hansen, 2013; Faist, 2014; López-Sala and Godenau, 2016).

예를 들어, 우리나라는 노동이주자를 조선족을 비롯한 외국 국적 동포와 고용허가제에 의해 MOU를 맺은 15개국 출신으로 나누고, 이들에게 각각 다른 비자를 발급한다. 이주자가 고용허가제로 국내로 이주하려면 사전에 한국어능력시험을 통해 한국어 실력을 입증해야 한다. 한국어능력시험에서 80점 이상(200점 만점) 획득한 자 중 고득점자 순으로 합격 여부를 결정한다. 한국어능력시험 합격자 중 건강검진을 통과한 자만이 구직신청서를 한국산업인력공단에 제출할 수 있다. 즉, 이주 전부터 이주노동자들은 우리나라의 규정을 통과한 선별된 자여야 하며, 이주자들은 이 과정에서 시험을 준비하기 위한 학원 알선과 서류 대행을 해 주는 중개인에 의존하게 되는 것이다.

동시에 외국인근로자를 고용하고자 하는 사용자 역시 대행기관과 대행계약을 체결하거나 각종 신청 업무를 직접 수행한 후 산업인력공단에 도입위탁신청을 해야 하는데, 사용자가 대행기관을 선택하여 업무를 대행하는 경우에는 별도로 업무를 위탁할 필요가 없기에 이들 역시 중개인에 의존하게 된다. 이를 통해 사용자와 구직자는 표준근로계약을 체결하는데, 물론 이 과정 역시 국내의 대행기관과 해외의 송출기관이 전담하게 된다. 계약을 성공적으로 체결한 구직자는 현지에서부터 산업인력공단과 협력을 맺은 기관으로부터 사전 교육을 1~2.5주를 받게 되며, 송출기관 관계자의 인솔하에 국내에 입국한다. 입국 심사를 마친 이주자는 공항에서부터 출입국 대행기관을 거쳐 외국인취업교육기관 관계자에게 인계되고, 취업교육을 받는다. 이후 사용자가 취업교육기관—이 역시 대행기관이 존재—

을 방문하여 근로자를 인수하고 사업장에 배치하는 것으로 이주자의 고용/취업 절차는 마무리된다.[6]

이와 같은 고용/취업 절차에는 송출국에서부터 이주국 사이에 많은 중개인들이 등장하며, 이들의 역할과 대행업무는 서로 긴밀히 연결되어 "중개의 연쇄chains of intermediaries"를 형성한다(Xiang, 2013). 우리나라의 경우 이와 같은 중개의 연쇄에는 송출국 정부로부터 허가를 받거나 고용노동부 산하기관인 한국산업인력공단과 협약을 맺은 중개인이 주요 결절지점으로 등장하고, 이들 결절지는 중소 규모 혹은 로컬 수준의 다른 중개인들의 연결로 이해할 수 있다. 그리고 이와 같은 중개의 연쇄는 합법적 경로로 시작하지만, 연쇄가 진행될수록 로컬의 중소 중개인은 불법적인 영역에서 활동하기도 한다. 또한, 중개 네트워크의 상부에는 고용노동부와 한국산업인력공단처럼 공공의 이익을 도모하는 공적 중개인이 존재하지만, 동시에 네트워크의 하부로 갈수록 개개인의 이윤 추구 활동을 하는 사적 영역의 중개인도 함께 존재한다. 이처럼 이주의 중개는 단순히 개개인 혹은 정부와 개인 사이에서 발생하는 것이 아니라 초국가적 연쇄를 통해 나타나며, 개인과 정부 이외에도 각종 교육기관, 국제기구 등의 다양한 행위자가 개입된 중개의 공간으로 개념화할 수 있다.

중개의 공간 개념은 중개업이 서로 다른 합법–불법과 공적–사적 영역을 가로지르면서 활동하는 것을 명시적으로 보여 준다(Palmer, 2013; Kern and Müller-Böker, 2015). 또한 이 개념은 이주의 전 과정에서 중

---

6 이와 같은 과정은 고용허가제를 통해 들어온 이주자에 제한되어 발생한다. 이에 대한 추가적인 정보는 고용허가제 웹사이트(https://www.eps.go.kr/eo/main.eo)를 참조할 것.

개업의 지속적인 개입이 이루어지고 있음을 보여 주는데, 이는 이주자 개개인뿐 아니라 국가 역시 중개업에 의존하여 이주를 완성시키고 있음을 설명한다. 점차 '합법'의 영역에서 시장이 가속화되고 커지고 있는 이주 산업에서 개인과 국가 모두는 자신들의 각종 역할을 대행하고 이주의 연결성을 증가시키는 이주 중개인에게 의존할 수밖에 없는 구조적인 "중개의 함정intermediary trap"에 빠지게 되는 것이다(Xiang, 2013). 중개인은 이주자의 송출국과 정착국 사이의 이주 과정에서 보조적이고 부가적인 역할을 담당하는 것으로 알려졌지만, 이와 같은 초국가적 중개의 공간 개념은 중개인이 이주를 용이하게 하기도 하고 동시에 통제하기도 하는 핵심적인 역할을 수행하고 있음을 보여 준다.

이처럼 이주 중개인의 종류와 역할은 매우 다양하다. 최신 이주 관련 연구에서 이루어지고 있는 브로커의 역할 재조명은 그동안 널리 알려진 브로커의 불법성 혹은 악마화된 이미지를 넘어서서, 이들의 실제 역할과 활동 방식을 밝혀 냄으로써 중개인 개념을 확대시키고 있다(Collins, 2012; Lindquist, 2012; Kern and Müller-Böker, 2015; Xiang, 2012). 이 연구들은 이주의 복잡한 과정 속에서 브로커가 매우 다양한 형태로 나타나기 때문에 공적 혹은 사적, 합법 혹은 불법, 유료 혹은 무료 등의 범주화로 나눌 수 없음을 지적한다. 달리 말하면 중개인은 공적-사적, 합법-불법, 유료-무료 등의 모든 영역을 가로지르면서 이주자의 이동성을 생산하며, 이들의 안정적 정착과 일상적 사회생활을 위한 서비스를 제공하는 행위자이다(Collins, 2012; Molland, 2012).

한편 이주의 목적이 실현된 이후에도 이주 중개인은 이주자들의 정착을 보다 용이하게 하는 조건을 중개한다. 국내로 입국한 이주자들의 거취가 정해지기 전까지 중개인은 이들에게 임시 숙소를 제공하거나 소개한다. 필요한 경우, 적응을 도울 수 있는 교육을 받게 하고, 휴대폰 구입과 통장 개설 등 정착을 위한 필수적인 과정을 돕는다. 더 나아가 중개인은 이주자들의 일상생활에도 지속적으로 개입하여 이주 사회의 정보를 제공하고 어려움을 해결할 수 있도록 도와주기도 한다. 공항이나 쇼핑 라이드에서부터 비자, 운전면허증 등의 체류 자격 취득을 알선하거나 돕는 일이 대표적인 예이다(Collins, 2012). 이러한 의미에서 에이전시나 에이전트로 나타나는 브로커는 이주자들에게 "안전망security net'을 제공하는 '신뢰할 수 있는 도우미'"이며(임안나, 2018), 자신의 "꿈과 열망을 이룰 수 있게 해 주는" 사람이다(Shrestha, 2018).[7] 심지어 중간 브로커가 불법으로 활동하더라도 이는 고용주나 상위 브로커가 합법적으로, 안전하게, 혹은 안정적으로 이주자를 이동시키고 정착시키는 방법이다. 이주자들이 (비록 불법적인 방법을 사용하더라도) 안정적인 법적 지위를 확보하고 이동을 현실화하기 위해 에이전시와 에이전트에 의존하고 있는 오늘날의 상황은 점차 심화되고 있는 이주의 산업화와 더불어 이주 중개인의 중요성을 상기시킨다(Alpes, 2017; Gammeltoft-Hansen and Sørensen, 2013).

그럼에도 불구하고 이주 중개인 관련 연구는 주로 잠재적 이주자가 본국에서 이주를 준비하는 과정에서부터 이주국에서 이주 목적을 실현하기까지의 과정, 즉 이주국으로의 '입국'에 초점을 둔다. 따라서 이주 인프라와 마찬가지로 중개인 연구 역시 이주 기간이 점차 장기화되면서 이주 이후의 안정적인 정착을 추구하는 이주자들

---

7 반대로 높은 이상을 갖고 이주를 시도하는 잠재적 이주자들에게 현실을 직시하도록 알려 주고, 열망하던 이주가 아닌 실제에서 가장 가능성 있는 글로벌 노동시장에서의 하위 계층에 진입하도록 돕는 중개인의 활동도 있다(Ortiga, 2018).

이 중개인을 통해 어떻게 장기이주를 현실화시키는지, 그리고 이미 이주국에 배태된 이주자들이 열망하는 장기체류 수요를 어떻게 관리할 수 있는지는 간과하게 된다. 즉, 송출국에서부터 이주국까지의 전 이주 과정에 걸쳐 중개인들의 개입을 통해 형성되는 중개의 공간을 소개하는 의의가 있지만, 장기체류 및 정착을 통해 중개의 공간이 어떻게 재구성되는지를 소홀히 한 한계가 있다.

조선족 이주 중개 방식과 중개인의 변화

한중수교 수립과 조선족 중개인의 한국 불법 이주 중개

이주 중개인의 불법 중개 행위는 이주국의 정책, 제도 등과 밀접하게 조응하여 나타나는데, 약 30년의 한국 이주 역사를 가진 조선족의 경우 그러한 변화들이 잘 드러나는 집단이다. 조선족의 한국 입국은 노동이주가 아닌, 1992년 한중수교 이후 독립유공자 후손이거나 이산가족 찾기의 일환으로 매우 제한적인 입국 허가자[8]에 한해 이루어졌다. 수교 초기 3만 7,920명에 불과했던 조선족들은 절대적인 노동력이 부족했던 90년대 한국 노동시장 상황과 맞물려, 3D 업종뿐만 아니라 분당·일산 등의 신도시 건설 현장의 단순 건설노동자로 입국하게 되었다(인천공항출입국관리사무소, 2015).

초기 조선족들에게 발급된 비자는 국내 체류 기간 90일 미만인 단기 사증으로 제한되어 있었다. 그러나 한국의 지리적인 인접성과 취

---

[8] 1992년 6월 '60세 이상 5촌 이내 혈족과 4촌 이내 인척' 초청을 허가했으며, 그 이후 초청 연령을 지속적으로 낮춰 대상을 확대했다. 1994년 7월 '55세 이상'이던 친척 초청 대상 연령이 1999년 8월 재외동포법 제정으로 '50세 이상'으로 내려갔고, 이어 2003년 '30세 이상', 2004년 '25세 이상'으로 낮아졌다.

업의 용이함, 중국 대비 높은 임금 수준으로 인해 미자격 조선족들의 불법 입국 사례가 발생하기 시작했다. 해상을 통한 밀항은 조선족의 불법 입국이 빈번하게 이루어졌던 방식이며, 한국과의 근접성으로 인하여 그 빈도가 다른 국가의 불법입국자들에 비해 월등히 높았다(장준오, 2005). 해상 밀항으로 인해 검거된 첫 사례는 1994년 경남 삼천포시 인근 선착장으로 불법 입국을 시도한 조선족들이었다.

충무해양경찰서는 오전 9시 40분께 경남 삼천포시 팔포만매립지에서 밀입국하던 A씨(44세, 중국 길림성 개화시 나법향 상가촌)와 B씨(여 38세, 길림성 과현 내진산진 홍성촌) 등 조선족 중국교포 26명(남자 23명, 여자 3명)을 출입국관리법 위반 혐의로 붙잡아 조사 중이다. 이들은 중국 대련선적 831유장운호(1백 톤)를 이용해 삼천포시 수우도 해상에 도착한 뒤 이곳에 대기하고 있던 삼천포 선적 유람선 뉴엔젤호에 옮겨 타고 팔포만매립지에서 하선하다 잠복 중이던 형사대에 의해 모두 붙잡혔다.(…) 밀입국한 중국교포 2세인 이들은 중국 대련시와 인근에서 농사를 지으며 살고 있는데 가난을 면치 못하자 국내에 취업하기 위해 밀입국을 계획하고 중국 내 모집책에 1인당 중국 화폐 3만 원씩을 지불한 것으로 알려졌는데 상당수가 돈을 마련할 목적으로 우황청심환등 한약재를 다량 소지하고 있었다.[9]

불법 추방의 위험에도 불구하고 밀항을 선호했던 것은 한국에 다녀온 사람들이 대부분 돈을 많이 벌어와 윤택한 생활을 하는 것을 보았기 때문이다. 따라서 밀입국을 중개했던 이주 중개인 집단들은

---

9 〈선박이용 밀입국 중국교포 검거〉, 《연합뉴스》 1994년 7월 16일자.

날로 대형화, 기업화되었다(변종필, 2005). 장준오(2005)에 따르면 밀입국 조직들은 지하에서 은밀히 활동하지 않았으며 사무실을 내고 영업을 하는 기업 형태로 운영되었다. 뿐만 아니라 밀입국을 원하는 조선족들은 거금의 이주 중개인 비용을 내야 하기 때문에 규모가 큰 회사를 선호하였다. 이러한 공급-수요가 맞아떨어지면서 밀입국자의 수가 가파르게 증가하였다.

또한 어선 등을 통한 밀항뿐만 아니라 문서 위조를 통한 밀입국도 조선족 불법 입국을 증가시키는 원인이 되었다. 예를 들어, 한국에 연고가 없거나 친척을 확인할 수 없는 조선족들에게 가짜 호적을 만들어 준다던지, 취업이나 기업 초청의 목적을 가진 것으로 위장하여 비자를 발급받을 수 있게 하는 방식들이 빈번하게 발생하였다. 〈그림 2〉에서와 같이 1997년 약 1,350건이었던 밀입국자 수는 1998년과 1999년 일시 감소했다가 2000년에는 1,500명 이상으로 증가한 후 급격하게 줄어들었다. 2000년대 이후에는 출입국관리법의 점진적 강화와 재외동포법의 도입(1999년 제정, 2004년 조선족 포함)이 밀입국의 감소에 영향을 미쳤기 때문이다.

다른 한편으로 90년대 후반, 조선족 위장입국의 가장 큰 이슈는 '위장결혼'이었다. 조선족 여성의 위장결혼은 한중수교 직후인 1994년부터 중대한 사회문제로 부상하였으며 중국의 행정기관 관계자들이 연루되는 사건으로 이어지는 결과를 초래하기도 하였다. 조선족 여성들은 취업을 목적으로 한국에 입국하기 위해 농촌 지역 남성, 장애인, 노숙자, 신용불량자 등과 위장결혼하였다. 위장결혼한 한국인 남성들은 대체적으로 경제적, 사회적 능력이 부족한 자들로 허위 문서를 작성하는 대가로 일정한 금액을 지불받았다.

윤태순(2008)에 따르면, 결혼 대상자로서 한국 남성의 조건만으로

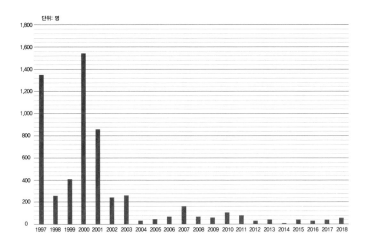

〈그림 2〉 연도별 밀입국자 추이. 출처: 해양경찰청 〈국제성 범죄 단속〉.

는 조선족 여성이 한국 이주를 선택하기 쉽지 않으며, 중국보다 경제적으로 우월한 "한국"이라는 거주 환경과 돈벌이를 할 수 있는 장소가 있을 것이라고 생각하기 때문에 그 요소가 국제결혼 선택에 영향을 미쳤을 것이라고 분석한다.

가짜이혼, 가짜결혼이 이뤄지는 과정은, '뚜쟁이'들이 중국교포 부부로부터 3~4만 위안을 받아 가짜결혼 상대자인 한국인 남성을 중국으로 데려오면 한국인 남성과 교포 부부 쌍방은 사사로이 「가짜결혼 계약」을 맺고, 뚜쟁이로부터 1~2만 위안을 수수료로 받아 챙긴 한국인 신랑이 국제결혼등기 수속을 마친 뒤 먼저 입국, 신부의 입국 수속을 밟아 데려오는 것으로 끝난다. 한국인 신랑은 무료로 중국 관광을 하고 또 수수료까지 받게 되니 한국에서 이 같은 "얼간이 신랑감"을 물색하기는 어렵지 않다는 것이다. 가짜이혼을 하고 한국에 입국한 교포여성들은 '계약'대로 도착 뒤 곧바로 이혼수속을 밟아야 하지만 일부는 종무소식이다가 '진짜이혼'을 요구해 와 끝내 가정이 파탄되는 경우가 적지 않다.[10]

〈그림 3〉과 같이 중국 국적의 여성(대부분 조선족)과 한국 남성의 결혼 건수는 필리핀, 베트남 등의 국가보다 월등히 높게 나타난다. 특히 가장 많은 혼인 건수가 발생한 2005년 중국 국적 결혼이주자 의 수는 2만 582명으로 한중수교 직전인 1993년의 1,851명과 비교 해 보았을 때 약 10배 이상 증가[11]하였다. 역설적이게도 1994년부터

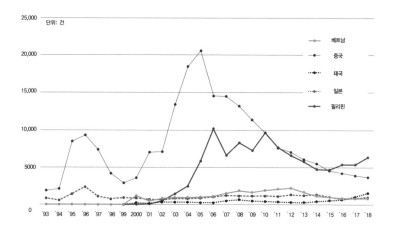

〈그림 3〉 외국인 아내의 국적별 혼인(1993~2008). 출처: 통계청.

---

10 〈중국 조선족과 한국인 위장결혼 문제 심각〉,《연합뉴스》1995년 9월 27일자.
11 2004년 155명이던 알선 이주 중개인이 2005년에는 307명으로 2배가량 급증했고, 2006년 397명, 2007년 7월 318명으로 꾸준히 증가했다"고 밝혔다. 알선 이주 중개 인 중 90.4퍼센트는 한국인이었고 9.6퍼센트가 중국인이었다.(위장결혼사범 단속 ·검거 실적, 2007)

중국은 국제결혼 자체를 금지했을 뿐만 아니라 결혼중개업에 대한 모든 행위를 불법으로 간주하고 있음에도 불구하고, 한국 남성과의 결혼이 증가하게 된 것은 이주 중개인의 중개 행위가 암암리에 지속적으로 이루어지고 있었기 때문으로 해석된다(김재련, 2011).

이처럼 조선족의 한국 이주는 합법적 이주 루트가 형성되지 않은 시기에 '이주 중개인'을 통해 밀항, 위장결혼 등과 같은 불법 이주를 감행하는 것으로 시작되었다. 한국으로의 입국 자체가 자유롭게 이루어지지 않았기 때문에, 불법적인 방식을 취하여 '이동'을 가능하게 해 주는 이주 중개인의 역할이 매우 중시되었다. 그러나 조선족에 대한 한국 내의 이민 정책이 변화하면서 밀입국을 도와주는 이주 중개인들은 축소되고 위장취업과 취업 이후의 문제들을 불법으로 해결해 주는 이주 중개인들이 등장하게 되었다.

2007년 방문취업제의 도입과 이주 중개인 중개 방식의 변화

밀입국에 대한 지속적인 단속 강화와 더불어 인력 부족 해소와 외국 국적 동포의 국내 취업 욕구를 충족시키기 위한 목적으로 2년간 국내 취업 활동을 허용하는 2002년 '취업관리제'를 도입(2004년부터는 고용허가제에 통합)하면서 밀입국자 수가 급감하게 되었다. 즉, 합법적인 입국 통로가 생기면서 물리적, 신체적으로 위험 부담이 큰 밀항, 밀입국의 방식이 선호되지 않았을 뿐만 아니라 실용적인 측면에서도 합법적인 입국이 경제적이라는 인식이 확산되었기 때문에 밀입국을 중개하는 이주 중개인의 중개 방식은 변화를 맞게 된다.

2002년 취업관리제가 국내에 호적이나 친척이 있을 때 방문동거 비자를 받고 입국한 뒤 비자를 바꿔 일자리를 구하게 하는 제도였다면, 2007년 방문취업제(H-2)[12]는 국내 호적이나 연고가 없는 사람도 발급 대상에 포함시켰다는 차원에서 조선족 전체에게 한국 입국의 기회를 준 제도이다. 그러나 연고가 있는 조선족들과 달리 무연고, 무호적자들은 '한국어 시험 제도 적용과 추첨제'[13]라는 이중의 조건을 충족해야만 입국이 가능했기 때문에 이와 관련된 이주 중개인들이 등장하게 되었다.

 "한국 법무부는 연고자는 3월 4일 한국어 시험을 보지 않고 입국해 취업할 수 있게 하면서 무연고자는 한국어 시험을 치르고 합격한 뒤 추첨을 통해 빨라야 10월에나 방한할 수 있다"며 "도대체 왜 이런 차별을 하는지 알 수 없다"고 의문을 제기했다. (…) "무연고자는 반드시 시험을 치르고, 합격해도 추첨을 통해 언제 방한할 지 기약할 수 없기 때문에 이주 중개인들에게 목돈을 줘 가며 가짜 족보나 호적등본, 증명서류를 만들어 '연고 동포'로 위장을 할 것" (…) [14]

 또한, 무연고 조선족들을 상대로 '족보와 호적등본을 조작해 연고 동포로 만들어 주겠다'며 접근하는 이주 중개인들이 등장하였다. 일종의 국적 세탁으로, 이주 중개인들은 주로 가난한 사람이나 이혼 등으로 호적상 가족관계가 복잡한 사람들에게 접근하여, 돈을 주고

---

12 조선족 거민증 등 국적국 서류와 조선족 소학교 · 중학교 졸업증서, 족보와 인우 보증서, 유전자 감식 결과 만으로도 동포 자격을 인정받았다.
13 연령대별 할당률은 25세 이상~34세 이하 20퍼센트, 35세 이상~44세 이하 35퍼센트, 45세 이상~54세 이하 30퍼센트, 55세 이상 15퍼센트로, 가족 부양 부담이 큰 35~54세 동포에 대부분의 쿼터를 배정하였다.
14 〈방문취업제 무연고차별 또 다른 사기 낳아〉, 《연합뉴스》 2007년 2월 23일자.

호적을 빌리거나 호적만 남아 있고 생사를 알 수 없는 한국의 호주 이름을 알아내 해당 면사무소 등에서 호적을 발급받아 중국으로 보내면, 중국 공무원을 매수해 국내 호적상의 호주 명의로 된 중국 호구부와 거민신분증, 여권 등을 위조하는 방식을 사용했다.

재외동포를 대상으로 하는 취업관리제와 방문취업제는 불법 입국의 경로를 차단하고 합법적인 고용 절차를 통해 국내 노동시장의 안정화를 위해 도입되었으나, 한국 내의 연고 유무를 기준으로 입국 기준을 이원화함으로써 이주 중개인의 개입을 야기하는 결과를 초래하였다. 무엇보다 한국으로의 이주가 높은 소득을 올릴 수 있는 기회로 인식되면서, 이주로 인해 얻을 수 있는 소득 대비 이주 중개인에게 지출하는 비용은 갚을 수 있을 것이라는 확신이 조선족 사회에 만연하였고, 이주 중개인을 통해 입국하는 것에 대한 불법성의 인지가 이주 중개인들로 하여금 안전장치로 작동하면서 이에 대한 공급과 수요가 급증하였다.

한국에서 조선족의 취업 기회가 확대되고 비자 갱신, 가족 초청 등이 용이해지면서 한국 내에서 조선족의 입국과 체류 형태는 큰 변화가 발생하였다. 〈그림 4〉에서 보는 바와 같이, 방문취업제로 들어오는 외국인의 수는 약 20만 명에서 30만 명 사이로 유지되는 형태를 보이는 반면에, 2009년 이후부터는 재외동포비자(F-4) 발급이 눈에 띄게 증가하면서 2014년에는 방문취업제 인구를 추월하는 것으로 나타났다.

이러한 제도적인 변화는 조선족 인구 증가에 영향을 미쳤을 뿐만 아니라 '입국'과 관련된 이주 중개인이 중요했던 이주 초기와 달리, 안정적이고 장기적인 '체류'를 가능하게 해 주는 이주 중개인의 수요가 발생하는 계기가 되었다. 이는 크게 두 가지 형태의 이주 중개

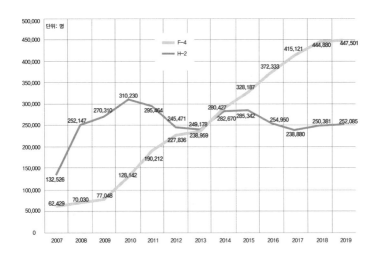

〈그림 4〉 비자 유형에 따른 외국인 인구 추이. 출처: 출입국관리사무소 통계연보.

인 수요로 이어졌는데 첫째, 장기체류 비자를 발급받기 위해 불법
이주 중개인을 이용하는 경우와 둘째, 이미 장기체류 비자를 발급받
은 사람이 안정적인 체류를 위해 공문서를 위조하는 이주 중개인을
이용하는 경우로 나눌 수 있다.

첫 번째의 경우 대학교 부정입학이나 기능사 자격증의 불법 취
득과 관련되어 있다. 예를 들어, 2010년 하반기부터 단기종합비자
(C-3)와 방문취업비자(H-2)를 가진 외국 국적 동포에 한해 국가기
술자격증을 취득하면 재외동포비자(F-4)로 전환받을 수 있게 되었
다. 한국산업인력공단(2012)[15]에 따르면, 본격적인 제도 도입이 시작
되지 않았던 2000년도 초반에는 기능사 자격증 취득자 수가 80명에

---

15 〈자격증취득하는 외국인 늘어난다〉, 《한국산업인력공단 보도자료》 2012년 7월 10
일자.

불과하였으나, 기능사 자격증으로 비자 변경이 가능해지기 시작한 2011년에는 2,144명으로 약 30배 이상 증가한 것으로 나타났다. 장기체류를 고려한 조선족들 사이에서 미용, 조리, 세탁 등의 자격증 취득 열풍이 불었고 이를 악용한 이주 중개인들이 조선족들을 상대로 자격증 취득과 관련된 불법 행위를 시도한 사례들이 발생하였다.

국제범죄수사대는 위계에 의한 공무집행 방해 혐의로 중국 동포 이주 중개인 A씨 등 6명을 구속하고 중국 동포 B씨 등 75명을 불구속 입건했다고, (…) 부정행위를 저지른 중국 동포는 117명으로 이 중 65명이 필기와 실기시험에서 모두 합격해 재외동포비자(F-4)를 발급받은 것으로 조사됐다. 이들은 구멍이 뚫린 옷 속 휴대전화 카메라로 문제를 촬영한 뒤 사진과 음성을 주고받는 기능이 있는 스마트폰 앱을 통해 중국 이주 중개인에게 보내고 이후 무선 이어폰으로 이주 중개인이 푼답을 전해 듣는 수법을 썼다. (…) 중국인 이주 중개인들은 중국 사이트에 '영주권 신청 가능한 F-4 100퍼센트 취득' 광고 글을 올린 뒤 단기(C-3)나 취업비자로 국내로 입국한 응시자를 모집해 온 것으로 확인됐다.[16]

자격증 취득 열풍은 그동안 조선족 사회에서 큰 문제로 대두되었던 '가족 붕괴 혹은 해체', '자녀들의 학업 결손' 등의 문제(안병삼, 2009: 김영화, 2014)를 해결할 수 있는 대안으로 인식되면서 부모의 초청으로 단기방문(C-3)으로 들어온 조선족 자녀들에게도 이어졌다. 그러나

---

16 〈F4 비자'가 뭐길래…자격증 취득 위해 스마트워치까지 동원한 중국동포들〉, 《한국일보》 2015년 8월 24일자.

조선족의 기능사 취득이 한국에서의 '체류'에는 효과가 있었으나, 실질적인 소득으로는 이어지지 않으면서 비자 발급을 위한 수단으로 전락하였다. 대다수의 기술 취득자들에게 제공되는 취업의 기회는 매우 제한적이었고, 기능사 취득을 돕는다는 명목의 학원들만 돈을 벌었다. 즉, 법무부의 '재외동포 전문가 양성'이라는 취지 아래 도입된 '기능사 취득 제도'가 본래의 목적을 전혀 달성하지 못한 채 건설업과 같은 단순노동시장의 외국인 근로자나 불법체류자 수를 증가시키는 계기가 되었다.

두 번째의 경우, 한국에서 실시되는 사회복지 서비스의 수급을 위해 '가짜 한국인'으로 만들어 주는 이주 중개인의 등장을 들 수 있다. 장기체류가 지속되면서, 외국인들에게는 제한적으로 제공되는 한국의 다양한 사회복지 혜택을 불법적으로 누리고자 하는 조선족들이 위조 신분증 등을 발급받고자 이주 중개인에게 접근한 것으로 나타났다. 위조된 공문서들은 조선족 이주가 시작되었던 90년대 초반 '입국'을 위해 위조된 가짜 초청장이나 사증발급인정서 등과는 달리, 주민등록증뿐만 아니라 한국 영주권을 얻기 위해 중국이 발급하는 범죄기록증명서 등으로, 장기체류와 가짜 '한국인'이 되기 위한 서류들이 주로 이주 중개인의 손에 의해 만들어졌다. 이 밖에도 어학연수, 유학을 위한 허위 증명서를 조작하거나 범죄 이력이 있는 조선족의 불법 입국을 주선하는 등과 같은 이주 중개인과 관련된 사건들이 발생하고 있다.

1996년 한국에 불법 체류하던 김씨는 자진신고 기간에 중국으로 돌아갔다. 이후 불법 체류 전력으로 한국에 들어올 수 없게 되자 2004년 중국 이주 중개인에게 60만 원을 주고 가상의 인물인 김지영으로 위명 여권을 만들어 한국에 입국했다. 김씨는 한국 남성과 결혼해 쌍둥이 자녀를 출산한 뒤 한국 국적을 취득하기로 마음먹었다. 하지만 가짜 신분으로 살아왔던 터라 국적 취득에 필요한 무범죄경력증명서와 중국 신분증을 발급받을 수 없자 중국 이주 중개인을 통해 해당 서류를 위조했다.[17]

이처럼 조선족과 관련된 이주 중개인이 시기마다 다른 형태로 불법 체류를 개입할 수 있는 것은 조선족이 가지는 한국 체류의 특성 때문이다. 즉, 직장 이전의 자유, 장기체류와 가족 초청의 자유로움, 능숙한 한국어 구사 등으로 인하여, 지정된 직장을 벗어날 수 없고 가족을 데려올 수 없는 고용허가제로 들어오는 외국인노동자들이 겪는 한국 체류와 적응의 문제가 다르게 나타난다. 이진영 외(2009)는 한국에 거주하는 조선족들은 중국에서 개인 혹은 가족 차원에서 경제적 계층 상승의 기회를 '잃은' 사람들을 중심으로 구성되어 있으며, 한국의 재외동포 관련 정책과 외국인노동자 관련 정책들이 조선족의 이주를 촉발한 계기라고 설명한다. 즉, 이주 중개인의 다변성은 한국의 정책적 조건과 이주자로서 조선족의 체류 형태가 복합적으로 맞물려서 형성된 결과이다.

한국은 노동시장의 안정적인 인력 수급과 외국인의 안정적 체류 환경을 조성하기 위한 목적으로 다양한 외국인 정책들을 도입하였다. 그러나 외국인 체류를 위한 조건과 자격 유무의 기준이 불분명하고 그에 따른 법의 적용이 다르다는 점을 악용한 이주 중개인의

---

17 〈신분 속여 입국 쌍둥이 낳고 13년간 살아온 40대 조선족〉,《서울신문》2017년 12월 3일자.

개입으로 인해 그 목적을 상실하거나 왜곡되어 잘못된 사회문제가 발생하게 되었다. 특히 조선족을 포함한 재외동포를 대상으로 하는 정책들은 다른 외국인 인력 정책에 비해 출입국의 조건을 완화하고 체류를 위한 갱신 간격 및 방식을 간소화하였음에도 불구하고, 지속적인 불법 이주 중개인의 개입으로 인하여 불법체류자를 양산하는 등의 제도적인 한계를 보여 주고 있다.

조선족 체류 형태의 변화와 이주 중개인: 여행사, 종교단체 그리고 행정사[18]

이주자의 이동과 체류 형태의 변화에 따라 이주 중개인의 역할과 기능도 영향을 받는다. 조선족의 경우에도 한국으로의 입국과 체류 형태가 제도 및 정책과 함께 조응하여 이주 인프라의 재구조화를 야기하였고, 이주 중개인 역시 이러한 흐름을 반영하는 양상을 보인다.

90년대 후반까지 만연했던 밀입국은 '여행사'를 통한 이동이 합법적으로 가능해지면서 점차 감소하였다. 조선족 이주 초기 비자 발급을 포함한 일련의 행정 처리와 여행객들의 관리를 여행사가 전담함으로써 이주 중개인의 역할의 일부를 맡게 된 것이다. 중국 정부는 중국의 정치적 입장과 출국의 자국민 통제라는 목적 아래 '여행허가제도'를 운영하고 있으며, ADS[Approved Destination Status] 협정을 체결한 국가에 한해서 중국 단체관광객을 유치할 수 있도록 전담여행사[19]를

---

18 여기서 제시하는 이주 중개인의 형태는 매우 제한적으로 이주 정책의 변화에 따라 보다 세밀하게 나눌 수 있으나, 본 연구에서는 조선족 이주 중개와 관련된 이주 행위자들을 중심으로 설명하도록 하겠다.

19 한국의 경우 1998년 여행허가국으로 지정되었으나 중국 9개 시, 성(북경, 상해, 천진, 중경시, 신동성, 안휘성, 강소성, 광동성, 섬서성)만을 한국 여행 가능 지역으로

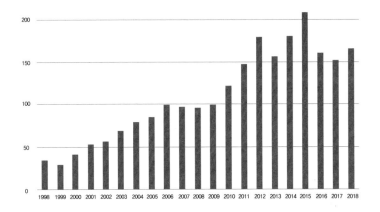

250
단위: 개소

200

150

100

50

0
1998 1999 2000 2001 2002 2003 2004 2005 2006 2007 2008 2009 2010 2011 2012 2013 2014 2015 2016 2017 2018

〈그림 5〉 중국 단체관광객 유치 전담여행사(1998~2018). 출처: 한국여행업협회.

지정해야 한다.

〈그림 5〉에서 보는 바와 같이 중국인의 한국 방문을 돕는 전담여행사의 수는 ADS 체결 이후로 꾸준히 증가해 왔다. 2009년까지 전담여행사의 수가 100개로 제한되어 있었으나 2010년에 제한이 폐지되었으며 이 시점부터 증가세를 보인다. 특히 제주 지역의 관광 무사증 제도가 2002년에 도입되면서 제주 지역의 중국 전담여행사 수가 급격하게 증가하였다(김상태, 2012).

그러나 중국 관광객을 대상으로 하는 무분별한 저가 여행상품의 운영, 부당한 금품 수수, 과도한 쇼핑 강요 등을 통해 전담여행사들

지정하는 제한적 자유화를 실시하였다. 그러다가 2000년 '한·중 관광교류확대 합의 각서'가 체결되면서 전면 자유화로 확대되었다. 이를 통해 중국 단체관광객 유치전담사의 규모를 한국 35개사에서 41개사로 늘리고, 중국 단체관광객 규모도 최소 9명에서 최소 5명으로 제한의 폭을 넓혔다.

이 과당 경쟁을 하면서 2013년 한국 정부는 전담여행사 운영에 대한 평가를 통해 퇴출 및 시정명령을 내릴 수 있는 갱신제로 변경하게 되었다. 이로 인해 제도 실시 당해인 2013년 22개 여행사가 퇴출되고 27개 업체가 시정명령을 받게 되어 전체 중국 전담여행사의 수가 감소하게 된다. 2016년 사드THAAD(고고도미사일 방어체계) 배치에 반발해 중국의 한한령限韓令이 여행업에 타격을 주면서 매년 실시되었던 신규 여행사 지정이 이루어지지 않았고 2년 만인 2018년에 14개가 신규 지정되었다.

이러한 여행사의 등장은 '관광객'의 유치로 그치는 것이 아니라 비공식적 이주 중개인으로 행위한다는 점에서 중요한 의미를 가지고 있다. 단체관광객의 모객과 여행상품을 판매하는 '중국 전담여행사'는 중국인, 특히 조선족의 한국으로의 이동을 합법적인 형태로 '위장'하여 입국할 수 있게 하였다.

단체관광객의 무단 이탈을 막기 위해 여행사보증책임제를 도입하여 무단 이탈자가 발생했을 때 수배에서 강제출국까지의 모든 비용을 여행사가 물게 하고 여러 가지 처벌 조항을 두는 등의 안전장치를 마련해 두었지만, 여행사를 통한 한국 입국 후의 잠적, 이탈은 끊이지 않았다. 2002년의 경우, 한일 월드컵의 관람표를 '한국행 티켓'이라 속이며 판매한 여행사들이 등장하면서 무단 이탈자의 수가 급격히 증가하였다.[20]

---

[20] 문화관광부 자료에 따르면 1998년 12명에 불과했던 무단 이탈자가 2002년 446명으로 약 40배 이상 증가하였으며, 무사증이 도입된 2008년에는 914명으로 급격하게 증가하였다(김상태, 2012).

문화관광부는 최근 고의적으로 부정 여권 발급을 대행해 주는 여행
사들이 크게 늘고 있는 것으로 파악돼 각 시 · 도 구청으로부터 관련
여행사 명단을 입수해 조사에 착수했다고 밝혔다. 문화관광부는 부정
여권 발급 대행 혐의가 짙은 3개 여행사를 적발해 이달 말까지 해명자
료를 낼 것을 요청해 놓은 상태로 혐의 사실이 입증되면 최소 경고에
서부터 최고 등록 취소까지 행정처분할 방침이다. (…) 부정 여권은 내
국인의 해외 취업이나 국내 불법 체류 중국 조선족의 본국 귀환 등을
위해 주로 발급되고 있으며 일부 여행사들이 이 과정에 개입해 부당이
익을 챙기고 있는 것으로 전해졌다.[21]

이러한 중국 전담여행사의 증감과 역할 변화는 중국과 한국 사이
의 사회, 정치, 경제적인 관계의 거시적인 차원에서뿐만 아니라 외
국인 체류 관리의 문제에 따른 것으로 이해할 수 있다. 비자 발급과
관련된 업무를 여행사가 전담하면서 체류 비자 변경 업무를 여행사
가 대행할 수 없음에도 불구하고, 한국 정부의 방문취업비자(H-2)
발급을 대행하는 것처럼 꾸며 조선족들의 입국을 알선하는 (합법적
으로 보이지만 사실상은 불법인) 여행사가 등장하게 된 것이다.

또한 호구부를 위조하여 조선족을 불법 입국시키거나, 무연고자
를 대상으로 하는 비자의 부정 발급, 가족 초청이나 영주권 취득을
위한 문서 위조 등이 빈번하게 발생하였는데, 이는 한국 입국에 관
련된 증빙 서류의 작성과 제출 등의 업무 이관이 여행사로 집중되어
있었을 뿐만 아니라 한국 내에 입국을 대행할 수 있는 적절한 제도
적 장치나 기구가 존재하지 않았기 때문에 여행사가 일종의 이주 중

---

21 〈부정여권 발급 관련 여행사 처벌 강화〉,《연합뉴스》1999년 5월 14일자.

개인 역할을 한 것으로 추측된다.

합법과 불법을 오고 가며 공식적인 이동을 중개해 온 여행사에서 한국 체류를 지원하는 행정사로의 전환 과정 사이에는, 이동에서 체류로 이주 전략을 바꾼 조선족을 위한 비공식적 지원 단체들이 존재한다. 조선족 단체의 형성은 입국에서부터 취업, 거주 등을 포함한 다양한 제도적 분쟁을 해결하기 위해 집단적인 대응을 시작한 것과 연관되어 있다(김우경, 2015). 종교단체뿐만 아니라 언론기관, 예술, 문인, 스포츠 등의 주제로 모인 민간단체, NGO단체 등이 조선족의 정착과 한국 이주에 관한 정보를 제공하는 역할을 담당하고 있다.

조선족 교회의 경우, 1990년 서울 조선족교회를 시작으로 중국동포교회(1994), 한중사랑교회(2001), 서울 중국인교회(2003) 등이 설립되면서 조선족 이주노동자 지원 활동이 이루어졌다. 이주자의 인권문제뿐만 아니라 일상적으로 발생할 수 있는 사소한 법적 문제들을 지원함으로써 '비공식적'이지만 조선족의 체류를 돕는 이주 중개인으로 기능한 것이다.

이정기 외(2015)의 연구에 따르면, 조선족은 종교단체를 통해 입국부터 도움을 받는 경우가 많으며, 불법적이거나 어려운 상황에 처하게 되면 자발적으로 종교단체를 찾는 것으로 나타났다. 즉, 종교단체가 다양한 물적, 인적 네트워크를 제공하여 체류에서 발생할 수 있는 문제를 해소할 수 있도록 지원하는 기능을 하는 것이다. 예를 들어, 조선족 교회가 조선족 불법체류자의 강제추방 문제와 관련하여 적극적으로 국가에 저항하고 목소리를 냄으로써 정부 정책에 영향을 미친 사건은 이를 설명할 수 있는 사례라고 볼 수 있다.

최근 서울 조선족교회의 주도로 강제출국 대상자인 중국동포들의 중국 국적 포기-한국 국적 회복운동이 전개되어 언론의 관심을 끌고 있다. 이 운동이 관심을 끄는 이유는 지금까지 외국인으로 취급되어 오던 중국동포들의 한국 국적 회복 신청에 대하여 과연 우리 정부가 어떻게 처리할 것인가가 흥미롭기 때문이다. (…) 이 운동을 계기로 우리 나라의 재외동포 정책이나 중국동포 정책이 나아가야 할 방향은 우선 재외동포법을 개정하는 것이다. (…) 헌법재판소는 2001년 이 부분이 헌법에 합치하지 않는다고 명시하고 2003년 12월 31일을 시한으로 입법개선 명령을 하였다.[22]

한편 입국 이주 중개인으로서 여행사의 역할은 행정사의 등장으로 급격하게 축소되었다. 행정사의 등장은 조선족에게 있어 한국 입국의 어려움보다는 한국에서의 안정적인 체류가 중요해졌다는 것을 의미한다. 또한 한국의 제도 및 정책 전문가로서 행정사가 조선족 이주자의 다양한 행정 업무 대행을 담당함으로써 '이주 중개인'의 영역이 수면 위로 드러나게 되는 계기가 되었다. 특히 일반행정사의 경우 경력직 공무원으로 10년 이상 근무한 사람 중 7급 이상인 사람에 한하여 취득할 수 있는데, 한국의 행정 지식이 풍부한 일정 경력의 공무원으로 행정사 취득을 제한한다. 이는 여행사와 같이 행정 업무와 무관하거나 전문적이지 않았던 이주 중개인의 중개 행위가 한국의 정책과 제도를 잘 파악하고 있는 내국인 공무원에게 이전되었다는 것을 의미한다.

행정사의 주요 업무는 행정사법 제2조에 근거하여 행정기관에 제출하는 각종 서류의 작성 번역 및 제출 대행 권리 의무나 사실 증명

---

22 〈재외동포법과 역사의식〉,《한겨레》2003년 12월 8일자.

〈그림 6〉 조선족을 대상으로 하는 여행사와 행정사. 가리봉동.

에 관한 서류의 작성, 인·허가, 면허 등 행정기관에 제출하는 신고 신청 등의 대리, 행정 관련 법령 및 행정에 대한 상담 및 자문, 사실 조사이다. 이와 같은 공문서 작성이 어려웠던 일반인들을 대신하여 행정사가 대리로 처리해 주었던 업무들이, 한국의 행정 지식이 없는 외국인들의 업무로 이동하면서 행정사의 역할이 한국 체류를 돕는 일종의 '이주 중개인'으로 변화하게 된 것이다.

　은퇴를 앞둔 공무원들 사이에서 각종 행정 업무를 대행하는 행정사가 '제2직업'으로 큰 인기를 끌고 있다. 행정사는 행정기관에 제출하는 서류의 작성에서부터 행정기관 업무와 관련된 서류의 번역, 서류의 제출 대행 등의 업무를 한다. 공무원들 사이에서 행정사에 대한 관심이 커진 데는 외국인 근로자와 관련한 행정사의 업무 비중이 늘어난 데다 정부가 주민센터에 행정사를 배치하는 마을행정사 제도를 추진한다는 소식이 전해지면서 행정사 수요가 많아질 것이란 전망이 나오면서다. 특히 공무원 경력 15년 이상에 7급 이상이면 행정사 시험이 전부 면제돼 60시간 교육만 받으면 업무를 할 수 있다는 점도 한몫 더하고 있다.[23]

행정사의 역할을 비공식과 공식의 경계에 있는 이주 중개인으로 볼 수 있는 이유는, 이들이 합법적인 행정 지원뿐만 아니라 불법 행위에 대한 구제, 행정사 면허 대여 등을 통한 외국인 불법 체류와 같은 비합법적 행정 지원에도 개입하는 사례가 빈번하게 발생하고 있기 때문이다. 예를 들어, 체류 기간이 임박한 외국인을 대상으로 행정사, 변호사 사무장 등이 연계해 허위 난민 신청 절차 전반을 대행[24]해 준다거나, 불법 체류 상태의 외국인에게 재입국을 보장해 준다며 비용이 필요하지 않은 공문서 작성에 수백만 원의 비용을 요구한 행정사[25]들의 위법 행위가 해당된다.

외국인의 출입국 및 체류를 맡는 국가기관의 전담 인력 부족 문제를 해소하고 은퇴 공무원의 행정력을 유지시키기 위한 자격제도의 도입은 이주 중개인으로서의 '행정사'를 배출하게 되는 예기치 못한 결과를 발생시켰다. 즉, 공문서 작성과 행정 업무에 익숙하지 못한 외국인에 대한 지원 서비스가 이주 정책 내에 포함되어 있지 않기 때문에 이러한 공백을 메워 줄 행위자로서 행정사의 역할이 매우 중요하게 되었고, 이들이 불법적인 부분까지 개입하게 되면서 기존의 여행사가 해 왔던 이주 중개인 역할을 일부 맡게 된 것으로 볼 수 있다.

이와 같이 조선족의 이주 중개 형태와 방식은 조선족에 대한 한국

23 〈'행정사가 뭐길래' 제2의 직업 인기몰이〉, 《경기일보》 2017년 4월 10일자.
24 〈위챗으로 모집, 공무원 출신이 전략 짜기도…난민이주 중개인 천태만상〉, 《뉴시스》 2018년 12월 30일자.
25 〈행정사 '재입국 보장' 수백만 원 요구〉, 《동아일보》 2016년 6월 16일자.

정부의 대응에 따라 진화하였다. 특히, 이주를 중개해 온 중개인들의 변화를 통해 그러한 사실을 확인할 수 있다. 한국 이주 초기 밀입국 업자를 통해 불법 이주를 시도했던 조선족들은 중국 전담여행사제도와 한국 정부의 적극적인 단체관광객 수용 정책에 따라 도입된 여행사를 통해 보다 공식적이고 합법적인 방법으로 이동할 수 있게되었다.

이후 재외동포법과 방문취업제도로 합법적 이동이 자유로워지면서 이동의 문제보다는 한국의 체류 및 정착 문제가 중요해짐으로 인해 이를 돕기 위한 비공식 단체들이 등장하게 되었고, 행정 서비스를 제공하는 행정사의 자격시험 제도의 확대를 통해 그 역할이 공식의 영역으로 넘어가게 되었다. 이러한 이주 중개인의 변화는 단계적인 변화라기보다는 공존하는 체제이며, 비공식과 공식 부문이 보완관계에 있다 할 수 있다.

이주 중개인에 의한 이주 인프라의 형성과 진화

21세기 메가트렌드가 될 만큼 이주는 점차 보편화되고 있는 사회현상이다. 과거에 비해 분명 이주는 쉬워지고 빨라지고 있지만, 역설적으로 또한 어려워지고 복잡해져 이주 과정에 소요되는 시간과비용이 증가하고 있다. 이와 같은 역설적 상황은 이주자 혼자만의이주 준비가 거의 불가능해져 중개인과 이들이 제공하는 전문적인서비스에 의존할 수밖에 없는 상황의 등장과 매우 밀접한 관련을 맺고 있다. 생소하게 들리겠지만 이주에 있어 이제 중개는 필수불가결한 요소가 되고 있다.

이와 같은 맥락에서 본 글은 중개의 역할에 초점을 두고 이주를 재개념화하고, 국내에서 발생하고 있는 이주가 중개를 통해 어떻게 구성되고 있는지를 고찰했다. 이를 위해 최근 아시아 내 이주 연구에서 주목받고 있는 이주 인프라 이론과 이주 중개인의 역할을 소개했다. 이주 인프라는 송출국에서부터 이주국에 이르기까지 이주자의 이동을 가능하게 해 주는 시스템으로, 여러 중개인 혹은 중개업체가 연쇄적으로 연결되어 있는 하나의 중개의 공간이다. 이주 인프라를 구성하는 상업, 규제, 기술, 인도주의 및 사회의 다섯 가지 차원은 상호 연결과 마찰 등을 경험하면서 복잡하게 서로 얽히게 된다. 이를 통해 이주자의 이동을 매개하고 이동성을 생산하는 인프라는 끊임없이 재구성된다.

그러나 이주 인프라 이론은 주로 송출국에서 이주를 만드는 조건에 초점을 둘 뿐, 이주국에서 안정적이고 장기적인 체류에 의해 형성되는 인프라를 간과하는 한계를 갖고 있다. 전술한 바와 같이 인프라를 이동성 생산 시스템으로 정의한 이상, 이주국에서 이미 생산된 이동성에 대한 고려가 이루어지지 않음은 당연하게 여겨질 만도 하다. 그러나 인프라 자체의 내적 진화를 주요 특성으로 내세우고 있는 한, 정착 이후의 인프라가 어떻게 변화하고 있는지에 대한 관심도 기울여야 한다. 이와 같은 측면은 중개인 연구에서도 마찬가지다. 최근 이주 중개인의 다양한 역할을 재조명한 연구는 그동안 악마화된 중개인의 이미지를 탈피시키고 중개인의 개념과 활동을 확대한 의의가 있지만, 이 역시 이주국에서 정착을 용이하게 하고 가족이나 친지의 연쇄 이주를 도와 이들의 사회적 네트워크를 확대시키는 데 기여하는 중개인의 역할에 대해서 주목하고 있지 않다.

조선족은 국내 이주민 중 이주 역사가 가장 길고 그 규모 또한 가장 크다는 점에서 이주 중개 방법의 변화에 의한 이주 인프라의 내적 진화, 특히 국내에서 이들의 장기체류와 정착을 돕는 이주 중개를 살펴보기에 용이하다. 1992년 한중수교 이후 본격적으로 시작된 조선족 이주는 그동안 국내외의 정세, 이주 정책, 경제구조의 변화 등과 맞물려서 역동적으로 변화해 왔다. 한중수교 수립 직후에는 조선족의 입국 자체를 제한적으로 허용했기에 불법임에도 불구하고 '입국'을 가능하게 해 주는 각종 중개 방법—해상을 통한 밀항과 위장결혼—이 주로 사용되었다. 조선족의 불법 입국이 점차 증가하자 정부는 이 경로를 차단하고 합법적 노동이주를 확대시켜 합법 이주를 강화하고자 했다. 이와 같은 목적으로 도입된 취업관리제와 방문취업제는 그러나 한국 내의 연고 유무를 기준으로 입국 기준을 조건화하여, 연고가 없는 조선족으로 하여금 이주 중개인에 의존하여 불법 입국을 도모하게 하였다.

최근에는 재외동포를 대상으로 대학졸업자, 기업 대표, 자격증 소지자 및 만 60세 이상을 대상으로 발급하는 장기체류 비자(F-4)가 활성화되면서 이주의 중개가 다시 한 번 변하고 있다. 장기체류 비자를 발급받기 받기 위해—주로 자격증의 획득—이주 중개인을 이용하거나, 이미 해당 비자를 받은 사람이 보다 안정적인 체류를 위해 공문서를 위조하여 사회복지 서비스 수혜의 대상자가 되고자 한다.

이와 같은 조선족의 이주를 중개하는 행위자는 밀입국자, 여행사, 종교단체와 NGO, 및 행정사로 나타났다. 이주 중개인 역시 중개 형태와 방식과 마찬가지로 한국 정부의 각종 정책과 국내외 정세와 조응하여 함께 변화해 왔다. 초기에 밀입국자들이 불법 입국을 가능하게 했다면, 중국 전담여행사 제도와 국내의 단체관광객 수용 정책에 따라 여행사가 보다 공식적이고 합법적인 방법으로(비록 합법적 입국이 불법 취업으로 연결되더라도) 이동을 가능하게 했다.

이후 등장한 재외동포법과 방문취업제도는 조선족의 합법적 이주 범위를 대폭 넓혔기에, 이제 이동을 가능하게 하는 것뿐만이 아닌 한국 내의 체류와 정착으로 이주 중개의 초점이 옮겨 가고 있다. 이 역시도 초기에는 조선족을 돕기 위해 종교단체를 비롯한 시민단체 및 비공식 단체들이 활동했지만, 점차 이주자 관련 행정 수요가 증가하면서 행정사를 확대시켜 이와 같은 서비스가 공적 영역 하에서 관리되게 되었다. 이주 중개인은 시기에 따라 주요 행위자가 달리 나타나지만 여러 행위자들이 아직 공존하고 있으며, 비공식과 공식 부문으로 나누어지지 않고 오히려 보완 관계에 있는 것으로 나타났다.

　본 글은 국내 이주 중개인에 초점을 두고 이주 인프라의 형성과 진화를 고찰한 시론적 연구이다. 이주 중개인 관련 뉴스 기사 분석과 통계 자료를 통해 조선족 관련 이주 정책의 변화를 주요 연구 대상과 연구 방법으로 하여 이주 인프라 분석을 시도했다. 이와 같은 시도는 약 30여 년에 걸쳐 지속적으로 변화하고 있는 중개인들의 이주 중개 방법의 발달을 간접적으로 보여 주기에 유의미했지만, 기사의 성격상 불법 중개 방식만이 연구 대상이 되었다는 한계를 동시에 갖고 있다. 또한 기사를 통해 국내 주요 이주 중개 행위자가 누구인지를 밝혔음에도 불구하고, 실제로 이들이 어떻게 중개를 하는지 그 과정과 방법에 대한 현장 연구가 이루어지지 않아 이를 확인하고 보다 상세한 방법에 대한 경험적 연구가 뒷받침되어야 할 것이다.

　그럼에도 불구하고 본 연구는 이주를 단순한 인구 이동이 아닌, 혹은 이주 정책에 의한 일방적인 결과물로 바라보는 것을 넘어서서 '중개'를 통해 구성되는 것이라는 밝혔고, 이를 통해 이주의 재개념화를 제시했다. 이는 기존의 국내 연구에서 결혼중개업처럼 특정 부문에서만 주목을 받고 악마화되었던 이주 중개인의 역할을 넓힘으로써, 국내 이주의 역동적인 구성을 포착하고자 시도했다는 점에서 의의가 있다.

참고문헌

국제이주기구,《이주용어사전 제2판(IOM 국제이주법 시리즈 26호)》, 국제이주
　　기구, 2011.

김건위, 고경훈,《행정사 전문자격서비스의 시장 전망 분석과 발전전략 연구》, 한
　　국지방행정연구원, 2012.

김상태,《중국전담 여행사 지정제도 개선방안》, 한국문화관광연구원, 2012

인천공항출입국관리사무소,《대한민국 출입국심사 60년사》, 휴먼컬처아리랑,
　　2015.

장준오,《밀입국의 실태와 대책 - 한국과 중국》, 한국형사정책연구원, 2005.

출입국관리사무소,《통계연보》http://www.moj.go.kr/moj/2411/subview.do(최
　　종열람일: 2019년 4월 20일).

통계청,《외국인 아내의 국적별 혼인 통계》http://kosis.kr/statHtml/statHtml.
　　do?orgId=101&tblId=DT_1B83A31(최종열람일: 2019년 4월 20일).

한국여행업협회,《중국 단체 관광객 유치 전담여행사 통계》https://www.kata.
　　or.kr/bbs/01_total.asp?boardtype=F(최종열람일: 2019년 4월 25일).

해양경찰청,《국제성 범죄 단속 통계》http://www.kcg.go.kr/kcg/si/sub/info.
　　do?page=2817&mi=2817(최종열람일: 2019년 4월 20일).

권행운·강병노,〈아시아 다문화 여성의 국제결혼 중개과정문제와 인권보호〉,《아
　　태연구》23(1), 2016, 31~60쪽.

김경제,〈대한민국 출입국관리법에 대한 비판적 고찰〉,《일감법학》29, 2014,
　　3~28쪽.

김영경·이정향,〈결혼이주여성의 사회자본에 관한 연구〉,《한국지역지리학회지》
　　20(2), 2014, 163~175쪽.

김영화,〈중국조선족 출입국관리정책의 변화와 과제: 해외노무의 장기화와 송
　　출지역의 유수아동(留守兒童) 문제에 주목하며〉,《재외한인연구》33(33),
　　2014, 29~62쪽.

김우경,〈재한중국동포단체연구〉, 한국외국어대학교 석사학위논문, 2015.

김재련, 〈왜 대한민국 남성과 결혼하려 하는가?: 국제결혼중개업의 문제점 및 결혼이주여성 인권강화 대책〉, 《공익과 인권》 9, 2011, 39~64쪽.

김정선·김재원, 〈결혼중개업의 관리에 관한 법률, 의미 없지만 유효한 법〉, 《경제와사회》, 2010, 305~344쪽.

김현미·김경제, 〈체류관련 출입국관리법의 문제점〉, 《세계헌법학회 한국학회》 23(1), 2017, 73~100쪽.

문병효, 〈한국 출입국관리법의 쟁점과 발전방향〉, 《강원법학》 55, 2018, 243~281쪽.

변종필, 〈밀항범죄의 현황과 대책〉, 《비교형사법연구》 7(2), 2005, 267~285쪽.

안병삼, 〈초국가적 이동현상에 따른 중국 조선족의 가족해체 연구〉, 《한국동북아논총》 14(3), 2009, 153~177쪽.

윤태순, 〈중-한 국제결혼의 증가에 따른 가족법의 문제: 연변조선족의 한-중 "가장혼인"을 중심으로〉, 《가족법연구》 22(1), 2008, 61~90쪽.

이용균, 〈서구의 이주자 정책에 대한 비판적 접근과 시사점〉, 《한국지역지리학회지》 20(1), 2014, 112~127쪽.

이정기·강영미, 〈재한 조선족 디아스포라의 종교활동에 대한 사회공간적 분석〉, 《디아스포라 연구》 9(1), 2015, 7~38쪽.

이진영·박우, 〈재한 중국조선족 노동자집단의 형성과정에 관한 연구〉, 《한국동북아논총》 14(2), 2009, 99~119쪽.

임안나, 〈초국적 노동 이주와 '이주 인프라'의 형성〉, 《다문화사회연구》 11(1), 2018, 121~159쪽.

장영진, 〈이주 노동자를 대상으로 하는 상업 지역의 성장과 민족 네트워크〉, 《한국지역지리학회지》 12(5), 2006, 523~539쪽.

정유리, 〈초국가적 이주에 따른 결혼이주여성의 지역정체성과 생활 변화에 관한 연구〉, 《한국지역지리학회지》 22(1), 2016, 180~194쪽.

최병두, 〈이주노동자의 유입이 지역경제에 미치는 영향〉, 《한국지역지리학회지》 15(3), 2009, 369~392쪽.

최병두·김영경, 〈외국인 이주자의 관련 정책 및 지원활동에 관한 인식〉, 《한국지역지리학회지》 17(4), 2011, 357~380쪽.

최영신, 〈외국인의 불법체류와 외국인범죄〉, 《형사정책연구》 18(3), 2007, 1319~1340쪽.

최은실, 〈국제결혼중개업 실태 및 개선방안〉, 《한국소비자원》, (사)한국여성단체

협의회 주최 '국제결혼중개업 발전 방안 마련을 위한 공청회' 자료집 발표문, 2009.

최은화, 〈제주지역 외국인범죄에 관한 연구: 외국인범죄율, 무사증 제도, 불법체류 외국인과의 관계를 중심으로〉,《치안정책연구》, 30(3), 2016, 227~260쪽.

최재헌, 〈저개발 국가로부터의 여성결혼이주와 결혼중개업체의 특성〉,《한국도시지리학회지》 10(2), 2007, 1~14쪽.

평화문제 연구소, 〈중국 조선족의 불법입국 · 불법체류,대책은 무엇인가?: 중국 조선족 동포들의 불법입국 현황〉,《통일한국》 148, 1996, 97~99쪽.

Andersson, R., Illegality, *Inc.: Clandestine Migration and the Business of Bordering Europe*, Oakland: University of California Press, 2014.

Betts, A.(ed), *Global Migration Governance*, Oxford: Oxford University Press, 2011.

Feldman, G., *The migration apparatus: Security, labor, and policymaking in the European Union*, Redwood City: Stanford University Press, 2011.

Gammeltoft-Hansen, T. and Sørensen, N. N,(eds), *The Migration Industry and the Commercialization of International Migration*, New York: Routledge, 2013.

Gammeltoft-Hansen, T.,"The rise of the private border guard: accountability and responsibility in the migration control industry", in Gammeltoft-Hansen, T.,Sørensen, N.(eds.), *The Migration Industry and the Commercialization of International Migration*, New York: Routledge, 2013, pp.146-169.

Geiger, M, Pécoud, A.(eds.), *Disciplining the Transnational Mobility of People*, New York: Palgrave Macmillan, 2013.

Gordon, J., *Global Labour Recruitment in a Supply Chain Context, International Labor Organization Fundamentals Working Paper*, ILO, 2015.

Hugo, G.,"International migration in the Asia-Pacific region: emerging trends and issues", in Massey D., and Taylor, J.E.,(eds), *International Migration: Prospects and Policies in a Global Market*, 2004, pp. 77-103.

Jones, K., *Recruitment Monitoring and Migrant Welfare Assistance: What Works?*, Dhaka: International Organization of Migration (IOM), 2015.

Kyle, D. and Koslowski, R.(eds.), *Global Human Smuggling: Comparative*

Perspectives, Baltimore: The Jones Hopkins University Press, 2011.

Latour, B., *Pandora's Hope: Essays on the Reality of Science Studies*, Cambridge: Harvard University Press, 1999.

Lindquist, J. and Xiang, B., "The infrastructural turn in Asian migration", In Liu-Farrer. G., Yeoh, B.S.A.(eds), *Routledge Handbook of Asian Migrations*, Abingdon-on-Thames: Routledge, 2018, pp. 152-161.

López-Sala, A., Godenau, D., "Integrated border management and irregular migration at the South European-North African border: The case of spain, in Bossong", R., Carrapico, H.(eds.), *EU Borders and Shifting Internal Security*, Springer, Cham, 2016, pp. 81-100.

McKeown, A.M., *Melancholy Order: Asian Migration and the Globalization of Borders*, New York: Columbia University Press, 2008.

Sørensen, N. and Gammeltoft-Hansen, T, Introduction, in Gammeltoft-Hansen, T. and Sørensen, N.(eds.), *The migration Industry and the Commercialization of International Migration*, New York: Routledge, 2013, pp. 1-23.

Tayah, M.-J., *Decent Work for Migrant Domestic Workers: Moving the Agenda Forward*, Geneva: International Labor Organisation, 2016.

Alpes, M.J., "Why aspiring migrants trust migration brokers: The moral economy of departure in Anglophone Cameroon", *Africa* 87(2), 2017, pp.304-321.

Anderson, B., "Migration, immigration controls and the fashioning of precarious workers", *Work, Employment and Society* 24(2), 2010, pp. 300-317.

Chang, A.S., "Producing the self-regulating subject: liberal protection in Indonesia's migration infrastructure", *Pacific Affairs* 91(4), 2018, pp. 695-716.

Chee, H.L., Yeoh, B.S, Vu, and T.K.D., "From client to matchmaker: social capital in the making of commercial matchmaking agents in Malaysia", *Pacific Affairs* 85(1), 2012, pp. 91-115.

Collins, F.L., "Organizing student mobility: Education agents and student migration to New Zealand", *Pacific Affairs* 85(1), 2012, pp. 137-160.

Cranston, S., Schapendonk, J., Spaan, E., "New directions in exploring the migration industries: Introduction to special issue", *Journal of Ethnic and Migration Studies* 44(4), 2018, pp. 543-557.

Elyachar, J., "The political economy of movement and gesture in Cairo", *Journal of the Royal Anthropological Institute* 17(1), 2011, pp. 82-99.

Faist, T., "Brokerage in cross-border mobility: social mechanisms and the (re) production of social inequalities", *Social Inclusion* 2(4), 2014, pp. 38-52.

Fawcett, J.T., "Networks, linkages, and migration systems", *International Migration Review* 23(3), 1989, pp. 671-680.

Fernandez, B., "Traffickers, brokers, employment agents, and social networks: The regulation of intermediaries in the migration of Ethiopian domestic workers to the Middle East", *International Migration Review* 47(4), 2013, pp. 814-843.

Findlay, A.M. and Li, F.L.N., "A migration channels approach to the study of professionals moving to and from Hong Kong", *International Migration Review* 32(3), 1998, pp. 682-703.

Glick Schiller, N. and Salazar, N.B., "Regimes of mobility across the globe", *Journal of Ethnic and Migration Studies* 39(2), 2013, pp. 183-200.

Gorman, T. and Beban, A., "Of migrants and middlemen: Cultivating access and challenging exclusion along the Vietnam –Cambodia border", *Asia Pacific Viewpoint* 57(2), 2016, pp. 207-220.

Hoang, L.A., "Moral dilemmas of transnational migration: Vietnamese women in Taiwan", *Gender & Society* 30(6), 2016, pp. 890-911.

Kern, A. and Müller-Böker, U., "The middle space of migration: A case study on brokerage and recruitment agencies in Nepal", *Geoforum* 65, 2015, pp. 158-169.

Larkin, B., "The politics and poetics of infrastructure", *Annual review of anthropology* 42, 2013, pp. 327-343.

Lin, W., Lindquist, J., Xiang, B., and Yeoh, B.S., "Migration infrastructures and the production of migrant mobilities", *Mobilities* 12(2), 2017, pp. 167-174.

Lindquist, J., "The elementary school teacher, the thug and his grandmother: Informal brokers and transnational migration from Indonesia", *Pacific Affairs* 85(1), 2012, pp. 69-89.

Lindquist, J., Xiang, B., and Yeoh, B.S., "Opening the black box of migration: Brokers, the organization of transnational mobility and the changing political economy in Asia", *Pacific Affairs* 85(1), 2012, pp. 7-19.

Martin, D., "Rules, red tape, and paperwork: the archeology of state control over migrants", *Journal of Historical Sociology* 21(1), 2008, pp. 82-119.

McKeown, A., "How the box became black: Brokers and the creation of the free migrant", *Pacific Affairs* 85(1), 2012, pp. 21-45.

Meehan, P., and Plonski, S., "Brokering the margins: A review of concepts and methods", *SOAS and the University of Bath Working Paper No.1*, 2017.

Molland, S., "Safe migration, dilettante brokers and the appropriation of legality: Lao-Thai "trafficking" in the context of regulating labour migration", *Pacific Affairs* 85(1), 2012, pp. 117-136.

Ortiga, Y.Y., "Education as early stage brokerage: Cooling out aspiring migrants for the global hotel industry", *Pacific Affairs* 91(4), 2018, pp. 727.

Palmer, W., "Public-private partnerships in the administration and control of Indonesian temporary migrant labour in Hong Kong", *Political Geography* 34, 2013, pp. 1-9.

Papademetriou, D.G. and Meissner, D., "New Migration Thinking for a New Century", *Migration Policy Institute* (MPI), 2006.

Shrestha, T., "Aspirational infrastructure: Everyday brokerage and the foreign-employment recruitment agencies in Nepal", *Pacific Affairs* 91(4), 2018, pp. 673-693.

Shrestha, T., Yeoh, B.S., "Introduction: Practices of brokerage and the making of migration infrastructures in Asia", *Pacific Affairs* 91(4), 2018, pp. 663-672.

Simone, A., "People as infrastructure: intersecting fragments in Johannesburg",

Public Culture 16(3), 2004, pp. 407-429.

Xiang, B. and Lindquist, J., "Migration infrastructure", *International Migration Review* 48(1), 2014, pp. S122-S148.

Xiang, B., "Predatory princes and princely peddlers: The state and international labour migration intermediaries in China", *Pacific Affairs* 85(1), 2012, pp. 47-68.

Xiang, B., "The intermediary trap: international labour recruitment, transnational governance and state-citizen relations in China", *Asia Colloquia Papers* 3(1), 2013, pp. 1-36.

소외와 이슬람포비아적 풍토 속의
한국적 이슬람에 대한 탐구

파라 셰이크

이 글은 International Journal of Diaspora and Critical Criticism 9(2), 2019에 게재된 원고를 수정 및 보완하여 재수록한 것이다.

본 글은 한국 사회가 무슬림 여행객과 할랄 시장의 주목을 얻기 위해 노력하는 가운데, 다른 한편 국가의 독특한 원주민이자 종교적 소수 공동체로서 지위를 확립하기 위해 분투하고 있는 한국인 무슬림들이 '한국적 이슬람'을 육성하고자 함에도 전반적으로 이러한 과정이 실패로 나타나고 있는 역설적 관계를 탐구하고자 한다. 한국인 무슬림의 주류 사회 진입을 막는 장애물인 이슬람포비아적 인식에는 이슬람·무슬림과 한국의 관계에 대한 단순한 무지가 작동하고 있다. 또한 이러한 인식은 이슬람을 이국적 종교로서 단지 외국인이 실천하는 것으로만 여기는 시각을 일반화하는 경향이 있다.

이러한 상황에서 한국 종교와 사회에 대한 학문적 관점은 혼란을 더한다. 많은 학자가 한국인 무슬림의 경험을 다문화 관련 논의에서 다루면서 무슬림을 기독교적 패권에 대한 위협으로 연구 작업을 구성하여, 이슬람은 외국 종교로서 외국인이 실천하는 것이란 개념을 고착화시켜 왔다. 또한 개종한 한국인 무슬림의 목소리를 통해 이슬람을 한국의 풍부한 문화 종교적 구조의 일부로 인정하는 데 실패했다.[1] 이러한 방식으로 무슬림 소수자에 대한 학문은 대체로 서구적 무슬림 경험을 바탕으로 형성되어 왔다. 이와 같은 도전과 학문적 현실을 염두에 두고, 본 글은 이슬람학, 한국학과 이슬람 인류학에 대한 기존 문헌에 가치를 더하고자 한국인 무슬림의 현실을 바탕으로 한 시선을 제공하고자 한다. 내부자로 여겨지는 무슬림과 한국 사회의 큰 시선에서 외부자로 여겨지는 사람들 사이에 존재하는 서

---

[1] '한국적' 종교 연구의 의미에 대한 유익한 정보와 '한국적' 정체성이란 어떤 의미인지 연구하면서 어떤 전통과 '종교'가 포함되거나 논의의 구성에서 제외 되었는지에 대해서는 길희성(2010)을 참고.

로 다른 우선순위로 인한 갈등에 대해 살펴보고, 주류 한국 사회와 한국인 무슬림 사이의 모순을 조명한다.

한국적 이슬람의 점진적 발달

한국은 이슬람, 무슬림과 복잡한 관계를 맺어 왔다. 현대 한국 사회의 이슬람과 무슬림에 대한 명백한 의식 부족에도 불구하고, 이희수(1997)는 한국과 무슬림의 관계가 천 년 이상 이어져 왔음을 밝히고 있다. 신라, 몽골, 고려 시대에 걸쳐 한국의 이슬람과 무슬림에 대한 기록을 통해, 무슬림이 어떻게 한국에 도착해 서서히 현지인화되고 사회에 통합되었는지에 대해 알려준다. 초기의 교류는 대부분 무역, 모험과 문화적 교환에 바탕을 두었으며 대개 중동 지역과 이뤄졌다. 하지만 이희수(1997)의 역사적 기록에 따르면, 조선왕조가 이슬람 의식과 전통복장을 금하는 법령을 내린 1427년 직후 이러한 서사의 대부분이 황급히 사라지고 만다. 이희수(1997)의 설명에 따르면, 이 법령으로 인해 무슬림 정착자는 150년간 그들을 한데 모아 주었던 집단적 정체성을 잃고 만다.

현대로 넘어와서 이희수(1997)는 1920년대 소련 볼셰비키 정부를 떠나온 작은 러시아 투르크 공동체가 한국에 자리를 잡으면서 무슬림의 존재가 다시 한국에 돌아왔다고 설명한다. 250명의 이 작은 소수자 공동체는 그들의 학교, 모스크 사원, 묘지 등을 설립하고 만주, 한국과 일본 사이의 무역을 통해 생계를 유지한다. 1945년 일본 식민지 행정부가 한국에서 철수한 뒤 한반도를 둘러싼 혼란을 피해 이들은 다시 떠나게 되고 한반도에서 무슬림 존재는 약해지게 된다.

이희수(1997)는 한반도에 무슬림이 도착한 날짜를 정확하게 추정하기는 어렵지만, 한국과 무슬림 국가 사이의 역사적 관계는 대략 9세기부터 존재했다고 말한다. 이것은 1950년대 한국전쟁 때 이슬람이 한국에 소개된 것으로 여기는 현재의 시각에 더 오랜 역사적 관계를 제기한다.

'한국적 이슬람'의 기반

앞에서 언급했듯이, 현재 한국 무슬림 존재의 현대적 뿌리의 일부는 유엔 평화유지군으로 1950년 한국전쟁에 참전했던 터키 무슬림 군인에 있다고 할 수 있다. 할랄 음식과 기도 공간 등 무슬림으로서의 일상을 살아가는 모습이 현지인의 호기심을 자극했고 몇몇 한국인이 이슬람으로 개종하기도 했다. 이희수(1997, 2012)는 이 군인들이 한국 이슬람의 새 시대를 출범시켰다고 말한다.

그 이후, 한국 이슬람과 무슬림의 의미 있는 발전이 이루어졌다. 송도영(2014)이 지적하듯이, 1970년대와 1980년대 경제적 발전 시기에 이슬람에 대한 관심이 고조됐다. 1976년 건축된 서울중앙성원은 이슬람에 대한 한국의 관심 표현이자 한국과 아랍 국가 사이의 우호적 관계의 표시로 여겨졌다. 송도영은 이태원 서울중앙성원을 둘러싼 공간 변화에 대해 방대한 글을 썼다. 사원으로 올라가는 길은 '무슬림 도로'로 지칭되는데, 이는 무슬림 공동체를 대상으로 운영하는 할랄 식당, 슈퍼마켓, 이슬람 서점, 하지 여행사로 분포된 작은 거리의 모습을 반영한 것이다.

이 거리의 업체들은 대개 무슬림 이주민과 여행객을 대한다. 송도영(2014)은 이 공간이 무슬림에게 중요한 안식처라고 말한다. 이들 대부분은 한국 주류 사회의 언저리에 놓인 이민자이다. 이곳은 사원을 방문하는 비-무슬림 한국인을 격식 없이 접하거나 한국 사회의 스트레스를 피해 고향을 떠나 찾는 작은 고향처럼 분리된 곳으로 경험되며, 한국 사회와 연결하는 역할을 한다.

사원과 '무슬림 도로'가 이슬람과 무슬림에 대한 관심을 표시하는 유일한 지표는 아니다. 류종율(Rew, 1991)에 따르면 한국외국어대학교, 한국중동학회, 한국이슬람학회 등 한국 대학에 아랍과 이슬람학 부서가 설립된 것도 중요한 지표이다. 이슬람과 무슬림에 관한 발전이 이뤄졌지만 이는 아주 느렸다는 점을 짚고 넘어가야 한다. 돈 베이커Don Baker(Baker, 2006)가 확인해 주듯, 한국 역사 속 이슬람과 무슬림 존재의 흔적에도 불구하고, 이 종교와 신자들은 한국 사회에서 겨우 "발가락으로 걸친 만큼"의 자리를 차지하고 발 디딜 곳을 찾는 중이다.

현대사회의 '한국적 이슬람'의 탐구

한국의 무슬림 인구에 대한 공식 통계는 존재하지 않는다. 한국이슬람교는 한국에 대략 20만 명의 무슬림과[2] 3만 명의 개종한 한국인 무슬림이 존재한다고 추정한다.[3] 한국인 무슬림과 심층적 인터뷰를 통한 필자의 개별적인 연구는 여러 가지 흥미로운 사실을 드러낸다. 현장 연구 자료의 초기 분석에서는, 이슬람으로 개종 시 한국인 남성과 여성에게 서로 다른 특정하고 복잡한 도전이 요구된다는 것을 보여 준다.

---

2 https://www.koreaexpose.com/how-influential-islam-south-korea/
3 http://www.koreaislam.org/

어린 나이에 개종한 남성은 의무 군 복무를 어떻게 수행할 것인지 결정해야 한다. 군 복무를 마친 젊은 한국 남성에 따르면, 기도 시간을 찾기가 매우 어려웠고 라마단 금식을 하거나 할랄 음식을 구하는 것은 거의 불가능했다고 한다.[4] 군 복무 기간에는 "심적으로만" 자신을 무슬림으로 여겼다고 한다.[5] 엄익란(Eum, 2017)의 연구와 마찬가지로 필자의 현장 조사에 따르면 새로운 신앙을 찾은 징표로서 머리스카프를 착용한 여성의 경우 친구, 가족, 일터에서 차별과 소외를 겪었음을 보여 준다.

이슬람으로 개종한 한국인에게 성별에 따른 문제들이 있는 게 분명하다. 하지만 일상에서 공통적으로 부딪히는 도전도 존재하는데, 한국 사회의 소속감과 관련해 의미심장한 결과를 보인다. 많은 예시 중에서 음식과 한국 친구나 가족과 나누는 풍부한 음식 문화에 관한 문제가 크다. 한국인 무슬림에게 친구 또는 동료와의 야식은 접근 불가해진다. 동물성, 특히 이슬람에서 금하는 돼지고기를 재료로 한 현지 간식이 대부분이기 때문이다. 할랄 시장에 큰 투자를 하는 한국 기관들이 있지만 할랄 인증을 받은 한국 제품은 수출을 위해서만 생산되기 때문에 한국에 사는 무슬림이 대중적인 제품을 섭취하는 것은 불가하다. 대부분의 경우, 이런 상황에서 한국인 무슬림은 자신의 문화적 생산에서 제외되어 사회 변두리로 쫓겨난 기분이 들고 만다.

이러한 특이한 한국적 상황에는 여러 이유가 있다. 먼저, 규모는 작지만 중요한 원주민 한국인 무슬림이 있음에도 송도영(2014), 오경

---

4 저자와의 인터뷰(2017)
5 저자와의 인터뷰(2017)

석(2007), 정건화 외(2005)는 이슬람을 아직도 외국인이 실천하는 외국 종교로 보는 점을 지적한다. 이민자뿐만 아니라 한국인도 이슬람을 실천한다는 사실을 한국 사회는 받아들이기 어려워하는 것으로 보인다. 한국의 무슬림 존재에 대한 역사적 증거에도 불구하고, 송도영(2014)이 보여 주듯 대부분의 사람은 이슬람이 한국의 새 종교라 여기고 한국의 민족주의적 초점에서 벗어나는 담론은 별도로 취급해 왔다. 안지현(Ahn, 2018)의 연구는 바로 이 점을 뒷받침하며, 한국이 어떻게 자칭 한민족에서 다문화로 변화해 왔는지에 대하여 논의한다. 이 작업은 어떻게 한국 사회가 변해야 하는지, 국제화되는 세계에 어떻게 보여야 하는지에 대한 현재 한국인의 사고 변화를 보여 준다.

한국인 무슬림에 대한 관심 부족은 학계의 연구에서도 반영된다. 송도영(Song, 2013, 2014, 2016), 구지연(Koo, 2018), 엄익란(Eum, 2018) 등의 방대한 연구에 따르면, 한국의 무슬림과 이슬람에 대한 연구(특히 한국인 무슬림에 대해) 대부분이 이민(김영남, 2009: 조희선, 2008, 2009), 다문화(오종진, 2009: 김중관 양경수, 2014), 선교 기독교인의 종교적 공포(김남일, 2016: 장현태, 2012) 등에 관한 논의가 중심을 이루고 있다. 최근까지 이슬람으로 개종하는 도전을 하고 '무슬림적' 삶에 맞춰 자신의 존재 반경을 재구성하는 한국인의 움직임에 대한 학술적, 국가적 관심은 제한적이었다. 또한 다른 큰 규모의 소수 집단과 달리 적은 인원의 한국인 무슬림은 영향력이 작기 때문에, 민족주의적 대중적 틀을 지닌 학문의 관심을 끌지 못했다고 볼 수도 있다. 하지만 필자의 현장 연구와 다른 학자들의 과거 작업에서는 무슬림 문제에 대해 더 많은 연구가 요구되는 한국적 배경의 여러 지층이 존재함을 알 수 있다. 특히, 현지의 이슬람포비아적 환경에서도 세계 할랄 경제에 접근하려는 욕구와 한국인 무슬림의 존재에 대한 무지는 더욱더 깊은 사고를 요구하는 중요한 요소이다.

한국인 무슬림 인구는 영국, 프랑스, 중국 등 다른 나라의 소수 무슬림 공동체보다 훨씬 적다. 하지만 무슬림이 되기로 선택하는 한국인 개인의 흐름은 꾸준하게 나타나고 있는 듯 보인다. 뒤에서 논하듯이, 이슬람포비아적 시선을 가진 한국 사회는 소수 종교집단으로서 '한국인 무슬림' 육성을 저지하는 동시에, 다른 한편으로는 무슬림 관광객을 유치하는 모순적인 노력을 보인다.

이슬람포비아적 배경의 할랄 사업과 관광

구지연(Koo, 2018)이 확인해 주듯이, 한국 정부의 지자체 기관들은 관광산업의 다양한 분야에 상당한 자원을 투자하고 있다. 채경연과 이희율(채경연 이희율, 2015)은 한국 관광산업의 관심이 일본 관광객에서 중국 관광객으로 넘어갔다가 중국 관광객의 흐름이 줄어들자 무슬림 국가 관광객의 관심을 끌기 위한 시도로 이어졌다고 지적한다. 5.73조 달러에 달하는 세계 할랄 시장은 18억 명의 세계 무슬림 인구를[6] 대상으로 하기에, 한국 기업은 중국 관광객의[7] 빈 자리를 무슬림 관광객이 성공적으로 메꿀 수 있으리라 생각한다. 무슬림 관광객의 편의를 위한 환경 조성의 중요성을 강조하는 채경연과 이희율(채경연 이희율, 2015)의 학문적 연구가 이를 뒷받침해 준다. 여기에는 이슬

---

6 《2014-2024년까지의 할랄 시장 규모, 예측과 트렌드 분석(2017 8월분)》, Report ID: 5205107 https://www.reportbuyer.com/product/5205107/halal-market-size-forecast-and-trend-analysis-2014-to-2024.html accessed 7/6/2019

7 http://www.koreaexpose.com/south-korea-tapping-halal-market/ accessed 7/6/2019

람 관습에 대한 지식을 갖춘 현지 관광 가이드 육성, 기도 공간 배치, 할랄 한국 음식에 대한 접근성 높이기, 그리고 적절한 무슬림 국가의 비자 면제 프로그램을 준비하여 한국을 고급 관광 목적지로 홍보하는 것 등이 포함된다.

이처럼 한국이 할랄 시장에 접근하면 큰 이득을 얻을 수 있다는 것을 인정하는 데도 국내 이슬람포비아적 배경은 적대적인 조건을 낳았고, 특히 할랄 창업을 향한 노력은 기독교 집단의 시위와 극심한 반발과 마주하였다. 그 예시로 2015년 박근혜 정부가 전라북도 익산 한국국립식품공단 안에 할랄 푸드 단지를 설립할 계획을 발표했을 때, 김남일(2016)의 연구에 따르면 이는 할랄 음식을 통해 이슬람이 한국 사회에 파고드는 것이라 비판하는 선교 기독교 집단의 비난을 받았다. 이 시위는 할랄 푸드 단지 설립을 반대하는 천만 명의 서명을 모으는 캠페인으로 이어지기도 했다.[8] 결국, 이러한 반대 때문에 정부는 계획을 중단했다. 마찬가지로, 국내는 물론 수출을 위한 신선한 할랄 고기를 제공할 한국 내 할랄 도살장 계획도 동물권리 운동가의 반대에 부딪혔다. 할랄 도축 방법이 잔인하다는 이유 때문이었다.[9]

이 시점에서, 이러한 부정적인 시각을 낳은 한국적 배경의 이슬람포비아의 특징에 관해 살펴볼 필요가 있다. 어느 정도는 식민주의와 관계가 있는 서구 국가의 이슬람포비아와는 다르게, 한국의 이슬람포비아는 매체의 부정적인 표현에서 학습된 행동으로 보인다. 한국

8　http://www.kukmindaily.co.kr/article/view.asp?arcid=0010306170 accessed 7/6/2019

9　http://koreajoongangdaily.joins.com/news/article/article.aspx?aid=3021829 accessed 7/6/2019

사회의 이슬람포비아는 혐오 발언과 같은 넓은 문제와 동일 선상에 존재한다는 점에 주목해야 한다. 예를 들어, 한국인권위원회(2017)는 혐오 발언이 한국 사회에서 매우 심각한 사안이 되었다고 확인하였는데, 주로 여성, 성소수자, 장애인, 이주민, 그리고 무슬림이 주요 대상이다. 유엔 인종차별철폐위원회(2018)도 비슷한 우려를 표명하면서 무슬림 난민을 대상으로 하는 혐오 발언에 주목했다.[10]

한국의 이슬람포비아를 연구하는 학자들에 따르면, 이슬람과 무슬림에 대한 한국 사회의 부정적인 시각에 작용하는 여러 원인이 있다. 이는 이슬람과 무슬림 사안에 대한 단순한 무지, 매체의 표현과 상징, 특정 기독교 집단의 영향, 그리고 일반적인 반-다문화적 감정을 포함한다. 이러한 시점은 '한국적 이슬람'의 성장을 위해 한국인 무슬림이 마주하는 장애물을 이해하기 위해 더 자세히 살펴볼 필요가 있다.

이슬람포비아와 함께 전 세계 무슬림 사안에 대한 관심이 높아졌는데, 특히 미국의 9/11 공격이 무슬림과 이슬람에 대한 한국의 부정적인 시각 형성에 깊은 영향을 주었다. 예를 들어, 김수완(2013)은 한국인이 주로 아랍 사안을 다루는 부정적인 뉴스에 노출되는데, 이때 아랍인과 무슬림이 동일하게 다뤄지는 점을 발견했다. 더 나아가 김수완(Kim, 2013)은 아랍 사안에 대한 한국 기사의 대부분은 "테러, 전쟁, 갈등, 성차별"과 같은 용어를 사용했고, 이것이 한국인의 부정적인 시각을 형성하게 했다고 주장한다. 이와 비슷한 맥락에서 구지

---

10 Committee on the Elimination of Racial Discrimination, 《Concluding observations on the combined 17th to 19th periodic reports of Republic of Korea*》 CERD/C/KOR. CO/17-19, 2018.

연(Koo, 2018)은 2014년 ISIS의 공격 이후 한국 사회의 이슬람포비아가 더 만연해진 사실을 제시한다. 그는 한국의 이슬람포비아는 주로 외국 국적을 가진 무슬림을 대상으로 한다고 주장한다. 이주민 무슬림이 한국의 무슬림 인구 대부분을 차지하는 현실에 비추어 보았을 때 이는 놀랍지는 않다. 하지만, 구지연(Koo, 2018)과 엄익란(Eum, 2017) 두 학자 모두 확인해 주듯, 이슬람포비아는 한국인 무슬림을 대상으로 하기도 한다. 특히 새로 개종한 신앙의 표시로 머리 스카프를 착용하는 여성을 향하는 경우가 많다. 두 학자 모두 한국인 무슬림 여성이 이슬람 신앙으로 인해 일자리를 잃거나 폭력이나 차별을 당한 사건들을 기록하고 있다.

또한 정회옥(Jeong, 2017)은 서구 사회에서 무슬림 이민자로 인하여 경제적 궁핍을 겪게 될까 우려하는 데서 이슬람포비아가 나타나는 것과 달리, 한국적 이슬람포비아의 개념에는 종교적 면이 있음을 보여 준다. 이를 더 복잡하게 하는 것은, 장동진과 최원재(2012)가 발견했듯 무슬림에 대한 진정한 교류, 관심과 지식의 부족이 한국적 이슬람포비아를 키웠다는 점이다.

구지연(Koo, 2018)은 무슬림에 대한 혐오를 형성하는 데 매체가 주요 역할을 했다고 주장한다.

한국 매체는 무슬림과 이슬람 문화를 획일화된 종교적 세력권으로 대하는 경향이 있다. 한국에는 이슬람 세계와 무슬림에 대해 깊게 뿌리박힌 이미지가 존재한다. 한국 매체는 이슬람 세계를 이슬람이 통제하는 땅으로, 무슬림은 종교적 광신자 집단으로 동일시하여 취급한다. 바꿔 말하면, 한국 언론의 모든 중동 관련한 뉴스의 지배적인 구성은 이슬람을 바탕으로 한다(170).

이러한 부정적인 시각이 '한국적 이슬람'의 개발을 통해 사회적 수용을 조성하려고 노력하는 이슬람으로 개종한 한국인에게 어려운 장벽이 되고 있다. 이처럼 한국의 원주민 무슬림 공동체가 복잡하고 어려운 상황에 처해 있음에도 불구하고, 한국의 정부 지자체 기관은 이들의 존재를 외면하고 대신 세계 할랄 시장의 경제적 잠재력 활용과 '할랄 관광' 프로그램을 통해 무슬림 방문객을 끄는 데 집중한다.

특히 한국을 무슬림 여행객에게 열린 세계화된 국제적인 장소로 홍보하는 데 있어서 한류, K 뷰티, K 푸드에 끌린 부유한 무슬림의 관심을 얻기 위해 큰 노력을 쏟고 있다(Han & Lee, 2009). 한류 드라마 촬영 장소인 남이섬에 현재 한국 이슬람교의 인증을 받은 할랄 식당이 들어와 무슬림 관광객이 한국 음식을 즐길 수 있게 되었다는 점도 주목할 만하다. 또한 섬에 설치된 기도실에서 일상의 의무인 기도를 드릴 수도 있다.[11] 한국 땅에서 할랄 사업을 현지화하는 노력에 반발하던 것과 달리, 한국 기업들은 무슬림의 필요 사항에 맞춰 서비스를 제공하는 것의 경제적 잠재력을 파악하고 이러한 무슬림 여행자를 대상으로 한 서비스를 확대하고 있다. 예를 들어, 잠실 롯데백화점에는 무슬림 기도 공간이[12] 배치되어 있고, 제품에 할랄 인증서를 받고 싶어 하는 한국 업체를 돕기 위해 한국할랄산업연구원도 설립되었다.[13] 한국의 대표적인 브랜드인 농심과 비비고는 해외 할랄 시장에 진출하고자 자사 유명 제품의 할랄 버전을 재구성했다. 더 나아가, 한국관광공사 사이트에서 할랄 관광 지도와 전자책을 다

---

11 https://namisum.com/en/events/facilities-for-religious-tourists2/

12 https://www.lwt.co.kr/en/event/event/detail.do?evt_no=225860&subsid_no=&pageIndex=1&searchWord=&listType=List

13 http://www.kihi.or.kr/

운받을 수 있는데, 이는 무슬림이 한국 여행을 더 쉽게 하도록 돕는 한국 정부의 노력의 일부다.[14]

이와 같이 무슬림과 그들의 주머니에 대한 한국의 관심은 분명하고 현실적이다. 할랄 산업은 거대하지만, 현재의 이슬람포비아적 배경에서 한국이 얼마나 국제 할랄 시장에서 활약할 수 있을지는 의문이다. 무슬림 문화와 경제에 다가서려는 노력과, 한국 사회에서 원주민 무슬림 공동체와 그들의 종교적 필요 사항을 차별하거나 외면하는 현실 사이의 간극은 매우 크다. 예를 들어, 필자가 수행한 인터뷰에서 응답자들은 아이들이 학교에서 할랄이 아닌 음식을 먹을 수밖에 없는 점에 대해 자주 불편을 토로한다. 한국인 부모들은 다른 배경의 아이들에 대한 교사의 공감과 보살핌이 부족하다고 불평하는데, 무슬림으로서 받는 영향을 최소화하기 위해 나름대로 열심히 노력한다고 한다. 따라서 동료들의 인정을 받기 위해 이슬람 실천이 자주 뒷전이 되고 만다는 점은 놀랍지 않다.

부정적인 조건은 한국인의 삶의 여러 단계에 적용되는 것으로 보인다. 필자의 현장 연구 조사에 따르면 한국인 무슬림은, 성인이 되어서도 자주 기존의 사회적 정상성에 끼워 맞추기 위해, 직장을 유지하기 위해, 관계 네트워크에 포함되기 위해 자신의 종교적 정체성을 숨기거나 드러내지 않아야 한다고 느낀다. 더 나아가 앞에 언급했다시피, 이슬람은 외국 종교로 여겨지기 때문에 이슬람포비아와 다문화 관련 문제들은 한국에 이민한 무슬림에게 주로 초점이 맞춰져 있다. 이 문제들은 문화적 적응과 사회화 이슈들과 같은 선상에서 연구된다. 이러한 이유로 원주민 한국인 무슬림은 논쟁에서 자주

---

14 https://english.visitkorea.or.kr/enu/ATR/muslim_intro.jsp

배제되고 만다. 이런 사실은 '한국적 이슬람'의 개발에 상당한 도전이 되고 있으며, 또한 이는 새로운 연구 노력을 통해 더 탐구되어야 할 가치가 있다.

한국인 무슬림의 역할

이슬람이 외국인을 위한 외국 종교라는 흔한 사고가 한국 사회에 뿌리박힌 점을 염두에 두면, 자원이 풍부한 무슬림 국가들과 더 나은 경제적 관계를 위해, 더 강한 한국을 만들기 위해 이슬람과 무슬림이 어떻게 연구되고 분석되어야 하는지 알 수 있다. 성장 초기 한국은 석유가 풍부한 무슬림 국가, 대부분 중동 국가와의 석유 개발, 건설 계약에 기반을 두었다. 이슬람과 중동 지역에 관해 배우려는 한국의 관심의 원동력은 무슬림과 가까운 관계를 생성해야 할 필요, 소망과 강한 연결성이 있다는 걸 알 수 있다. 즉, 현지 한국인 무슬림이 존재했고 존재해 옴에도 그들은 한국이 찾는 경제적·정치적 영향을 갖추지 않았기에 오늘까지도 관심 밖이라는 것이다.

이러한 상황과 이슬람포비아 배경은 이슬람과 무슬림에 대한 여러 부정적 시각을 낳았고 비-무슬림 한국인이 동포를 보는 관점에 영향을 주었다. 이것은 결국 한국인 무슬림의 삶에 부정적 영향을 주어, 개종 후 태어난 나라가 고향처럼 편한 곳이 되지 못하여 자신의 자리를 만들기 위해 고군분투하게 했다. 이 글은 한국인 무슬림이 사회적 위치를 얻으려는 과정에서 겪는 문제를 탐구하고자 했다. 결론적으로, 한국이 기독교와는 다르게 이슬람을 사회의 종교적 구조 안으로 받아들이지 못했다는 점이 분명해 보인다. 이는 문화적 상품의 일방통행에서 무슬림을 현지 시민이 아닌 외국인으로서 보는 시선에 대한 증거가 된다. 동시에 한국은 세계 할랄 시장에서의 경제적 활동을 강화하기 위해 무슬림에 큰 관심을 가지고 있다. 한국 사회에서 자리를 찾으려는 한국인 무슬림에게 당장 적용할 마땅한 해결 방법은 없지만 한국어, 문화, 관습에 이미 익숙한 한국인 무슬림은 세계 할랄 시장에 초점을 맞춘 한국 사회의 무슬림 활동에 있어서 우선적으로 필요한 역할을 할 수도 있다. 또한 한국인 무슬림은 한국 사회와 무슬림 사이의 사회적 간극과 오해를 좁히고 발전적으로 다룰 수 있는 위치에 있다는 점을 고려할 필요가 있다.

참고문헌

정건화,《근대 안산의 형성과 발전》, 한울아카데미, 2005.
오경석,《한국에서의 다문화주의》, 한울아카데미, 2007.

김영남,〈이주 무슬림의 한국 사회 정착에 대한 선교적 고찰〉,《선교신학》21, 2009, 1~35쪽.
김남일,〈할랄식품 공장 건립을 통한 이슬람의 한국선교전략에 관한 연구〉,《복음과 선교》Vol. 34 No. 2, 2016, 13~50쪽.
김중관·양경수,〈요르단 이주민의 다문화 사회통합 예측 에 대한 분석〉,《한국이슬람학회논총》24.2, 2014, 35~70쪽.
오종진,〈한국사회에서의 중앙아시아 이주 무슬림들의 혼인과 정착: 카자흐스탄, 우즈베키스탄, 키르기스스탄, 타지키스탄, 투르크메니스탄, 아제르바이 잔 출신 무슬림들을 중심으로〉,《한국중동학회논총》30.1, 2009, 257~293쪽.
장현태,〈기독교에서 바라본 한국의 이슬람 정착과 근본적인 대처 방안〉,《복음과 선교》Vol. 19, 2012.
조희선,〈한국 이주 아랍 무슬림의 현황과 조직화〉,《한국중동학회논총》29.1, 2008, 31~66쪽.
조희선,〈한국 이주 아랍 무슬림의 혼인과 정착, 그리고 문화적응에 관한 연구 〉,《한국중동학회논총》30.1, 2009, 169~215쪽.
채경연·이희율,〈A study on the application to Halal tourism to promote Islamic tourism market in Korea〉,《Food Service Industry Journal》11(2), 2015, pp. 95-103. (https://doi.org/10.22509/kfsa.2015.11.2.008)
한희주·이재섭,〈An Exploratory Study on the Malaysian Muslim Tourism Market to Korea〉,《관광경영연구 정기학술세미나》Vol. 2009 No. 02, 2009, pp. 115- 147.

Ahn, Ji-Hyun. *Mixed Race Politics and Neoliberal Multiculturalism in South Korean Media*, Palgrave Macmillan, 2018.

Lee, Hee Soo, *A Survey on Muslims in Korea*, Institute for Asian Muslim Studies, Waseda, 2011, (University, http://www.waseda.jp/inst/ias/assets/uploads/2016/07/SR_Korea_2011.pdf)

_____, *A Survey Report On Halal Food Consumption Among Muslim Students And Housewives In Korea*, Institute for Asian Muslim Studies, Waseda University, 2017, (https://www.waseda.jp/inst/ias/assets/uploads/2017/03/Muslims-in-Korea-Waseda-Survey-Report_revised_2016-Mother-26-Student-2.27.pdf).

_____, *The Advent of Islam in Korea*, Istanbul, 1997.

Lee, Keehyeung. "Mapping out the Cultural Politics of "the Korean Wave" in Contemporary South Korea", Chua Ben Hua and Koichi Iwabuchi (eds.), *East Asian Pop Culture: Analysing the Korean Wave*, Hong Kong: Hong Kong University Press, 2008, pp. 175–190.

Shin, Gin Wook, *Ethnic nationalism in Korea*, Stanford, CA: Stanford University Press, 2006.

Song, Doyoung, "Spatial Process and Cultural Territory of Islamic Food Restaurants in Itaewon, Seoul", Lai Ah Eng, Francis L. Collins and Brenda S.A. Yeoh (eds.), *Migration and Diversity in Asian Contexts*, Singapore: Institute of Southeast Asian Studies, 2013 pp. 233-253.

Jang, Dong-Jin & Choi Won Jae, 〈Muslims in Korea: The Dilemma of Inclusion〉, 《Korea Journal》 Vol. 52. No.2, 2012, pp. 60-187.

Jeong, Hoi Ok, 〈South Korean Attitudes Toward Muslims: Revealing the Impact of Religious Tolerance〉, 《Islam and Christian-Muslim Relations》 Vol. 28 No. 3, 2017, pp. 381-398, (DOI: 10.1080/09596410.2016.1208996).

Kim, Nora Hui-Jung, 〈Multiculturalism and the politics of belonging: the puzzle of multiculturalism in South Korea〉, 《Citizenship Studies》 16:1, 2012, pp. 103-117, (DOI: 10.1080/13621025.2012.651406).

Kim, Su-wan, 〈Framing Arab Islam axiology Published in Korean Newspapers〉, 《International Journal of Philosophy of Culture and Axiology》 Vol. 10, No. 1, 2013, pp. 47 -66.

Ahn, JH, "Global Migration and the Racial Project in Transition: Institutionalising Racial Difference in South Korea," *Journal of Multicultural Discourses* 8(1), 2013, pp. 29-47.

Baker, Don, "Islam Struggles for a Toehold in Korea," *Harvard Asia Quarterly Winter* Vol. 10 Issue 1, 2006, pp. 25-30.

Eum, Ikran, "Korea's response to Islam and Islamophobia: Focusing on veiled Muslim women's experiences", *Korea Observer* 48, 2017, pp. 825-849, (10.29152/ KOIKS.2017.48.4.825).

Kim, Joon K., "The Politics of Culture in Multicultural Korea", *Journal of Ethnic and Migration Studies* 37:10, 2011, pp. 1583-1604, (DOI: 10.1080/1369183X.2011.613333).

Koo, Gi Yeon. "Islamophobia and the Politics of Representation of Islam in Korea", *Journal of Korean Religions* 9 (1), 2018, pp. 159-192.

Rew, Joung Yole, "The Present Situation of Islamic and Middle Eastern Studies in Korea (South)", *Middle East Studies Association Bulletin* Vol. 25. No. 2, 1991, pp. 181-183.

Shanker, Thapa, "Identity of Muslims as a Religious Minority in Korea: A Preliminary Report", *The Review of Korean Studies* 3(2), 2000, pp. 167-180.

Song, Doyoung, 〈The Configuration Of Daily Life Space For Muslims In Seoul: A Case Study Of Itaewon's "Muslims' Street."〉, *Urban Anthropology and Studies of Cultural Systems and World Economic Development* Vol. 43, No. 4, Special Issue: Emigration and Immigration: The Case of South Korea, 2014, pp. 401-440.

Song, Doyoung, 〈Ummah in Seoul: The Creation of Symbolic Spaces in the Islamic Central Masjid of Seoul〉, *Journal of Korean Religions* Vol. 7 No. 2, 2016, pp. 37-68.

Yousaf, Salman & Xiucheng, Fan, "Halal culinary and tourism marketing strategies on government websites: A preliminary analysis", *Tourism Management* Vol. 68, 2018, pp. 423-443, (https://doi.org/10.1016/ j.tourman.2018.04.006).

한국 난민 이슈의 정치화

이병하

이 글은 《문화와 정치》 5권 4호(2018)에 게재된 원고를 수정 및 보완하여 재수록한 것이다.

한국 사회에서 난민 이슈는 어떻게
안보 문제가 되었는가?

이 글의 목적은 2018년 제주 난민 사태 이후 우리 사회에 촉발된 난민 관련 논쟁과 갈등의 의미를 코펜하겐 학파의 사회안보societal security와 안보화securitization 이론을 활용하여 분석하는 것이다. 세계화의 진전과 더불어 세계화의 한 요소로서 국경을 넘나드는 인구의 이동인 국제이주는 점차 증가하고 있다. 국제이주기구IOM: International Organization for Migration의 통계에 따르면 2015년 현재 전 세계 이주민은 약 2억4,400만 명으로 전 세계 인구의 약 3.3퍼센트를 차지한다 (IOM 2017, 2). 전 세계 인구 대비 이주민의 비율이 높다고 볼 수는 없지만, 국제이주가 발생하거나 영향을 주는 지역이 북미, 유럽, 오세아니아 지역을 넘어 지리적으로 확대되고 있으며, 국제이주의 유형이 다양화되고 있어 국제이주는 점차 중요한 글로벌 현상이 되고 있다. 이에 따라 혹자는 현재 우리는 국제이주의 시대에 살고 있다고 말한다(Castles and Miller, 2013).

국제이주의 지리적 확대와 이주 유형의 복잡성과 더불어 난민의 증가 역시 국제정치 질서의 근간을 흔드는 중요한 사회현상이다. 2011년 이래 1,000만 명 이상이 강제로 보금자리를 떠나게 만든 시리아 내전은 시리아 난민들의 유럽으로의 대규모 이동을 낳으면서 전 세계 여론을 움직였고, 유럽 정부들로 하여금 난민 수용 정책의 근본 기조를 고민하게 만들었다. 시리아 난민 사태는 유럽 이외의 지역에서 유럽 내부로 대규모 인구 이동이 이루어진 첫 번째 사례로서 유럽 각국에 큰 정치적 파장을 낳았다. 난민에 관한 담론이 급속도로 안보화되었으며, 그 결과 유럽 국가들의 선거에서 반反이민과 반反난민을 기치로 내건 극우정당들이 약진하고 있다(김성진 2018). 또한 유럽에서 포퓰리즘의 발흥과 그동안 유럽의 정치적 통합 노력을 뒤로 돌리고 있는 브렉시트Brexit의 밑바닥에는 유럽 역내 이민에 대한 대중의 반감이 존재하며, 도널드 트럼프Donald J. Trump가 미국 대통령에 당선된 데에도 지속적인 반이민 여론에도 개방적인 이민 정책과 난민 정책이 유지되고 있는 데 대한 대중들의 반감이 있었다(Judis, 2017).

난민은 국가의 취약성이 증가하기 때문에 발생한다. 더 나은 경제적 기회를 추구하기 위해 출신국을 자발적으로 떠나는 이주민과 달리 난민은 박해, 폭력 등으로 인해 강제적으로 자신의 터전을 떠날 수밖에 없었던 사람들이다. 이들을 강제적으로 떠나게 만든 요인은 다름 아닌 대규모 폭력의 발생이고, 대규모 폭력이 발생한 원인은 국가 간 분쟁 혹은 국가 내 분쟁으로 인한 국가의 붕괴이다. 베츠Alexander Betts와 콜리어Paul Collier에 의하면, 국가는 대규모 폭력에 의해 반드시 붕괴하는 것은 아니며, 국가가 강압적 힘을 행사하는 능력이 상대적으로 취약할 때 국가의 붕괴와 실패로 이어진다(Betts and Collier 2017, 17-18).

민주적 선거제도가 정치적 책임성과 정당성을 강화시키기보다 국가 내 집단 간의 적대 구도를 강화시켜 대규모 폭력 사태가 발생하고, 국가가 붕괴하여 대규모 난민이 발생하는 나라는 소수의 나라에 한정되어 있다. 유엔난민기구에 의하면, 2017년 현재 주요 난민 발생국은 시리아(약 630만 명), 아프가니스탄(약 260만 명), 남수단(약 240만 명) 등이다(UNHCR, 2018, 14).

특정 지역에서 발생하는 난민에 대하여 국제사회는 효율적으로 대응하지 못했다. 시리아 난민들이 유럽으로 이동한 것을 유럽 난민 사태로 부르고 있지만, 이는 유럽만의 실패가 아닌 글로벌한 차원에서 국제사회가 비호를 제공하고 책임을 분담하는 데 실패한 것으로 볼 수 있다. 일례로 2017년 현재 개발도상국이 전 세계 난민의 85퍼센트를 수용하고 있으며, 이 중 약 3분의 1이 최빈국이다(UNHCR, 2018. 2). 난민 문제에 대해 국제사회가 효율적으로 대응하지 못하는 사이, 난민들은 생존을 위해 출신국을 탈출하여 유럽, 멀리는 아시아까지 이동하면서 난민 문제는 전 세계적 위기로 비화하고 있다.

한국은 그동안 난민 문제에 소극적으로 대응해 왔다. 1992년 '난민의 지위에 관한 협약(이하 난민협약)'과 '난민의 지위에 관한 의정서'를 비준하고, 이에 따라 1993년 출입국관리법을 개정하였으며, 2012년 별도의 난민법을 제정하는 등 난민 문제를 정책적으로 대응하기 위한 법제도를 갖추었지만, 2018년 7월까지 난민 인정자 수는 855명에 불과하다. 2017년 현재 한국의 난민 인정률은 약 2퍼센트 수준으로 OECD 평균인 약 30퍼센트에 크게 못 미친다(김예경·백상준·정민정 2018). 낮은 난민 인정률에는 여러 가지 이유가 있겠지만, 한국이 난민 사태를 우리에게 당면한 문제가 아닌 남의 문제로 인식하여 소극적으로 대응해 왔다는 것을 보여 준다. 그러나 2018년 상반기 5개월 동안 552명의 예멘인이 난민 신청을 하면서 한국 사회는 난민 문제가 더 이상 남의 문제가 아님을 자각하게 되었다(김예경·백상준·정민정 2018).

2018년 제주 예멘 난민 사태는 예멘인들이 대거 난민 신청을 하면서 제주도민의 문제로 시작되었지만, 언론의 적극적인 보도로 빠른 시일 내에 전국적인 이슈로 발전하였다. 난민 수용을 둘러싼 찬반 논쟁이 온라인을 중심으로 빠르게 확산되는 와중에 6월 1일 법무부가 무사증입국 가능 국가에서 예멘을 제외하고, 국가인권위원회가 제주 예멘 난민에 대한 정부 차원의 대책을 촉구하였으며, 국회의원들도 난민 관련 개정안들을 발의하기 시작하면서 정책적 이슈로 진화하였다(박태순, 2018). 온라인에서 진행되던 찬반 논쟁은 6월 30일 서울 도심에서 난민 수용을 둘러싼 찬성 단체와 반대 단체들이 동시에 집회를 개최하면서 오프라인으로 번졌다(김선웅 2018). 10월 17일 법무부가 2차 심사 대상자 중 339명에게 인도적 체류를 허가하면서 난민 수용을 둘러싼 논쟁은 잦아들었지만, 제주 예멘 난민 사태는 한국 사회에서 난민 이슈가 본격적으로 토론되는 계기가 되었다(정진우, 2018).

2018년 제주 예멘 난민 사태는 한국 사회에서 난민 이슈가 압축적이면서도 폭발적으로 확산될 수 있음을 보여 준 첫 번째 사례이다. 그러나 한국 사회의 난민 이슈가 가진 갈등의 잠재성에 비해 국내 난민 연구는 폭넓게 이루어지지 못했다. 난민에 관한 국내 연구는 대부분 난민 보호에 관한 국내법 혹은 국제법적 검토에 제한되어 있다(김종철, 2014; 김현주, 2015). 또한 시리아 난민 사태로 인해 난민 이슈가 유럽에서 중요하게 대두되면서 유럽연합 혹은 유럽연합 각국의 정책을 소개, 분석하는 연구들이 다수를 차지한다(강지은, 2016; 고기복, 2007; 고상두·하명신, 2011; 김성진, 2018; 박단, 2016; 안병억, 2016; 최진우, 2016). 정치학적 연구들도 테러리즘과 난민 문제의 연계, 인도적 위기에 대한 안보적 접근 등 제한적으로 이루어지고 있다(송영훈, 2014; 이신화, 2016). 정치학적 관점에서 한국 사회 난민에 대한 논쟁과 갈등을 본격적으로 분석한 연구는 많지 않다고 할 수 있다. 따라서 이 글은 2018년 제주 예멘 난민 사태 이후 압축적으로 등장한 한국 사회의 난민 담론과 논쟁의 의미를 코펜하겐 학파의 사회안보 및 안보화 이론을 활용하여 분석하고, 현재 한국 사회의 난민 담론과 논쟁의 수준이 안보화 이론에 비추어 볼 때 어느 정도의 수준인지 살펴보고자 한다.

이 글은 다음과 같이 구성된다. 우선 이 글을 위한 주요 이론 틀인 코펜하겐 학파의 사회안보 및 안보화 이론을 소개하고, 국제적으로 난민 현황과 난민 수용국의 안보화 과정을 살펴본 뒤, 한국에서 난민 담론의 정치화를 안보화 이론을 활용하여 분석하고자 한다. 마지막 결론으로서 연구 결과를 요약하고 난민 이슈의 탈안보화를 위한 방향을 제시하며 연구의 한계를 서술하고자 한다.

사회안보와 안보화 이론[1]

이 글의 주요 이론적 틀로서 코펜하겐 학파[2]의 사회안보 및 안보화 이론을 소개하고자 한다. 냉전 시기 안보 연구는 초강대국에 의한 군사력의 전략적 사용에 초점을 맞춰 왔으며, 그 대상도 국가에 한정되어 있었다. 따라서 냉전 시기 안보이론들은 외부로부터의 군사적 위협을 주요 안보 위협으로 보았고, 이에 대한 대응책 역시 군사력의 전략적 사용에 한정되어 있었다(김병조, 2011). 그러나 1970년대 이후 국제정치학에서 경제적 상호의존에 대한 논의가 증가하고 안보 개념에 경제적인 이슈들이 포함되면서 냉전 시대의 제한적 안보 개념이 확대되어야 한다는 주장이 대두되기 시작했다(김현정·문보경, 2016, 129). 새로운 안보 개념에 대한 요구가 데탕트의 진전과 평화

---

1 "안보화 이론"에서 "안보화"는 안보로 간주되지 않았던 의제가 새로운 안보 의제로 변환되는 일련의 과정을 설명하는 이론을 의미하는 반면, 안보화 과정에서 정치화와 구분되어 사용될 "안보화"는 안보 대상의 생존을 위해 극단적 방책을 요구하는, 즉 정치화보다 안보의 의미가 더 강화되는 단계를 의미한다.

2 코펜하겐 학파는 1985년 설립된 분쟁 및 평화연구소COPRI: Copenhagen Peace Research Institute를 중심으로 안보 연구에 있어 새로운 안보이론과 안보 개념의 확대를 주장해 온 일군의 학자들을 말한다.

운동의 발전 속에 가속화되면서 코펜하겐 학파의 새로운 안보이론과 안보 개념의 확대 논의는 주목받기 시작한다.

코펜하겐 학파의 새로운 안보이론과 확대된 안보 개념은 이 글의 큰 주제라고 할 수 있는 이주와 안보의 연계를 파악하는 데 유용한 이론적 틀을 제공한다. 위에서 서술하였듯이 안보가 전통적인 시각에서 국가안보와 군사력 사용에 국한되는 한 이주와 안보의 연계성을 파악하기는 쉽지 않다. 그러나 9/11 이후 이주와 안보는 서로 연결된 주제로 연구되기 시작했다.

코슬로우스키Rey Koslowski는 테러리즘과 연이은 대도시의 폭탄 테러에 주목하면서 국제이주와 초국가적 범죄 그리고 테러의 관련성을 분석하였다. 테러리스트 조직과 같은 비국가 행위자들이 국가안보를 위협하면서 테러리스트 조직이 이민자 네트워크를 통해 인적, 재정적 수단을 확보하는 경향이 중요한 안보 위협으로 대두되었으며 이러한 경향이 이민의 안보화를 낳고 있다고 보았다(Koslowski, 2012). 따라서 안보 연구에 있어 국제이주, 난민, 이주민/난민의 초국가적 네트워크가 중요한 주제로 부상하였다.

한편, 국제이주 연구자들에게도 안보가 중요한 연구 주제가 되었다. 확대된 안보 개념 중 하나인 인간안보의 관점에서 보면 인간안보의 결핍 그 자체가 이주와 난민의 원인이 되며, 이주민과 난민의 불안정성 역시 안보의 부재 상태라고 볼 수 있기 때문이다. 일부 학자들은 '포용적 안보화inclusive securitization'라는 개념을 통해 난민 문제의 근원을 인간안보로 접근하면서 난민를 보호하는 데 있어 인간안보 개념을 적극 활용하자고 주장하기도 했다(Hammerstadt, 2014). 또한 1980년대 이래 유럽에서 난민과 불법이주자들이 늘어나면서 이들에 대한 담론들이 빠르게 안보화되어 갔고, 국제이주 연구자들 역시

사회안보 및 안보화라는 새로운 안보이론을 통해 이민 수용국의 정책적, 담론적 변화를 파악할 필요가 있었다(Castles and Miller 2013, 362). 이 점에서 코펜하겐 학파의 새로운 안보이론과 확대된 안보 개념은 이주/난민과 안보를 연계하여 분석하는 데 중요한 이론적 기초를 제공한다고 할 수 있다.

코펜하겐 학파가 안보 연구에 기여한 주요 특징은 안보 영역과 안보 대상의 확대에 있다. 냉전 시기 안보 개념이 군사 영역에서 국가를 대상으로 했다면, 코펜하겐 학파는 탈냉전 시기 안보 연구의 확장과 맞물려 안보 영역과 안보 대상을 다음의 〈표 1〉과 같이 확대함으로써 새로운 안보 연구의 지평을 열었다.

〈표 1〉 코펜하겐 학파의 안보 영역과 안보 대상

안보 영역 sector	안보 대상 referent object
정치	주권, 국가이념ideology
군사	국가, 정치체political entity
경제	국민경제, 삶의 질
사회	집단정체성collective identity
환경	생명 및 문명 보존

출처: 김병조(2011, 7).

코펜하겐 학파는 전통적인 안보 영역인 군사 분야를 포함시키면서도 정치, 경제, 사회, 환경 영역으로 안보 연구의 범위를 확장시킨다. 코펜하겐 학파의 확대된 안보 개념 중 최근 들어 주목받는 것은 사회안보 개념이다. 사회안보는 "한 사회가 변화하는 조건과 실재적·잠재적 위협으로부터 본질적인 특성을 지속할 수 있는 능력"으로 정의되며, "언어, 문화, 조직, 종교적·민족적 정체성, 관습 등 전통적 양식의 지속가능한 발전과 관련된 것이다"(김성진, 2018, 103-104).

특히 사회안보 개념은 이주와 난민과 같은 인구 이동으로 인한 사회 내부의 변화 및 변화로 인한 새로운 위협을 분석하는 데 유용하다 (Rudolph, 2003). 국제이주는 국민국가에 국경 통제와 관리, 이민자 사회 통합을 어떻게 할 것인지 고민하게 만든다. 또한 한 사회의 성원권과 정체성의 경계에 대한 근본적인 물음을 던진다. 만약 국경 통제에 실패하면, 미등록 이주민이 증가하여 국가의 행정적 부담과 안보 문제를 야기한다.

이질적 문화와 정체성을 가진 외국인, 이주민 집단이 이민 수용국에 잘 통합되지 못하면, 교육 시스템상에서 낙후되는 것은 물론 노동시장에서 낙오되어 사회의 부담으로 남고, 이는 선주민과 이주민 간의 갈등으로 비화된다. 이와 같은 국제이주와 난민 문제가 한 사회에 던지는 충격파는 사회안보로 개념화할 수 있으며 이주와 난민 문제가 새롭게 정치적, 안보적 이슈로 전환되는 과정을 분석하는 데 유용하다고 할 수 있다. 코펜하겐 학파는 안보 연구의 영역을 확대하였음은 물론 특정 이슈가 안보의 영역, 즉 생존에 대한 위협으로 변화하는 과정에 주목함으로써 안보 연구의 새로운 장을 개척하였다. 1990년대 들어 코펜하겐 학파는 구성주의적 연구 어젠다를 수용함으로써 간주관성과 언술행위를 기초로 하는 새로운 연구 방향을 설정하게 된다. 특히 사람들이 특정한 이슈를 생존에 대한 위협으로 구성하는 사회적 과정인 안보화securitization에 집중함으로써 전통적인 안보 연구의 영역을 넓히는 것은 물론 물질주의적인 위협 요인에서 비물질주의적인 위협 요인에 주목하게 된다.

코펜하겐 학파에 의하면 안보는 하나의 화행speech-act이다. 즉, 특정 이슈가 생존에 대한 위협으로 간주되고 그것이 사회적 이슈로 부각된다면 그 행위 자체가 안보라는 것이다. "안보는 외부로부터의 위협에 대한 객관적 행위에 국한되는 것이 아니라, 안보를 논하는 사람들이 위협으로 인식하고 그 위기적 속성을 이슈화하는 사회적 행위"인 것이다(민병원, 2006, 28). 안보화 이론은 새로운 이슈가 안보의 문제로 취급되는 과정을 분석하는 데 현재 안보 상황을 서술하는 것뿐만 아니라 이를 성공적으로 재현하여 새로운 위협에 대한 사회적 합의를 구성하고 쟁점화하는 것에 주목한다고 볼 수 있다(Williams, 2003).

이와 같은 안보화 과정은 안보화 행위자에 의해 제기되고, 청중 audience에 의해 수용되면서 발전한다. 안보화 행위자securitizing actor는 생존에 위협이 되는 안보 대상을 정의하고 이슈를 안보화하는 행위자들로 "정치적 리더, 관료, 정부, 로비스트, 압력단체"가 될 수 있다(Buzan et al., 1998, 40). 안보 대상은 "실존하는 위협에 노출되었거나 그러한 위협으로부터 생존을 위협받는다고 여겨지는 개인이나 집단 혹은 사물이나 현상"을 말한다(김현정·문보경, 2016, 131). 안보화 행위자는 새로운 위협에 노출된 안보 대상을 설정하고, 그 위협의 실체를 드러내며, 위협이 가진 긴급성을 부각시킴으로써 극단적인 방책을 주장하는 일련의 과정을 밟게 된다. 그러나 안보화 행위자의 위와 같은 화행은 그 자체로 안보화에 도달하는 것이 아니고 청중에 의해 수용되어야 한다(Balzacq, 2005). 코펜하겐 학파는 안보화 행위자, 안보 대상, 그리고 청중 사이에 교차하는 상호작용에 집중하여 새로운 특정 이슈가 안보화되는 과정에 주목한다.

부잔Barry Buzan 외 연구자들은 안보화의 과정을 설명함에 있어 명확하지는 않지만, 안보화에 이르는 두 단계를 설정하고 있다(Buzan et al., 1998, 23-24). 안보화의 두 단계는 〈표 2〉에 정리되어 있다.

〈표 2〉 안보화의 두 단계

비정치화 단계 Non–politicized	정치화 단계 Politicized	안보화 단계 Securitized
국가는 이슈를 해결할 필요가 없음	국가는 기존 정치체제의 표준 내에서 쟁점을 관리함	쟁점이 안보화 행위를 통해 안보 문제로 규정됨
이슈가 공적 토론에 포함되지 않음	쟁점이 정부의 결정이나 자원 배분이 필요한 공공정책의 일부가 됨	안보화 행위자는 이미 정치화된 이슈를 안보 대상의 생존을 위협하는 것으로 부각시킴

출처: Emmers(2016, 170).

부잔 외 연구자들은 특정 이슈는 비정치화, 정치화 단계를 거쳐 안보화 단계에 도달한다고 본다. 어떤 이슈가 공적 토론에 포함되지 않고, 따라서 국가가 이 이슈를 해결할 필요성을 느끼지 못한다면 비정치화 단계에 머물러 있다고 볼 수 있다. 그러나 어떤 이슈가 보다 발전되어 정부의 결정이나 자원 배분이 필요한 공공정책의 일부로 간주되고 따라서 국가가 기존 정치체제의 표준 내에서 쟁점을 관리하려고 한다면 이는 정치화 단계라고 볼 수 있다(Bourbeau, 2011). 더 나아가 안보화 행위자가 이미 정치화된 이슈를 안보 대상의 생존을 위협하는 것으로 부각시키고 정치체제의 표준을 넘어선 극단적인 방책들extraordinary measures을 요구하는 등 이슈가 안보 문제로 규정된다면 이는 특정 이슈가 안보화 단계에 도달했다고 볼 수 있다. 즉, 안보화는 기존의 정치를 넘어서는 해결책을 요구하는 정치화의 극단적 형태라는 것이다(Buzan et al., 1998, 23-25).

부잔 외 연구자들은 안보화의 두 단계 모델을 다소 모호하게 설정하고 있다. 이들은 이 모델이 원칙적으로 열려 있다고 주장한다. 즉, 국가 혹은 지역의 상황에 따라 특정 이슈는 비정치화 단계 혹은 정치화 단계에 머무를 수도 있으며, 경우에 따라 어떤 이슈는 비정치화 단계에서 갑자기 안보화 단계로 발전할 수도 있다. 또한 안보화 과정은 반드시 국가를 통해서만 이루어지는 것은 아니어서 다른 영역에서도 정치화나 안보화는 일어날 수 있다고 주장한다(Buzan et al., 1998, 24). 안보의 언어를 사용한다고 하여 특정 이슈가 자동적으로 안보의 문제로 간주되는 것은 아니다. 안보화가 되기 위해서는 특정 이슈가 생존을 위협한다고 간주되고 이러한 위협 담론이 실질적인 정치적 효과를 낳아야 한다. 이를 위해 안보화 행위자는 일반 시민들이 특정 이슈가 안보 대상의 생존을 위협한다는 생각을 수용하도록 하고, 더 나아가 생존을 위한 극단적 방책들이 기존의 정치적 해결 방식을 넘어 모색될 수 있다고 납득시켜야 한다. 즉, 안보화 행위가 성공적이었는지 아닌지를 평가하기 위해서는 청중들이 생존을 위협하는 요인들을 해결하기 위한 극단적 방책들을 용인할 수 있는지 없는지에 달려 있다는 것이다(Emmers, 2016).

부잔 외 연구자들이 사회안보 개념과 안보화 이론을 통해 안보 연구의 새로운 시각을 제공한 이래, 많은 연구자들이 이민과 난민 이슈에 안보화 이론을 적용하고 있다. 대표적인 학자가 부르보Philippe Bourbeau이다. 부르보는 안보화 이론의 비판적 적용을 통해 프랑스와 캐나다에서 이민 이슈가 안보화되는 과정을 비교한 바 있다(Bourbeau, 2011). 이 연구에서 부르보는 코펜하겐 학파의 안보화 이론을 비판하고 있는데, 그중 하나가 코펜하겐 학파가 안보화 과정에서 맥락적 요인들을 간과했다는 것이다. 부잔 외 연구자들은 안보화 행위자들의 화행 행위가 청중들에게 설득력 있게 전달되어 안보화에 성공하는 조건만을 논의했지 안보화를 제한하는 맥락적 요인들은 이론적으로 발전시키지 못했다는 것이다(Bourbeau, 2011, 40). 즉, 코펜하겐 학파의 안보화 이론은 안보화 과정이 진행되기 전을 포함하여 어떤 맥락에서 이민의 안보화가 진전되는지에 주목할 필요가 있다. 따라서 이 글에서는 비정치화 단계에서 형성된 이민 관련 담론들이 난민 이슈가 정치화하는 데 어떤 연관성을 가지고 있는지에 주목하고자 한다.

코펜하겐 학파는 안보 영역을 새로운 분야로 확대하였지만, 그 근간에는 여전히 전통적 안보 연구가 중시하는 생존의 논리가 놓여 있다. 생존의 논리를 유지하기 위해서 코펜하겐 학파는 안보화 과정에서 극단적 방책을 중요한 위치에 놓았고, 극단적 방책을 사용할 수 있는 국가가 여전히 중요한 안보화 행위자로 상장되었다. 부르보는 안보화 관련 연구들은 크게 두 가지 논리 즉 '예외의 논리the logic of exception'와 '루틴의 논리the logic of routine'에 기초하고 있다고 본다 (Bourbeau, 2014). 코펜하겐 학파의 안보화 이론은 예외의 논리에 기반하여 안보화 단계의 예외적 상황을 강조하여 극단적인 방책을 정당화하는 데 초점을 맞추고 있다는 것이다. 따라서 안보화 행위는 예외적인 상황에 처한 국가의 문제로 한정되고, 안보화 행위자도 정치 엘리트에 국한하여 분석하는 경향이 있다고 주장한다(Bourbeau, 2014, 190-191).

반면, 루틴의 논리는 안보화를 규칙화되고 반복된 행위를 통해서 진행되는 과정으로 본다. 비고Didier Bigo는 안보는 반드시 생존의 문제일 필요도 없고, 비상 상황에 대한 것도 아니라고 주장한다(Bigo, 2002). 비고에 따르면, 이민의 안보화는 관료, 이민 전문가 등이 일상에서 다양한 제도를 이용하여 반복된 행위와 결정을 함으로써 이루어진다는 것이다(Bigo, 2002). 일상에서 벌어지는 반복된 행위에 주목하는 루틴의 논리에 기반한 안보화 연구에 따르면, 안보화 연구는 안보화 행위자를 확대하여 관료, 이민 전문가는 물론 종교단체, 비정부기구 등 시민사회의 행위자를 포함하여 분석될 필요가 있다 (Huysman, 2006; Bourbeau, 2014). 따라서 이 글에서는 한국에서 난민 이슈의 정치화 과정을 분석할 때 정부, 국회는 물론 난민반대단체 등 시민사회의 행위와 담론도 분석하고자 한다.

난민 현황과 난민 수용국의 안보화

난민, 비호신청자[3], 국내실향민[4] 등 강제 이주는 국제정치의 변화를 추동하는 주요 요인이 되고 있다. 시리아 난민 사태로 인해 강제 이주 현상은 전 세계적으로 새롭게 주목받는 것 같지만, 역사적으로 볼 때 전혀 새로운 현상이 아니며 홀로코스트로부터 시작해서 냉전 시대 대리전, 그리고 냉전 종식 이후 각종 내전으로 인한 강제 이주 현상은 늘 존재해 왔다. 다만 난민 사태라는 현상 자체가 간헐적으로 단기간에 여론의 주목을 받다 보니 지속적인 관심을 받지 못했을 뿐이다(Betts and Loescher, 2011, 1).

유엔난민기구에 의하면 2017년 현재 박해, 분쟁, 폭력 등으로 인해 비자발적으로 출신국을 떠난 강제 이주민[5]의 수는 6,850만 명이다(UNHCR, 2018, 2). 이는 1997년 3,390만 명에서 크게 증가한 숫자로 난민의 증가는 대부분 2012년과 2015년 사이에 집중되어 있어 시리아 난민 사태가 큰 영향을 미쳤다고 볼 수 있다. 10년 전에 160명당 1명이 강제 이주민이었다면, 2016년 현재는 113명당 1명으로 크게

---

3 비호신청자는 출신국의 국경을 넘어 다른 나라로 이동하였고 난민 지위를 신청하였으나 아직까지 난민 지위를 인정받지 못한 자이다.
4 난민으로 인정받기 위해서는 국적국 혹은 상주국 밖에 있어야 하는데 난민과 비슷한 상황에 처해 있으나 국경을 넘지 못했다는 이유로 보호를 받지 못하는 사람들이 많아지면서 이들을 국내실향민IDPs: Internally Displaced Persons으로 지칭하기도 한다.
5 유엔난민기구UNHCR는 난민, 비호신청자, 국내실향민, 무국적자 등 유엔난민기구로부터 보호를 받는 모든 사람들을 포함하여 보호대상자persons of concern 혹은 강제 이주자forcibly displaced population로 명명하고 해마다 통계 현황을 작성하고 있다.

증가했다(UNHCR, 2017, 5). 2017년 말 현재, 6,850만 명 중 2,540만 명이 난민이고, 4,000만 명이 국내실향민IDPs: Internally Displaced Persons이며, 310만 명이 비호신청자asylum seeker이다(UNHCR, 2018, 2). 2017년 한 해 동안, 1,620만 명이 새롭게 비자발적으로 출신국을 떠났고, 매일 4만4,400명의 강제 이주민이 발생한 것으로 환산할 수 있다(UNHCR, 2018, 2).

〈표 3〉은 지역별 난민 인구 현황을 나타낸다. 전 세계 난민 인구는 아프리카, 유럽, 아시아 지역에 집중되어 있음을 보여 준다. 북아프리카를 제외한 아프리카 지역에는 약 630만 명의 난민이 있으며 전 세계 난민의 3분의 1을 차지한다. 유럽에도 약 3분의 1 정도의 난민이 있으나, 이 중 350만 명 정도를 터키가 수용하고 있으며, 아시아 지역에도 전 세계 난민 중 21퍼센트가 있다.

〈표 3〉 지역별 난민 인구(2017)

지역	난민 (난민과 비슷한 상황에 처한 사람도 포함)		증감	지역별 비율 (%)
	2017년 시작	2017년 끝		
– Central Africa and Great Lakes	1,381,900	1,475,700	93,800	7
– East and Horn of Africa	3,290,400	4,307,800	1,017,400	22
– Southern Africa	162,100	197,700	35,600	1
– West Africa	300,600	286,900	−13,700	1
Total Africa*	5,135,100	6,268,200	1,133,100	31
Americas	682,700	644,200	−38,500	3
Asia and Pacific	3,477,800	4,209,700	731,900	21
Europe	5,200,200	6,114,300	914,100	31
thereof: Turkey	2,869,400	3,480,300	610,900	1
Middle East and North Africa	2,679,500	2,704,900	25,400	14
Total	17,175,300	19,941,300	2,766,000	100

* 북아프리카 제외. 출처: UNHCR(2018, 14).

〈그림 1〉은 주요 난민 발생국을 나타낸다. 전 세계에서 가장 많은 난민을 발생시키고 있는 국가는 시리아로 내전으로 인해 약 630만 명이 강제적으로 시리아를 떠나야 했다. 시리아에서 발생한 난민은 전 세계 난민의 약 30퍼센트를 차지하며 2017년에도 14퍼센트가 증가하였다(UNHCR, 2018, 14). 시리아 난민은 전 세계 125개국에 수용되었는데 이 중 터키가 가장 많은 342만4,200명을 수용하였고, 레바논(99만2,100), 요르단(65만3,000), 독일(49만6,700), 이라크(24만7,100) 등에 받아들여졌다(UNHCR, 2018, 14). 두 번째 난민 발생국은 260만 명의 아프가니스탄이다. 이들 중 139만2,600명이 파키스탄에 수용되었으며, 이란(95만1,100), 독일(10만4,400) 등에 받아들여졌다(UNHCR, 2018, 14). 세 번째로 많은 난민을 배출한 나라는 남수단으로 약 240만 명의 난민이 이곳 출신이며, 네 번째 난민 발생국은 미얀마로 약 120만 명의 사람들이 미얀마를 떠나 방글라데시(93만2,200), 태국

〈그림 1〉 주요 난민 발생국

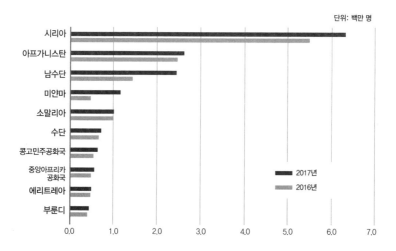

2부 이주 인프라스트럭처와 인간 생태계의 재구성 _ 277

(10만), 말레이시아(9만8,000)에 수용되었다(UNHCR, 2018,14). 이처럼 전 세계 난민은 특정 국가에 집중되어 발생하고 있으며, 이들은 주요 선진국이 아닌 난민 발생국의 인접국가에 수용되고 있음을 알 수 있다.

〈그림 2〉는 주요 난민 수용국을 나타낸다. 터키가 약 350만 명으로 가장 많은 난민을 수용하고 있다. 이 중 시리아 출신이 343만 4,200명, 이라크 출신이 3만7,300명, 이란 출신이 8,300명, 아프가니스탄 출신이 5,600명이다. 터키에 이어 파키스탄이 두 번째로 많은 약 140만 명의 난민을 받아들였다. 우간다는 세 번째로 많은 난민을 받아들이고 있는데 이는 남수단과 콩고민주공화국으로부터 도착한 난민들 때문이다. 우간다도 약 140만 명 정도의 난민을 수용하였으며 남수단으로부터 103만7,400명을, 콩고민주공화국으로부터 22만6,200명을 받아들였다. 네 번째 난민 수용국은 레바논으로

〈그림 2〉 주요 난민 수용국

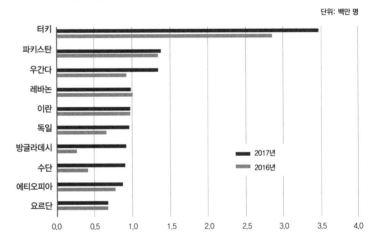

99만8,900명을 수용하였고 대부분은 시리아로부터 온 사람들이다 (UNHCR, 2018, 7). 2017년 현재 개발도상국이 전 세계 난민의 85퍼센트를 수용하고 있으며, 이 중 최빈국이 약 3분의 1의 난민에게 피난처를 제공하고 있다(UNHCR, 2018, 2). 10대 난민 수용국 중 독일이 유일한 선진국일 정도로 난민 수용에 있어 선진국과 개발도상국 간의 불균형은 심각하다.

많은 난민들이 난민 발생국의 인접국가로 수용되지만, 일부 난민들은 유럽 등의 지역으로 이동하기도 한다. EU 통계청에 의하면 2016년 EU 28개국에서 약 126만 건의 비호 신청이 접수되었으며 독일, 이탈리아, 프랑스, 그리스, 오스트리아, 영국 순으로 많은 비호 신청이 접수되었다(김성진, 2018, 106-107). 시리아 난민 사태는 대규모 난민들이 유럽 외에서 유럽 내부로 유입된 최초의 사례이다. 이러한 난민 위기의 본질은 '난민들'의 생존에 관한 위기임에도 불구하고, '난민 수용국'의 위기로 인식되면서 수용국들의 일부 정치인들과 반난민 단체들은 난민 유입으로 인한 범죄율의 급증, 테러리즘과의 연계성, 복지체계의 부담 등을 주장하면서 난민 문제를 급속히 정치화시키고 있다(신지원, 2015, 421).

난민 수용국에서 난민 이슈가 안보화되는 이유 중 하나는 이주 및 난민과 테러리즘과의 연관성이다. 테러리즘은 불특정 다수를 향한 무차별적 폭력이기 때문에 대중들에게 높은 수준의 불안과 공포를 야기한다. 시리아 난민 사태와 같은 대규모 인구 이동의 경우에는 수용국 정치엘리트와 국민들로 하여금 많은 난민들이 한꺼번에 입국할 경우 여기에 테러리스트가 섞여 있을지 모른다는 불안감을 더하게 되어 난민 수용국의 안보화를 가속시킬 수 있다. 또한 이주민과 난민에 의한 테러리즘이 종교적 극단주의와 결합되어 난민 수용국 사회의 신념, 가치, 종교 등을 위협한다고 받아들여질 경우 사회적 불안을 낳을 수 있다(송영훈, 2014).

9/11 사태 이후 미국은 2001년 애국 법안Patriot Act과 2005년 신분 증명법안Real ID Act을 통해 미국의 안보를 위협하는 이민자와 난민 신청자를 배제하고자 하였으며, 특히 중동 지역의 내전 등으로 인해 출신국을 떠날 수밖에 없었던 난민 신청자들을 잠재적 테러리스트로 인식하여, 무장단체원을 치료했던 의사, 납치당해 전투에 가담했던 소년병 등 테러리즘과 무관한 사람들의 난민 신청도 미국을 향한 공격 행위로 간주한 바 있다(송영훈, 2014, 208). 영국도 9/11 이후 비호 신청자와 테러리즘의 연관성을 부각시켰고 비호 신청을 테러리스트 공격을 위해 영국에 입국할 수 있는 하나의 통로로 인식하기 시작했다. 2001년 '반테러리즘, 범죄 그리고 안보법Anti-Terrorism, Crime and Security Act'을 통해 테러리스트로 의심되는 사람을 비호 신청으로부터 차단하고 이러한 신청자들의 지문을 10년간 보관하게 함으로써 입법적으로 비호 신청과 테러리즘을 연결시켰다(Seidman-Zagar, 2010, 15). 이러한 정치권의 안보화 행위 결과, 영국에서는 난민과 비호신청자에 대한 부정적 인식이 증가했다. 비호 신청자는 미디어 보도에서 '위기, 혼돈, 통제 부재, 범죄, 테러리즘, 사회응집의 위협' 등 부정적인 단어들과 연관지어 나타났다(Seidman-Zagar, 2010, 16). 영국에서 난민과 테러리즘의 연계성은 정치권은 물론 대중적 수준에서도 난민에 대한 부정적 인식을 가중시켜 전반적인 안보화 수준을 높였다고 볼 수 있다.

난민 수용국에서 난민 이슈가 안보화되는 또 다른 이유는 소위 '혼합이주mixed flow' 혹은 '이주와 비호의 연계성migration-asylum nexus'에 기인한다. 일반적으로 이주와 난민은 그 동기에 따라 구분된다.

특히 경제적 이주는 보다 나은 경제적 기회와 이익을 위해 자발적으로 출신국을 떠나는 데 비해, 난민은 여러 이유로 강제적으로 자신이 태어나고 거주하고 있는 국가를 떠날 수밖에 없는 경우이다. 그러나 혼합이주 혹은 이주와 비호의 연계성은 이와 같은 이주와 난민의 경계가 모호해지는 것을 말한다. 시리아 난민 사태로 인해 많은 난민들이 동일한 경로를 통해 유럽으로 유입되었지만, 이들 중에는 경제 이주자와 보호가 필요한 비호신청자가 섞여 있다. 경제 이주의 경우에는 국가가 자신들이 원하는 이주민을 받아들이는 주권의 논리가 강하게 작용하지만, 난민의 경우에는 인도적인 이유로 이들을 보호해야 하는 국제사회로부터 부과된 의무의 논리가 강하게 작동한다(김성진, 2018, 113). 혼합이주 현상으로 인한 자발적 이주와 강제적 이동 사이의 모호한 회색 지대는 난민 수용국으로 하여금 난민 심사 과정의 장기화를 초래하고, 대중들로 하여금 보호가 필요하지 않은 사람들까지 수용해야 하는 것 아닌가 하는 우려를 낳게 된다.

독일의 경우 혼합이주로 인한 이주민과 난민의 모호한 경계 문제는 2017년 9월 총선에서 중요한 쟁점으로 부각되었고, 난민 문제가 핵심 의제로 떠오른 결과, 극우정당인 독일대안당AfD: Alternative für Deutschland이 87석(총의석의 13.3퍼센트)을 차지해 원내 제3당의 지위를 차지하였다(김성진, 2018, 117). 독일대안당은 선거 캠페인에서 "난민의 대량 유입 종식을 위한 국경 폐쇄, 유자격 난민의 선별적 입국 허용, 비호 신청이 거부된 난민의 송환, 중범죄 이주자의 독일 국적 박탈 등" 극단적인 정책을 제시한 바 있다(김성진, 2018, 116).

시리아, 아프가니스탄, 남수단 등 특정 지역을 중심으로 발생하고 있는 난민은 많은 수가 인접국가에 수용되고 있음에도 불구하고, 발생 지역을 넘어 유럽 등 다른 지역으로 이동하고 있다. 특히 시리아 난민 사태는 유럽 국가들에게는 유럽 외 지역에서 유럽으로 이동한 사례로 유럽 국가들에게 많은 충격을 안겨 주었다. 유럽 외 지역으로부터의 대규모 난민 유입은 주요 난민 수용국이 난민 이슈가 새로운 안보 의제로 변환하는 안보화 과정을 경험하도록 하였다. 난민과 테러리즘의 연계성, 이주와 비호의 연계성 등 국경을 넘는 인구 이동의 복합성은 난민 수용국의 정치엘리트는 물론 일반 대중들에게 난민에 대한 부정적 인식을 증가시키고, 난민을 자신의 핵심 가치를 위협하는 존재로 인식하게 함으로써 강력한 반난민 정책을 주장하는 극우정당이 약진하는 결과를 낳았다(김종법, 2018). 한국은 이러한 난민 이슈의 안보화와 무관한 국가로 인식되었으나 2018년 제주 예멘 난민 사태는 한국에서도 난민 이슈의 안보화가 진행될 수 있음을 보여 주었다. 이어서 제주 예멘 난민 사태 이후 한국에서 난민 이슈가 어떻게 정치화되고 있는지를 분석하고자 한다.

한국 난민 이슈의 정치화

한국은 1992년 12월 난민의 지위에 관한 협약 및 의정서에 가입하고, 2012년 2월 10일 독립된 난민법을 제정하면서 난민 보호에 관한 법, 제도적 절차를 마련하였다(김예경 외, 2018). 그러나 난민 발생 지역과 지리적으로 멀리 떨어져 있어 외부로부터의 난민 유입 자체가 워낙 적었기 때문에 한국 사회에서 난민에 관한 논쟁과 갈등은 거의 일어나지 않았다. 난민에 관한 논쟁 자체가 없었던 것은 아니지만 주로 정부와 시민단체 사이에 난민법 개정의 방향을 둘러싼 것이었다. 정부는 난민법이 체류 연장의 수단으로 악용되는 것을 방지하는 제도적 보완을 주장한 반면, 시민단체는 보다 적극적인 난민 보호

수단을 촉구하였다(송영훈, 2016). 즉, 한국 사회에서 난민을 둘러싼 논쟁은 2018년 제주 예멘 난민 사태 이전만 하더라도 정부와 난민 관련 시민사회에 제한된 이슈였다고 할 수 있다.

2013년 난민법 시행 이후 난민 신청자의 수가 2013년 1,574명에서 2014년 2,896명으로 급증하였고, 전체 난민 신청자의 누적 숫자가 2018년 6월 말 현재 4만 명을 넘어서면서 사회적으로 난민에 대한 우려는 늘어나고 있었다. 이러한 추세 속에 2018년 상반기 제주도에 무사증으로 입국한 예멘인의 수가 1월 14명에서 5월 432명으로 급증하면서 갑작스럽게 난민 이슈가 사회적 관심사로 대두하였다(조영희·박서연, 2018, 6). 이에 대한 대응으로 법무부는 6월 1일 예멘을 무사증 입국 가능 국가에서 제외하였다. 제주 예멘 난민 사태가 전 국민적 관심사로 확산된 결정적 계기는 청와대 국민청원이었다. 2018년 6월 13일 청와대 국민청원 게시판에 '제주도 불법 난민 신청 문제에 따른 난민법, 무사증 입국, 난민신청허가 폐지/개헌 청원합니다'라는 청원이 등장했고 빠른 속도로 참여자가 늘어 엿새 만에 청와대의 답변이 이루어져야 하는 기준치인 20만 명을 넘어섰다. 이 청원에 참여한 사람의 수는 2018년 7월 13일까지 한 달 동안 71만 4,875명에 달했다(청와대, 2018). 한국이 1992년 난민협약에 가입한 이래 처음으로 난민 이슈가 제한된 담론의 영역을 넘어 전 국민적인 이슈로 발전한 것이다.

이 글에서는 한국에서 난민 이슈가 정치화되어 가는 과정을 사회안보 및 안보화 이론을 비판적으로 활용하여 분석하고자 한다. 사회안보는 이주민과 난민의 유입과 같은 외부로부터의 인구 이동 그리고 이질적 문화의 유입으로 인해 수용국 사회의 집단정체성 특히 언어, 문화, 관습 등이 위협받는 상황을 개념화한 것이다. 안보화 행위자들은 이주민과 난민의 유입을 집단정체성이라는 안보 대상이 위협받는 것으로 담론을 구성하고 국가에 대해 극단적인 방책을 마련하도록 촉구한다. 안보화 이론은 이러한 과정을 비정치화 단계, 정치화 단계, 안보화 단계로 나누고 있다.

비정치화 단계

안보화 이론에 따르면 2018년 제주 예멘 난민 사태 이전은 비정치화 단계이다. 난민 이슈가 본격적으로 공적 토론의 장에서 거론되지 않고 제한적으로 논의되었으며, 따라서 국가가 난민 이슈를 적극적으로 해결할 필요가 없었다고 볼 수 있다. 그러나 안보화 이론은 비정치화 단계에서 형성된 다른 담론들, 즉 난민 이슈와 연계성이 높은 다른 담론들의 중요성을 간과한 측면이 있다. 난민 이슈가 공론의 장에서 활발하게 토론되지 않았더라도 훗날 정치화, 안보화 단계에서 난민 이슈가 발전되는 데 중요한 논리적 근거와 토대를 제공하는 담론들이 형성될 수 있기 때문이다. 예를 들어, 한국의 반다문화 담론 중 하나의 유형은 다문화 이슈를 종교의 관점으로 바라보면서 방글라데시, 파키스탄 등 이슬람 국가 출신 이주노동자들을 혐오한다. 제주 예멘 난민 사태 이후 급속도로 유포된 무슬림에 대한 잘못된 정보와 가짜뉴스들은 이미 한국의 반다문화 담론에서 구성되고 있었다. 이러한 반다문화 담론 속 반이슬람 담론은 난민 이슈가 정치화, 안보화할 때 영향력을 발휘하게 된다. 따라서 안보화 이론이 간과하고 있는 비정치화 단계에서 난민과 연계성이 높은 담론들이 어떻게 구성되었는지를 파악하는 것이 중요하다.

1990년대 초반 산업연수생 제도를 통해 이주노동자의 유입이 본격화되면서 한국 사회는 이주노동자들을 동정적인 시선으로 바라보고 국가의 "필요"에 의해 도입된 인력으로 간주하였다. 특히 1990년 대 중반부터 이주노동자들의 인권 침해 문제가 공적 토론의 장으로 진입하면서 정부, 미디어, 이주노동자 지원단체는 이들을 "온정주의적 시혜의 대상으로 재현하고 타자화"하게 된다(전의령, 2015, 243). 이 시기 이주노동자들에 대한 담론에서 자주 발견되는 문구들은 "한국인의 수치", "경제성장이나 민주화에는 성공했지만 인권 문화는 아직 낙제점", "우리도 한때 이주노동자" 등이다(전의령, 2015, 248). 한국 사회의 주류 담론은 이주노동자들의 존재와 인권에 대해 발전주의적, 민족주의적 관점으로 포섭하고 있다는 것을 보여 준다. 이주노동자들의 인권에 주목하기보다는 경제성장, 민주화에 이어 인권국가로 발전해야 하는 한국의 국가 목표에 비추어 볼 때 이주노동자들에 대한 인권 침해는 한민족의 수치이며 국익에 도움이 되지 않는다는 논리이다. 즉, 이주노동자는 한국의 국익과 국가경쟁력에 필요한 존재로 그렇기 때문에 이들의 인권을 존중해야 한다는 도구적인 인식이 자리 잡게 된다.

이와 같은 발전주의적이고 도구화된 시선으로 이주노동자를 재현하는 방식은 2000년대 중반 이후 한국의 다문화 정책에서도 발견된다. 국제결혼의 급속한 증가에 따른 결혼이주여성의 유입과 다문화 가정의 형성에 대해 한국 사회의 주류 담론은 결혼이주여성이 저출산, 고령화라는 사회인구적 위기에 맞서 "필요한" 존재들이며, 한국인이 포함된 가정의 일원으로서 이들의 역량을 강화해야 한다는 논리를 구축하게 된다. 전의령에 따르면, 주류 다문화 담론은 국제이주의 시대 한국 사회에 유입된 타자들을 발전주의적 시각으로 바라보고 이들을 노동력의 부족을 메우거나 인구 감소를 해결할 필요한 존재, 즉 '선량한 이주민'으로 구성했다는 것이다(전의령, 2015, 253).

한국에서 다문화 정책이 본격화하기 시작한 2000년대 후반부터 다문화 정책 반대, 다문화바로보기 실천연대, 외국인노동자대책시민연대 등 인터넷 카페를 중심으로 주류 다문화 담론에 대항하는 반다문화 담론이 구성되기 시작한다(강진구, 2012; 육주원, 2016). 반다문화 담론은 주류 다문화 담론이 말하는 "우리에게 필요한 선량하고 안전한 타자들"이 실은 "불량하고 위험한 존재들"이라고 주장한다(전의령, 2016). 반다문화 담론은 하나로 규정 짓기 어려울 만큼 다양한 유형의 담론들로 구성되어 있다. 우선 가장 대표적인 담론은 다문화를 경제와 자본의 관점으로 바라보는 것이다. 외국인노동자대책시민연대의 창립선언문이 대표적으로, 외국인노동자는 송금을 하기 때문에 한국 경제에 도움이 되지 않으며 나아가 서민의 일자리를 빼앗아 우리 사회를 혼란에 빠뜨릴 것이라고 주장한다(박권일, 2012. 202). 더 나아가 다문화를 재벌이 서민을 착취하기 위한 논리라고 주장하며 그 피해는 고스란히 서민에게 전가되고 있다고 주장하기도 한다(강진구, 2012. 13). 그 다음으로 많이 발견되는 담론은 민족 담론이다. 다문화는 민족 말살의 논리로 "다문화는 망국의 지름길이요 민족 말살 책동"이며 다문화운동은 "다문화를 하자는 것이 아니라 다민족사회를 만들자는 것"으로 "탈민족과 반민족 그리고 민족 해체를 지향한다"고 주장한다(강진구, 2012. 13).

반다문화 담론 중 주요 담론은 경제와 민족에 초점을 맞추고 있지만 주변 담론으로 구성되기 시작한 것이 반이슬람 담론과 치안/안전 담론이다. 특히 방글라데시, 파키스탄 등 이슬람 국가에서 온 이주노동자들을 겨냥하여 이들을 성범죄를 저지르는 잠재적 범죄자로 호명한다.[6] 반이슬람 담론은 이주노동자들이 한국에서 일하는 동기를 경제적 목적이 아닌 이슬람화의 전략이라고 주장하며 '무슬림 근로자들 사이에 퍼져 있는 결혼 매뉴얼', '이슬람 세계화의 단계별 전략' 등 가짜 정보를 유포하면서 확산되었다(김동문, 2017). '결혼 매뉴얼'은 파키스탄, 방글라데시 등 무슬림 근로자들 사이에 퍼져 있다고 하며 대한민국을 이슬람화하기 위해 한국 여성과 결혼하는 방법을 담고 있는데, 장애여성, 미성년자 등 취약한 여성에게 접근하라는 내용이 포함되어 있다.[7] '이슬람 세계화의 단계별 전략'은 2007년에 발표한 미국 CIA의 보고서로 위장하여 정보의 신빙성을 높인 후 이슬람 인구가 증가할 때마다 폭동과 소요 사태, 인종 학살, 테러 등이 일어난다는 내용을 담고 있다(박권일, 2012, 205-206). 이러한 이슬람화 담론은 치안/안전 담론과 결합하게 되는데 무슬림 근로자들 사이에 공유되고 있는 '결혼 매뉴얼'에 "한국 여자를 무조건 임신시켜야 한다"는 내용이 있다는 정보를 유포하면서 이주노동자에 의한 성범죄 가능성을 확대 재생산한다(박권일, 2012, 205).

반다문화 담론은 주류 다문화 담론이 구성한 이주노동자에 대한 온정주의적이고 도구적인 시선에 균열을 낸다. 이주노동자들은 우리의 필요에 의한 존재가 아니라 우리를 위협하는 존재라는 점을 부각시킨 것이다. 그러나 본 연구와 관련하여 주목할 점은 반다문화

---

6 "방글라데시나 파키스탄에서 온 이주노동자들에 의한 한국인 여성들을 상대로 한 성범죄가 끊임없이 일어나고 있습니다 … 하지만 그들은 전혀 죄의식을 느끼지를 못하고 있습니다(다음 아고라 임실 사랑의 글, 2007년 7월 4일, "단계적으로 모든 이주노동자를 추방해 주세요," 전의령(2015), 258쪽에서 재인용).

7 '결혼 매뉴얼'은 인터넷 게시판 곳곳에 게시된 바 있는데 그중 하나는 가생이닷컴(2018)에서 확인할 수 있다.

담론 속에 내포된 반이슬람 담론과 치안/안전 담론이 난민 이슈의 정치화, 안보화 단계에서 중요한 역할을 한다는 점이다. 예를 들어 '무슬림 근로자들 사이에 퍼져 있는 결혼 매뉴얼', '이슬람 세계화의 단계별 전략' 등은 제주 예멘 난민 사태 이후 가짜뉴스로 재등장하면서 우익 성향의 인터넷 공간은 물론 일반인이 활동하는 인터넷 공간에도 활발하게 등장하게 된다.[8] 이슬람화라는 목적을 가지고 입국한 "위험한 이주민"이라는 담론은 제주 예멘 난민 사태 이후 무슬림 남성들이 대다수라는 인식과 결합하면서 한국에서 난민 이슈가 정치화하는 데 촉매제 역할을 수행하게 된다.

정치화 단계

한국의 난민 이슈는 2018년 제주 예멘 난민 사태를 맞아 빠르게 정치화 단계로 진입하게 된다. 2018년 5월까지 561명의 예멘인이 제주 – 쿠알라룸푸르 노선을 통해 무사증 제도로 제주도에 입국하면서 세간의 주목을 받게 되었다. 시리아 난민 사태 이후 한국 사회에서도 난민에 대한 관심이 높아지긴 했지만, 난민 발생 지역이 지리적으로 한정되어 있고 그 지역이 한국과 멀리 떨어져 있었기에 난민 문제가 한국 사회의 문제로 인식되지 못했었다. 하지만 예멘에서 출발하여 말레이시아를 거쳐 제주도로 더욱이 무사증 제도로 입국했다는 점은 한국인들에게 적잖은 충격을 주었다. 이들이 예멘에서 말레이시아로 간 이유는 말레이시아가 무사증으로 입국할 수 있

---

8   일례로 이와 같은 가짜뉴스는 제주 예멘 난민 사태가 진행되는 도중 일반 여성들이 패션과 뷰티에 관한 정보를 주고받는 사이트 중 하나인 파우더룸(2018)의 게시판에도 등장한 바 있다.

는 극소수의 나라 중 하나였기 때문이다. 그러나 말레이시아는 난민 협약에 가입하고 있지 않아 난민인정제도가 마련되어 있지 않다. 난민 보호의 의무가 없는 말레이시아에서 체류 연장이 어렵게 되자 예멘 비호신청자들은 역시 무사증으로 입국이 가능한 제주도를 선택한 것이다. 이는 전형적인 난민-여행-이주의 연계성을 보여 주는 것으로 난민 레짐이 여행 레짐 혹은 이주 레짐과 복합적으로 연결되어 있음을 보여 주는 사례이다. 하지만 이러한 연계성이 잘 알려지지 않았기 때문에 예멘 비호신청자들은 쉽게 가짜 난민 논란에 휘말릴 수밖에 없었다.

또한 예멘 출신 입국자 561명 중 549명이 난민 신청을 하고, 이 중에서 남성이 504명으로 91퍼센트를 차지했으며, 20대 남성이 307명, 30대 남성이 142명이라는 사실은(이재덕·이유진, 2018) 앞서 서술한 '이주노동자+이슬람' 조합이 쉽게 '난민+이슬람' 조합으로 변환되는 계기가 되었다. 왜 전쟁에 취약한 여성과 아동이 아니라 젊은 남성이냐는 물음과 함께 반다문화 담론에서 형성된 젊은 무슬림 남성에 의한 성범죄, 이를 통한 이슬람화라는 음모론적인 담론들이 가짜뉴스를 통해 빠르게 온라인상으로 전파되기 시작했다.

제주도에 입국한 예멘 비호신청자들이 젊은 무슬림 남성들이라는 담론은 《한겨레신문》 보도를 통해 가짜뉴스의 진원지로 지목된 에스더기도운동본부와 같은 개신교 우익 단체가 난민 이슈의 정치화, 안보화에 개입할 가능성을 높였다(김완 외, 2018). 개신교 우익 단체들은 2007년 차별금지법 제정 반대 운동 이래 반동성애 담론, 반이슬람 담론을 형성해 왔다. 하지만 난민 담론은 이들의 주요 담론이 아니었다. 난민은 책임과 의무를 다하지 않는데 똑같은 복지 혜택을 누리고, 폭동을 일으켜 치안질서를 파괴한다는 식의 과장된 주장을 했을 뿐이다(김현준, 2017, 78).

　제주 예멘 난민 사태 이후 개신교 우익 단체들은 가짜뉴스를 유포함으로써 난민 이슈를 급속도로 정치화시키는 데 기여했다. 이슬람 포비아를 포함한 가짜뉴스는 강남역 살인사건, 미투 운동 등을 통해 여성의 안전에 대한 관심이 높아진 상황에서 난민 이슈를 빠르게 사회안보 이슈로 전환시켰다. 2018년 6월 13일 청와대 국민청원 게시판에 '제주도 불법 난민 신청 문제에 따른 난민법, 무사증 입국, 난민 신청허가 폐지/개헌 청원합니다'라는 글을 올린 청원자도 "자국민의 치안과 안전, 불법 체류 외 다른 사회문제를 먼저 챙겨 주시기를 부탁"드린다고 하면서 난민 이슈를 치안과 안전의 문제로 간주하였다(청와대, 2018). 불법 난민 외국인 대책 국민연대도 성명서를 통해 한국 사회의 집단정체성을 안보 대상으로 보고 집단정체성이 위협받는다고 주장했다.

　"우리는 두렵습니다. 유럽이 난민을 수용하고 난 이후 벌어졌던 수많은 비극적인 참사들이 이 땅에서, 우리의 가족과 친구, 소중한 자들에게 일어나지 않을까. 우리의 소중한 전통적 가치와 문화, 그리고 이념이 외부에서 들어오는 난민들에 의해서 사라지거나 변질되지 않을까. 대한민국에 들어오는 이들이 우리의 전통적 문화를 배격하고 자신들의 문화를 고집하며 우리 사회에 전파하고 이식하지 않을까. 먼 미래에 우리의 자손들에게 대한민국의 사회가, 우리의 소중한 고유 문화가, 이들에 의해서 강제적으로 변질되고 왜곡되어 정체성을 잃어버리지 않을까"(불법 난민 외국인 대책 국민연대, 2018).

　하지만 안보화 행위자로서 난민 반대 단체들은 단체마다 입장별 차이는 있지만 대체적으로 기존 정치체제의 표준 안에서의 해결책을 요구하였다. 제주난민대책도민연대 외 5개 단체가 발표한 공동성명서를 보면, 이들 단체들은 출입국관리법 제20조(체류자격 외 활동)의 규정을 통해 예멘 비호신청자들에게 조기 취업 허가를 내준 것을 문제삼고 있다. 또한 난민법 내에서 빠른 심사 기간을 통해 사태를 해결하라고 촉구하고 있다.

물론 일부 단체들은 "인도적 지원을 위해 제정된 난민법이 도리어 자국민의 안보와 안전에 위협이 되는 수단으로 작용하여 국가기관이 완벽하게 이러한 위협을 차단하지 못한다면, 우리는 난민법 자체의 폐기를 강력하게 요구한다"고 주장하였다. 난민대책국민행동은 "정부가 주권국가의 결단과 자존심마저 포기해야 할 정도라면 차라리 유엔 난민협약을 탈퇴할 것을 권고한다"고 주장하면서 안보를 위한 극단적인 방책을 촉구하기도 하였다(난민대책국민행동, 2018).

이에 대한 정부의 정책도 기존 정치체제의 표준에서 벗어나지 않았다. 정부는 극단적인 방책 대신에 난민 심사 인력 추가 투입을 통한 심사 시간 단축, 난민 심사 전문성 강화를 위한 인프라 구축, 난민심판원 신설, 난민 인정자에 대한 교육 강화 등 기존의 정책을 개선, 보완하는 데 중점을 두었다(박대의·성승훈, 2018). 또한 난민협약 탈퇴에 대해서도 협약 탈퇴 시 국제사회 발언권 약화, 국제적 고립 등을 고려할 때 난민협약 탈퇴나 난민법 폐지는 현실적으로 어려움이 있다고 천명하였다(청와대, 2018).

제주 예멘 난민 사태 이후 국회에 발의된 난민 관련 법안들도 극단적인 방책과는 거리가 있다. 물론 2018년 5월 이후 발의된 법안들이 과거에 비해 난민 인권보다 국가안보, 사회안보의 관점을 강조하고 있기는 하다. 하지만 8개의 법안 중 7개는 난민제도 악용 방지, 난민 심사 기간 단축, 난민 브로커 처벌 등 기존 제도를 보완하는데 초점을 맞추고 있고 1개의 법안만이 난민법 폐지를 담고 있다(조영희·박서연, 2018). 안보화 행위자들의 주장에 대한 청중의 반응도 안보화 단계라고 보기에는 무리가 있다. 〈표 4〉는 한국에서 난민 관련 주요 여론 조사 결과를 요약한 것이다. 여러 여론 조사를 종합해 보면, 과거에 비해 난민에 대한 부정적인 여론이 높아지기는 했지만, 극단적인 방책을 수용할 수준은 아니다. 2015년 다문화수용성 조사에 따르면, 난민을 이웃으로 삼고 싶다고 대답한 응답자는 52퍼센트였고 이웃으로 삼고 싶지 않다고 대답한 응답자는 48퍼센트였다(송주영, 2017). 하지만 제주 예멘 난민 사태 이후 여론 조사를 보면 난민 유입

〈표 4〉 난민 인식 관련 주요 조사 결과

조사명	조사 결과
2015년 다문화수용성 조사 (한국여성정책연구원)	'국제난민입국자를 이웃으로 삼고 싶다'(52퍼센트) '국제난민입국자를 이웃으로 삼고 싶지 않다'(48퍼센트)
리얼미터 '제주도 예멘 난민 수용에 대한 국민 여론' (2018. 6. 20)	'최근 내전을 피해 제주도로 온 예멘 난민의 수용 여부를 두고 한편에서는 문화적 이질감이나 안전 문제로 반대하는 반면, 다른 한편에서는 국제사회에서의 책임이나 인도주의 지원 차원에서 찬성하는 입장인데요. 선생님께서는 예멘 난민을 받아들이는 데 대하여 어떻게 생각하십니까?' 찬성(39퍼센트), 반대(49.1퍼센트), 잘 모름(11.9퍼센트)
한국리서치·한국일보 정기 조사 (2018. 6. 20~22)	'최근 예멘 난민 561명이 무사증 제도(무비자 입국 제도)를 통해 제주도에 입국하여 그중 549명이 난민 신청을 하였습니다. 귀하께서는 어떻게 생각하십니까?' 찬성(24퍼센트) 반대(56퍼센트) 모르겠다(20퍼센트)
한국갤럽 데일리 오피니언 (2018. 7. 10~12)	'지난 5월 자국의 내전을 피해 제주도로 온 예멘인 약 500명이 난민 신청 후 심사를 받고 있습니다. 이번 예멘 출신 난민 신청자에 대한 귀하의 생각은 다음 중 어디에 가깝습니까?' 가능한 많은 수를 수용(11퍼센트) 엄격한 심사를 통해 최소한의 난민만 수용(62퍼센트) 강제 출국조치(20퍼센트) 모름(6퍼센트)

에 반대하는 비율이 늘어난다. 리얼미터의 6월 20일자 전화조사에 의하면 '선생님께서는 예멘 난민을 받아들이는 데 대하여 어떻게 생각하십니까'라는 물음에 국민 500명의 39퍼센트가 찬성, 49.1퍼센트가 반대, 11.9퍼센트가 잘 모른다고 대답하였다(리얼미터, 2018). 한국리서치와 한국일보의 6월 정기 조사에서는 찬성 24퍼센트, 반대 56퍼센트, 잘 모름 20퍼센트가 나왔다(정한울, 2018). 그러나 난민 유입에 대한 찬반을 단순하게 묻는 위의 조사들과는 달리, 난민 수용에 대해 가능한 많은 수를 난민으로 수용, 엄격한 심사를 통해 최소한의 난민만 수용, 난민 수용하지 말고 강제 출국 조치 등 좀 더 자세하게 설문지를 작성한 한국갤럽의 2018년 7월 10~12일 조사는 '가능한 많은 수를 난민으로 수용'에 11퍼센트, '엄격한 심사를 통해 최소한의 난민만 수용'에 62퍼센트, '난민 수용하지 말고 강제 출국 조치'에 20퍼센트가 응답하였음을 보여 준다(한국갤럽, 2018). 한국갤럽 조사에 따르면 극단적인 방책을 선호하는 여론의 비중은 20퍼센트에 그치는 셈이다.

안보화 이론에 비추어 볼 때, 제주 예멘 난민 사태 이후 한국의 난민 이슈는 비정치화 단계를 넘어 정치화 단계로 진입하였지만, 아직 안보화 단계에 이르렀다고 판단하기는 어렵다. 일부 안보화 행위자들이 난민법 폐기, 난민협약 탈퇴 등 극단적인 방책을 주장하고 있지만, 안보화 행위자들도 기존 정치체제 내에서의 해결책을 촉구하고 있으며 정부 및 국회도 극단적 방책을 모색한다고 보기 어렵다. 안보화 행위의 성공 요소인 청중에 의한 수용도 제주 예멘 난민 사태 이전에 비해 부정적인 여론이 증가하고 있지만, 극단적인 방책을 수용할 수준에 도달한 것은 아니다.

제주 예멘 난민 사태가 한국 사회에 주는 시사점

　이 글은 제주 예멘 난민 사태 이후 한국 사회에 불거진 난민 이슈를 코펜하겐 학파의 사회안보 및 안보화 이론을 통해 분석하고자 하였다. 이주민과 난민의 유입으로 인해 한 사회의 집단정체성이 위협받는 상황은 사회안보로 개념화할 수 있다. 안보화 이론은 이주나 난민과 같은 이슈가 안보의 의제로 변환되는 과정을 비정치화, 정치화, 안보화 단계로 구분한다. 이 이론에 의하면 제주 예멘 난민 사태이전은 비정치화 단계로 난민 이슈가 본격적으로 공적 토론의 의제가 되지 않았다고 할 수 있다. 그렇다고 하여 비정치화 단계를 난민 이슈에 대해 아무 역할을 하지 않는 빈 공간으로 볼 수 없으며 난민 이슈와 연계성이 높은 주류 다문화 담론, 반다문화 담론이 발달했다고 이 글은 주장한다. 특히 반다문화 담론 속에 내재된 반이슬람 담론과 치안/안전 담론이 서로 결합하면서 난민 이슈가 정치화되는 단계에 영향력을 발휘하게 된다. 반이슬람 담론과 치안/안전 담론은 제주도에 대거 입국한 예멘 비호신청자들의 다수가 젊은 남성이 었다는 사실과 만나면서 한국의 난민 이슈를 빠른 속도로 정치화시켰다. 그러나 안보화 이론에 비추어 볼 때, 현 상황은 국가의 개입을 요구하지만 기존 정치체제의 표준 안에서 해결책을 촉구하는 정치화 단계이지 안보화 단계로 본격적으로 진입했다고 보기는 어렵다. 안보화 행위자, 정부, 국회 등 일부가 난민법 폐지나 난민협약 탈퇴와 같은 극단적인 방책을 주장하고 있을 뿐 대부분은 기존 제도의 보완을 모색하고 있기 때문이다. 또한 여론의 동향도 제주 예멘 난민 사태 이전과 비교할 때 난민 수용에 대해 부정적인 여론이 늘어나긴 했지만, 극단적인 방책을 수용하는 안보화 단계라고 보기는 어렵다.

이와 같은 진단은 현재 한국 사회의 난민 이슈를 해결하는 데 의미 있는 시사점을 가진다. 일반적으로 사회안보의 의제인 난민 이슈가 안보화되는 경향을 긍정적으로 평가할 수는 없다. 왜냐하면 난민 이슈가 생존의 문제, 생존에 대한 위협의 문제로 간주되고 기존 정체체제의 표준을 넘어서는 비정상적이고 극단적인 방책을 모색하는 비상 사태로 인식되는 것이 안보화이기 때문이다. 따라서 현재 한국의 난민 이슈가 정치화 단계에 있고, 일부 안보화의 움직임이 보인다고 판단될 때 제도의 보완, 인식 개선을 통해 '탈안보화desecuritization'로 방향을 전환해야 한다. 탈안보화란 안보화의 역코스reverse course로 해당 이슈를 비상 모드에서 전환시켜 정치 영역에서 정상적인 협상 과정을 거치도록 만드는 것이다(Buzan et al., 1998, 4). 아직 난민에 대한 담론과 논쟁이 극단적인 방향으로 향하고 있지는 않으므로 한국 사회에는 탈안보화를 위한 가능성이 충분히 존재하는 셈이다.

후이스만스Jef Huysmans에 의하면, 안보화 이론은 극단적 방책을 정당화하기 위한 비상적 상황을 강조하면서 칼 슈미트Carl Schmitt가 주장하는 친구와 적의 구분과 같은 이분법적 정치 구도와 배제의 논리에 기반하고 있다고 주장한다(Huysmans, 2006). 또한 아라다우Claudia Aradau도 후이스만스와 같은 맥락에서 안보화 이론을 비판하면서 배제의 논리를 넘어 안보화를 가능하게 하는 조건과 민주적인 정치에 보다 적극적으로 개입할 것을 주문한다(Aradau, 2004). 인도주의적 보호를 필요로 하는 집단을 이분법적 배제의 논리를 통해 구분하고, 차별하는 안보화 방향에서 탈안보화 방향으로 전환하기 위해서는 난민에 관한 논의를 정상적인 정치의 과정 속에 위치시키고 공적 토론을 활성화할 필요가 있다. 제주 예멘 난민 사태가 급속도로 정치화, 안보화된 이유는 난민과 난민 보호에 대한 정보와 지식이 충분히 한국 사회 내에 공유되지 못한 데 기인한다. 특히 난민 인정은 개인이 처한 상황에 달려 있음에도 불구하고 제주 예멘 난민 사태는 난민 인정을 특정 국가 출신, 특정 종교집단 등 집단적 논리에 의해 사고하도록 만들었다. 난민은 누구인지, 난민은 왜 보호해야 하는지, 어떤 이유로 난민으로 인정되는지, 왜 난민 보호를 위한 국제협력에 동참해야 하는지 등에 대해 충분한 정보가 공유되고, 이에 대해 의문을 표시하는 시민들이 있다면 공적 토론 영역에서 활발하게 논쟁이 벌어질 필요가 있다.

후이스만스는 이민과 난민 문제의 탈안보화를 위해 일상성 everydayness에 주목할 것을 주장한다. 이민자와 난민이 살고 있는 일상 공간, 그리고 이들이 선주민과 상호작용하는 일상생활에 주목함으로써 이민자와 난민에 대한 공포와 위험을 완화시켜 나가야 한다는 것이다(Huysmans, 2006, 143). 일상생활에서 난민과의 적극적인 교류를 통해 우리는 난민과 위치를 바꿔 보기도 하면서 난민의 존재와 역량을 알아 갈 수 있고, 난민과 선주민 간의 상호 이해 및 환대와 공생을 위한 공간을 확장시킬 수 있다(이병하, 2017). 이를 위해서는 난민과 선주민들의 일상생활을 관장하는 지방정부의 역할이 중요하다. 이번 제주 예멘 난민 사태만 보더라도 제주도는 난민 문제 해결을 위해 적극적인 역할을 하지 못했다. 난민 인정에 관한 권한이 중앙정부에 있다고 하더라도 지방정부는 난민들의 일상생활에 필요한 지원을 할 수 있으며, 난민과 선주민들 간의 갈등을 예방하는 선제적 조치들을 취할 수 있다. 탈안보화의 방향으로 나아가기 위해서는 중앙정부와 지방정부 간의 거버넌스 조정과 역할 분담을 통해 난민의 일상성을 회복, 활성화하는 전략이 필요하다고 생각된다.

이 글은 제주 예멘 난민 사태 이후 한국 사회에서 난민 이슈가 정치화되는 과정을 분석하고자 하였으나 여러 한계를 가지고 있다. 안보화 이론에서 제시하고 있는 안보화의 단계를 적용하였으나 안보화 이론이 정치화, 안보화를 너무 단순하게 적용하고 있다는 한계를 넘어서지는 못했다(Salter, 2008). 한 사회에서 이민 및 난민 이슈가 안보화하는 단계를 경험적으로 분석, 진단하기 위해서는 정치화, 안보화 개념을 보다 다양한 차원에 적용할 필요가 있다고 생각된다. 향후 후속 연구에서는 설터Mark B. Salter의 제안처럼 청중과 화행 행위의 맥락을 대중적 수준, 엘리트 수준, 테크노크라트 수준 등 다양한 차원으로 나누어 안보화가 진행되는 과정을 분석해 보고자 한다(Salter, 2008).

참고문헌

박권일. 〈뉴라이트에서 네오라이트로? 한국의 반이주 노동담론 분석〉 이택광 외. 《우파의 불만》. 파주: 글항아리. 2012.

가생이닷컴. 〈이슬람 무슬림 애들 무섭네요〉 http://www.gasengi.com/main/board.php?bo_table=commu07&wr_id=2216238(최종검색일: 2018/12/14). 2018.

강지은. 〈난민지위 인정절차의 제문제: 프랑스의 2015년 개정 외국인법제를 중심으로〉《행정법연구》제45집, 2016, 135~158쪽.

강진구. 〈한국사회의 반다문화 담론 고찰: 인터넷 공간을 중심으로〉《인문과학연구》제32호, 2012, 5~34쪽.

고기복. 〈EU국가의 난민인정제도: 영국, 프랑스, 독일을 중심으로〉《한독사회과학논총》제17권 1호, 2007, 37~69쪽.

고상두 · 하명신. 〈독일 망명정책 변화의 국내정치적 영향요인에 관한 연구〉《국제정치논총》제51권 1호, 2011, 241~262쪽.

김동문. 〈한국에 온 이슬람 남성들에게 매뉴얼이 있다?〉《뉴스앤조이》(8월 29일자). http://www.newsnjoy.us/news/articleView.html?idxno=7947 (최종검색일: 2018/12/14), 2017.

김병조. 〈'사회안보'이론의 한국적 적용: 도입, 채택, 발전〉《국방연구》, 제54권 1호, 2011, 1~24쪽.

김선웅. 〈서울 도심 예멘 난민 찬 · 반 집회 열려〉《뉴시스》(6월 30일자). http://www.newsis.com/view/?id=NISI20180630_0014237423(최종검색일: 2018/12/14), 2018.

김성진. 〈유럽 내 시리아 난민과 사회안보〉《정치정보연구》, 제21권 1호, 2018, 99~127쪽.

김예경 · 백상준 · 정민정.《난민유입대응 관련 정책 현황과 개선방향, NARS 현안분석》Vol. 20, 2018, 서울: 국회입법조사처, 1~15쪽.

김 완·박준용·변지민. 〈동성애·난민 혐오, '가짜뉴스 공장'의 이름, 에스더〉 《한겨레신문》 (9월 27일자). http://www.hani.co.kr/arti/society/society_ general/863478.html(최종검색일: 2018/12/14), 2018.

김종법. 〈EU의 환대와 공생 개념의 변화에 따른 난민과 이민정책의 패러다임 전환 가능성: 유럽 주요 국가들의 선거를 중심으로〉《문화와 정치》제5권 2호, 2018, 97~124쪽.

김종철. 〈난민정의에 대한 한국 판례의 비판적 고찰: 합리적인 근거 있는 우려를 중심으로〉《서울국제법연구》제21권 2호, 2014, 53~84쪽.

김현정·문보경. 〈사회안보 관점에서의 난민〉《21세기정치학회보》제26권 3호, 2016, 125~148쪽.

김현주. 〈해상 불법이민자의 국제법적 보호와 규제: 2015 EU 난민 사태를 중심으로〉《국제법학회논총》제60권 4호, 2015, 103~124쪽.

김현준. 〈개신교 우익청년대중운동의 형성: 극우정치에서 개신교의 효용과 문화구조〉《문화과학》제91권, 2017, 60-83쪽.

난민대책국민행동. 〈[보도자료] 예멘인 난민불인정결정(인도적 체류)에 대한 성명서〉 https://cafe.naver.com/refugeeout/39942(최종검색일: 2018/12/14), 2018.

리얼미터. 〈[tbs 현안조사] 제주도 예멘 난민 수용에 대한 국민여론〉 http:// www.realmeter.net/wp-content/uploads/2018/06/tbs현안통계표18년6월3주_제주도난민수용최종.pdf(최종검색일: 2018/12/14), 2018.

민병원. 〈탈냉전시대의 안보개념 확대: 코펜하겐 학파, 안보문제화, 그리고 국제정치이론〉《세계정치》제5권, 2006, 13~62쪽.

박 단. 〈시리아 난민, 파리 테러 그리고 프랑스〉《통합유럽연구》제7권 1호, 2016, 1~29쪽.

박대의·성승훈. 〈정부, 난민심판원 신설 … 심사기간 8개월—3개월로 줄인다〉《매일경제》 (6월 29일자). http://news.mk.co.kr/newsRead.php?no=411690 &year=2018(최종검색일: 2018/12/14), 2018.

박태순. 〈난민 관련 갈등해소와 사회적 합의 도출을 위한 제안〉《'난민관련 사회갈등 해소와 사회적 합의 도출을 위한 공론화 과제와 방향' 국회정책토론회 자료집》오연훈 의원실, 이태규 의원실, 홍익표 의원실. 2018.

불법 난민 외국인 대책 국민연대. 〈난대연 공식 성명서(언론배포용)〉 https://

blog.naver.com/the_public_of_korea/221310153871(최종검색일: 2018/12/14), 2018.

송영훈, 〈테러리즘과 난민문제의 안보화: 케냐의 난민정책을 중심으로〉《국제정치논총》 제54집 1호, 2014, 195~230쪽.

_____, 〈난민의 인권과 국가안보: 한국 난민법 개정의 쟁점을 중심으로〉《담론201》 제19권 3호, 2016, 55~82쪽.

_____, 〈제주 예멘 난민신청자 유입과 갈등적 난민담론〉《2018 한국평화 종교학회 추계학술대회 자료집》, 한국평화종교학회, 2018.

송주영, 〈한국인의 다문화수용성과 난민에 대한 인식에 관한 분석: 2015년 다문화수용성 조사를 중심으로〉《이민과 통합》 제1권, 2017, 86~120쪽.

신지원, 〈'이주−비호의 연계성' 담론과 난민보호 위기에 관한 정책적 고찰〉《민주주의와 인권》 제15권 3호, 2015, 417~457쪽.

안병억, 2016, 〈유럽의 난민 위기와 공동이민망명정책: 초국가주의의 한계와 전망〉《독일연구》 제31집, 2016, 1~33쪽.

육주원, 〈반다문화 담론의 타자 만들기를 통해 본 다문화−반다문화 담론의 협력적 경쟁관계〉《한국사회학》 제50집 4호, 2016, 109~134쪽.

이병하, 〈환대 개념과 이민정책: 이론적 모색〉《문화와 정치》 제4권 2호, 2017, 5~30쪽.

이신화, 〈시리아 난민사태: 인도적 위기의 안보적 접근과 분열된 정치적 대응〉《한국과 국제정치》 제32권 1호, 2016, 75~103쪽.

이재덕·이유진, 〈젊은 무슬림, 잠재적 범죄자 취급 … 근거 없는 '예멘 난민 혐오'〉《경향신문》 (6월 19일자). http://news.khan.co.kr/kh_news/khan_art_view.html?art_id=201806192138015(최종검색일: 2018/12/14), 2018.

전의령, 〈'선량한 이주민, 불량한 이주민' 한국의 주류 이주·다문화 담론과 반다문화 담론〉《경제와 사회》 제106호, 2015, 238~270쪽.

정진우, 〈제주 예멘인 난민 인정 0 … 인도적 체류 339명 허가〉《중앙일보》 (10월 18일자). https://news.joins.com/article/23049277(최종검색일: 2018/12/14), 2018.

정한울, 〈예멘 난민에 대한 한국사회 인식 보고서〉《한국리서치 월간리포트 여론속의 여론》 (7월). https://www.hrc.co.kr/infocenter/mreport/07/pdf/mrt07_01_01.pdf(최종검색일: 2018/12/14), 2018.

조영희 · 박서연. 《제주 예멘 난민 논쟁을 통해 본 한국 난민제도의 개선 쟁점》 고양: 이민정책연구원, 2018.

청와대. 〈'제주도 불법 난민 신청 문제에 따른 난민법, 무사증 입국, 난민신청허가 폐지/개헌 청원합니다,' 청와대 국민청원 및 제안 홈페이지〉. https://www1. president.go.kr/petitions/269548(최종검색일: 2018/12/14), 2018.

최진우. 〈난민위기와 유럽통합〉《문화와 정치》제3권 1호, 2016, 109~137쪽.

파우더룸. 〈파우더룸 홈페이지〉. www.powderroom.co.kr(최종검색일: 2018/12/14), 2018.

한국갤럽. 〈데일리 오피니언 제314호(2018년 7월 2주) — 예멘 출신 난민 신청자, 경제 전망.〉 http://www.gallup.co.kr/gallupdb/reportContent.asp?seqNo=937(최종검색일: 2018/12/14), 2018.

Betts, Alexander, and Gil Loescher eds. *Refugees in International Relations*. New York: Oxford University Press. 2011.

Betts, Alexander, and Paul Collier. *Refuge: Transforming a Broken Refugee System*. London: Allen Lane. 2017.

Bourbeau, Philippe. *The Securitization of Migration: A Study of Movement and Order*. New York: Routledge. 2011.

Buzan, Barry, Ole Waever, and Jaap de Wilde. *Security: A New Framework for Analysis*. Boulder: Lynne Rienner Publishers. 1998.

Emmers, Ralf. "Securitization." in Alan Collins ed. *Contemporary Security Studies*, 4th Edition. Oxford: Oxford University Press. 2016.

Huysmans, Jef. *The Politics of Insecurity: Fear, Migration and Asylum in the EU*. New York: Routledge. 2006.

Hammerstadt, Anne. "The Securitization of Forced Migration." Qamiyeh, Elena Fiddian, Gil Loescher, Katy Long and Nando Sigona eds. *The Oxford Handbook of Refugee and Forced Migration Studies*. New York: Oxford University Press. 2014.

IOM. *World Migration Report* 2018. Geneva: IOM. 2017.

Judis, John B. *The Populist Explosion*. New York: Columbia Global Reports.

2016. 오공훈 옮김,《포퓰리즘의 세계화》. 2017. 서울: 메디치.

Koslowski, Rey. "Immigration, Crime, and Terrorism." Marc R. Rosenblum and Daniel J. Tichenor eds. *The Oxford Handbook of The Politics of International Migration*. New York: Oxford University Press. 2012.

Seidman-Zager, Joshua. The Securitization of Asylum: Protecting UK Residents. *Working Paper Series* No. 57. Refugee Studies Centre, Oxford: University of Oxford. 2010.

UNHCR. *UNHCR Global Trends: Forced Displacement in 2016*. Geneva: UNHCR. 2017.

UNHCR. *UNHCR Global Trends: Forced Displacement in 2017*. Geneva: UNHCR. 2018.

Aradau, Claudia. "Security and the democratic scene: desecuritization and emancipation." *Journal of International Relations and Development* 7(4), 2004, pp. 388-413.

Balzacq, Thierry. "The Three Faces of Securitization: Political Agency, Audience and Context." *European Journal of International Relations* 11(2), 2005. pp. 171-201.

Bigo, Didier. "Security and Immigration: Toward a Critique of the Governmentality of Unease." *Alternatives* 27. 2002. pp. 63-92.

Bourbeau, Philippe. "Moving Forward Together: Logics of the Securitization Process." *Millennium* 43(1). 2014. pp. 187-206.

Rudolph, Christopher. "Security and the Political Economy of International Migration." *American Political Science Review* 97(4). 2003. pp. 603-620.

Salter. Mark B. "Securitization and desecuritization: a dramaturgical analysis of the Canadian Air Transport Security Authority." *Journal of International Relations and Development* 11(4). 2008. pp. 321-349.

Williams, Michael C. "Words, images, enemies: Securitization and international politics." *International Studies Quarterly* 47(4). 2003. pp. 511-531.

모빌리티가 여행지 공공공간의 사적 전유에 미친 영향:

터키 여행공간을 사례로

이용균

이 글은 《한국도시지리학회지》 22권 2호(2019. 8)에 게재된 원고를 수정 및 보완하여 재수록한 것이다.

모빌리티와 장소 변화

현대인은 모빌리티로 구성되는 삶을 살아가며, 사람·사물·정보의 이동movement과 움직임mobile이 없다면 일상생활 자체가 불가능하다(Adey, 2017). 교통과 정보통신의 기술 혁신, 그리고 자본과 시장의 지구화는 전 세계적 수준에서 사람과 사물의 이동(성)을 증가시켰는데, 특히 인터넷은 공간의 한계를 넘어 전 세계를 하나의 공간 단위로 작동시키고 있다. 전 세계가 하나의 공간 단위로 작동한다는 것은 이동을 형성하는 복잡한 요소들과 이동이 야기하는 복잡한 과정을 고려하지 않고 세계를 이해할 수 없음을 의미한다. 이런 점에서 현 시대, 그리고 현재 인간의 삶은 모빌리티 속에 위치하며, 모빌리티 그 자체라 할 수 있다(이용균, 2015).

모빌리티는 현 사회의 특성과 미래 사회의 변화를 가늠하는 기준이다(Cresswell, 2010; Hannam, et al., 2006). 개인, 가정, 조직의 활동은 사람·사물·정보의 이동으로 구성되며, 이동은 사회 활동의 공현존copresence을 위한 동기, 과정, 맥락을 제공한다. 이동의 메타포metaphor를 이해하고 사회를 모바일의 관점에서 이해하는 것이 모빌리티 연구의 지향성인데, 지리학을 비롯한 사회과학과 인문학에서 최근 네트워크, 관계, 모빌리티에 대한 관심이 커지고 있다. 하지만, 모빌리티에 대한 관심은 최근에 등장한 것은 아니다. 모빌리티 연구에서 강조하는 연결성과 네트워크에 대한 분석은 이미 1960~1970년대 공간 분석 연구에서 자주 다루어졌다(Dicken and Lloyd, 1990). 지역별 교통 통행량에 기초한 도시 체계와 도시 구조의 분석, 지하철 네트워크와 서비스 이용 그리고 지대의 차이, 지역경제의 특성과 인구 이동의 관계 등은 지리학에서 관심을 가졌던 연구 주제와 분석 방법이었다.

하지만 최근의 모빌리티 연구는 과거와는 다른 맥락을 강조한다. 대표적으로 네트워크 이론과 행위자 네트워크 이론은 인간과 사물로 구성되는 행위주체, 연결과 상호작용의 과정, 구성된 네트워크의 행위를 제약하는 구조 등에 초점을 두면서, 인간과 비인간 사이의 관계적 결합이 어떻게 의미와 실제 행위를 발생시키는지를 밝히고자 한다(박경환, 2014; Latour, 1987). 이와 유사하게 관계적 사고relational thought와 아상블라주assemblage 연구는 (비)인간의 활동을 둘러싼 행위·실천·수행의 복잡한 구성적 관계, 그리고 부분들의 상호작용으로 구성되는 관계들의 배치constellation, 변화, 질서화ordering를 이해하고자 한다(김숙진, 2016; 이용균, 2017; 전경숙, 2018; 최병두, 2017).

이들 연구에서 공통적으로 강조하는 것은 관계와 이동이라 할 수 있는데, 특히 이동하는 신체the body of motion의 성향, 기호, 의미, 실천이 사회 변화에 미친 영향에 주목하고 있다(Bissel, 2018; Revill, 2016). 움직임, 이동, 변화하는 질서를 통해 사회를 바라보는 모빌리티 렌즈mobility lens, 그리고 인간의 삶을 이동의 맥락과 관점에서 인식하는 모빌리티 전회mobility turn는 세상을 바라보는 새로운 관점을 제공한다(윤신희, 2018; 이용균, 2017; Adey, 2017). 이들 관점이 강조하는 것은 공간(장소)의 특성은 고정되고 불변적인 것이 아니라 이동하는 관계(들)에 의해 끊임없이 구성되며(Massey, 2005; Thrift, 2004), 이동이란 서로 다른 공간의 특성이 마주치는 장소 접촉facing-the-place이라는 것이다(박경환, 2018; Urry, 2007). 하지만 이동은 자유로운 선택이거나 보편적 실천이 아니다. 왜냐하면 이동이란 이동할 수 있는 능력에 좌우되기 때문으로, 장소와 개인의 계층적 특성에 따른 '모빌리티 공동화'가 보편적 현상이다(Adey, 2014).

여행은 최근 모빌리티 연구에서 주목하는 분야로 여행자 수, 공항, 항공 횟수, 호텔, 도로, 렌터카 등의 증가는 여행과 모빌리티의 긴밀한 관계를 보여 준다(이용균, 2019; Faulconbridge and Hui, 2016). 여행이 증가하고, 여행지 정보의 홍수가 나타나면서 모빌리티 연구자들은 여행과 모빌리티의 관계를 밝히고자 한다. 특히, 연구자들은 모빌리티 증가가 여행과 여행지에 미친 영향을 분석하는 데 관심을 둔다(Bissell, 2009). 이들은 여행지는 다른 장소와의 연결성을 통해 여행지의 매력을 부각시키고 있으며, 여행지의 이미지와 감정에 기초한 정동적 요소가 여행의 선택과 실천에 많은 영향을 미친다고 인식한다. 특히 모빌리티의 증대가 여행지 공공공간의 변화에 미치는 영향에 주목할 필요가 있는데, 왜냐하면 최근 많은 여행지에서 공공공간의 사적 전유가 증가하고 있기 때문이다(뷔퇴르트르, 2012). 공공공간의 사적 전유가 증가한다는 것은 공공공간으로서 여행지가 대중의 소유에서 소수 사람들의 소유나 지배 체제로 변화하고 있음을 의미한다(레카체비츠, 2013).

그동안 모빌리티 연구는 서구 중심의 이론적 해석에 의존하는 경향이 있었고(Faulconbridge and Hui, 2016), 모빌리티에 내재하고 모빌리티가 야기하는 불평등한 사회적 관계는 간과되었으며(Adey, 2014; Cresswell, 2010), 특히 모빌리티가 공공공간의 변화에 미친 영향은 큰 주목을 받지 못하였다. 모빌리티 시대에 분명한 현상 중의 하나는 모빌리티가 불평등한 사회적 관계와 권력의 산물이며, 계급 간 모빌리티의 불평등 구조는 향후 고-모빌리티 사회로의 진전에 따라 더욱 강화될 것이란 사실이다. 이는 왜 모빌리티가 야기하는 부정적 측면에 주목해야 하는지를 보여 준다. 본 연구는 모빌리티의 부정적 측면에 주목하면서 모빌리티가 여행지 공공공간의 사적 전유에 미치는 영향을 살펴보고자 한다.

구체적으로 본 연구는 모빌리티가 여행지의 장소 변화에 미치는 영향을 이동-공간으로서 여행의 특성을 통해 이론적으로 고찰하고, 공공공간의 기능과 역할의 변화를 역사적 맥락에서 이론적으로 살펴볼 것이다. 이러한 이론적 고찰을 토대로 본 연구는 터키의 여행 공간을 사례로 모빌리티가 어떻게 여행지 공공공간의 사적 전유를 가져오고 있는지를 살펴보고자 한다. 본 연구에서 사례로 살펴볼 터키의 여행 공간은 공항(아타튀르크 국제공항)[1], 휴게소(고속도로), 그리고 대표적 여행지인 카파도키아이다.[2]

모빌리티와 여행의 사회공간

모빌리티와 공간

장소를 가로지르는 사물·정보의 이동과 흐름은 관계에 의한 발생이라는 것이, 모빌리티 연구에서 사회와 공간을 인식하는 토대이다. 즉, 모빌리티는 한 장소의 어떤 것이 다른 장소와 관계 맺는 현상으로, 한 장소의 어떤 특성이 다른 장소로 움직이고 이동하는 사건, 실천, 또는 수행이다. 이런 맥락에서 래시Scott Lash(2005)는 모빌리티를

---

[1] 아타튀르크 국제공항은 2018년 12월부터 신공항인 이스탄불 국제공항의 건설로 여객 수송 기능이 신공항으로 이전되었다. 아타튀르크 국제공항은 시설에 비해 이용객이 급격히 증가하고 공항의 검색과 보안의 현대화가 요구되고, 전 세계 항공 노선에서 이스탄불의 중요성이 커지면서 공간 협소의 문제에 직면하게 되었다. 이스탄불 국제공항은 아타튀르크 국제공항에서 40킬로미터 떨어져 있으며, 여객기 이착륙 코드는 기존의 코드명과 같다.

[2] 터키의 여행지에 대한 현장 조사는 2018년 8~9월 사이에 이루어졌으며, 본 연구는 관찰 중심으로 전개되었다. 본 연구는 차낙칼레 일대의 주요 도로변에 위치한 휴게소를 연구 대상으로 하였다.

생성becoming의 과정으로 이해하는데, 이는 사물이 정지가 아닌 창조와 변형의 과정 속에 있다는 의미로, 사물의 존재 방식 자체가 모빌리티라는 것이다.

사물이 변화의 과정 속에, 그리고 서로 연결된 상태로 존재한다는 것은 사람과 상품을 전 세계로 이동시키는 기호의 코스모폴리탄화cosmopolitanization가 전 세계를 관계의 네트워크에 편입시킴을 의미한다(Urry, 2007). 즉, 한 장소는 다른 장소와 분리되어 독립적으로 존재하는 것이 아니라, 서로 연결되어 있거나 잠재적 연결 상태에 있는 것이다. 이는 모빌리티가 글로벌 질서를 대변하는 인식적 토대가 될 수 있음을 의미하는데(Kaufmann, 2002), 그 이유는 글로벌 사회란 연결과 상호작용의 네트워크에 의존하는 사회이며(Castells, 2004), 장소의 정체성은 장소 자체에 의해서가 아니라 다른 장소들과의 관계에 의해 구성되기 때문이다(Massey, 1994, 2005). 예를 들어, 서울의 장소적 특성은 자체적으로 형성되는 것이 아니라 다른 지역과의 관계를 통해, 또는 비교와 차이를 통해 구성된다.

모빌리티 옹호자들은 이러한 장소의 연결성을 수사하는 표현으로 상상적 현존imagined presence이란 용어를 사용하곤 한다. 즉, 사회적 관계 또는 연결은 장소들 사이의 근접성에 의해서가 아니라, 연결과 이동을 자극하는 감각을 통해 형성된다는 것이다(Cresswell and Merriman, 2011; Sheller, 2011). 예를 들어, 파리에 에펠탑이 존재하기 때문이 아니라, 에펠탑이 갖는 스펙터클, 경관, 이미지가 사람들로 하여금 파리를 방문하도록 하는 감정과 감각을 자극한다는 것이다. 이 때 모빌리티를 결정하는 중요한 요소는 장소에 대한 이동의 감정과 함께 신체가 갖고 있는 능력(권력)이다. 즉, 다양한 공간에서 구조화되는 모빌리티는 개인 또는 장소의 권력에 따라 차이가 발생하므로,

모빌리티는 사회(장소)를 평등하게 하는 것이 아니라 불균등하게 한다. 모빌리티가 증가할수록 계급 간 격차와 갈등은 커지게 된다(Adey, 2017).

공항의 존재, 그리고 공항의 연결성과 서비스 수준은 장소 간 이동의 발생에 큰 영향을 미친다. 공항은 세계 자본의 흐름과 밀접한 관계 속에 변화·발전하고, 표준화된 복합교통(지하철, 버스 등과의 연계)을 통해 다양하고 복잡한 이동을 발생시키고, 글로벌 연결성을 통해 공항이 위치한 지역의 위상을 강화한다. 공항은 모빌리티의 총체적 특성을 지닌 공간으로, 항공기, 승객, 수화물, 연료, 기내식, 소비(면세점 등), 복합교통 등의 흐름·이동·경로를 발생시키고 통제하는 모빌리티 시스템이며(Urry, 2007), 현대 문명의 세련된 이미지가 지배하는 상상력의 공간이다(Botton, 2009). 즉, 공항을 통한 항공 모빌리티는 비행기 운항, 승차권 예매와 발매, 수화물 운반과 처리, 기상과 안전 등을 복합적으로 관리하는 시스템이다(Adey, 2017; Botton, 2009). 공항은 고정된 장소에 위치한 부동적 특성을 갖지만, 공항은 이동을 위한 다양한 기능과 서비스가 결합되는 장소이며, 움직임의 기호와 상징이 작동하는 공간이다(Augé, 1995). 또한, 항공 모빌리티는 외부 세계에 대한 관심을 높이는 삶의 방식을 제공하고(Adey, 2010), 다양하고 복잡한 기술을 통합하면서 모바일 시스템의 제도화와 물질화를 가져오고 있다. 하지만, 항공 모빌리티의 제도와 모바일 시스템이 선진국이 주도하는 규제적, 기술적, 지정학적 템플릿에 의존한다는 점에서 모빌리티란 불균등한 권력의 역학관계를 수반할 수밖에 없다(Faulconbridge and Hui, 2016).

한편, 이동하는 신체는 전달되는 소포나 전송되는 정보와는 다른 특별함이 있는데(Solnit, 2001), 신체의 이동은 사물과는 다른 감각과 정동의 경험에 의존하기 때문이다(Revill, 2011). 이동은 신체의 경계화 bordering of body를 경험하는 대표적 사건이다. 경계boundary는 이동하는 대상의 포함과 배제를 구분하는 기준으로(Newman, 2009), 글로벌화, 초국가적 이주, 사이버스페이스, 페이스북은 물리적 경계를 없애는 것으로 보이나 사실 계급, 인종, 종교, 젠더에 따른 신체의 경계짓기 bordering는 지속되고 있다. 이동에 내재하는 경계는 눈에 잘 띄지 않는 권력의 재현이며(Amoore, 2006; Passi, 1999), 이동하는 신체는 인종(백인/유색인)과 계급(비즈니스/일반석)에 따라 차별화되고, 공항의 검색대는 안전한 신체와 위험한 신체를 구분하는 지점으로 작동한다(Popescu, 2011).[3] 공항을 통과하는 신체에 대한 감시를 통해 출발과 도착 장소는 네트워크 경계network boundary로 연결되며, 이동하는 신체는 어느 곳에서나 모니터링되는 '경계의 신체화' 또는 '모빌리티 통제'의 대상이 된다(Popescu, 2011; Sassen, 2006).

이처럼 모빌리티는 개인·장소의 위상과 권력에 의존하면서, 장소의 감각과 상상적 현존을 강조하고, 공항과 같은 복잡한 네트워크에 의존하고, 모바일 기술과 제도적 장치를 통하여, 그리고 이동하는 신체의 통제를 통하여 공간의 질서를 (재)구성한다. 따라서 모빌리티는 새로운 사회질서를 구성하고 이를 이해하는 실체로 부상하였고, 실제 모빌리티를 지배하는 것은 다양한 차원의 권력(자본, 기술, 감각(정동), 계급을 포함하여)으로, 권력은 공간의 점유를 통해 모빌리티를 지배·통제하고 있다.

---

3 공공공간이 계급에 따라 분리된 공간으로 구분되는 것은 신체의 경계화에 대한 통치가 작동하는 것으로(Popescu, 2011), 공항은 신체의 통치성과 삶 정치가 구현되는 현장이 된다.

이동-공간으로서 여행

여행은 모빌리티의 대표적 사례이다. 여행은 신체의 공간적 이동으로, 여행은 곧 이동-공간이다. 이동-공간으로서 여행의 특징은 여행기에 잘 나타나는데, 여행기는 여행자의 이동에 담긴 시대적 배경과 상황, 그리고 사회 담론을 이해하는 대표적 수단이다(박경환, 2018; 정희선, 2018, Popescu, 2011). 특히 근대 초기와 식민지 개척 시기의 여행기는 이동-공간으로서 여행의 의미를 잘 포착할 수 있다. 하지만, 고-모빌리티 시대가 열리면서 여행은 세상을 이해하는 또 다른 수단을 제공하게 되었다. 즉, 여행지는 현대인의 일상에서 알아야 할 지식의 대상이 되었고, 여행자 스스로 여행지의 정보를 생산하는 주체가 되었기 때문이다.

여행은 여행자와 여행지를 둘러싼 다양한 관계를 결합한다. 공항, 항공사, 호텔, 식당 등의 서비스는 여행을 통해 하나의 네트워크로 연결된다. 또한, 여행은 모빌리티 그리고 이동하는 신체에 대한 의미를 부여한다(이용균, 2019). 여행의 발생과 여행의 의미 부여에서 중요한 역할을 하는 것은 여행과 여행지에 대한 감각, 즉 정동affect이라할 수 있다. 여행의 생생한 경험은 흥미와 만족을 제공하고, 또 다른 여행이 발생하는 요인으로 작용한다(Popescu, 2011; Thrift, 2004). 여행은 색다른 문화를 체험하게 하고, 차이와 마주치게 하고, 다름 속에 친숙함을 느끼도록 한다. 즉, 여행은 이동을 자극하는 일상의 리듬이자, 이동의 감각적 실천이다(Urry, 2007). 어리John Urry(1990)는 여행자와 여행지의 관계(태도, 인식, 행태 등)를 관광객의 시선이란 시각적 감각을 강조하면서 설명하는데, 여행을 자극하는 최고의 감각적 속성은 '신비,' '진짜,' '100퍼센트,' '실제' 등과 같은 여행(지)의 은유적 이미지이다.

이런 점에서 신성한 곳, 숭고한 곳, 가 볼 곳으로 재현되는 여행은 감각(감정)을 통한 신체의 이동을 가져오고, 여행은 세상을 이해하는 수단이 된다. 이 과정에서 여행과 신체는 공진화co-evolution의 관계를 갖는다. 하지만, 여행은 단순한 은유적 표현이나 재현으로 이해될 수 없는데, 왜냐하면 여행은 매우 다양하고 복잡한 관계의 역학에 의해 발생하고, 여행자와 여행지의 특성에 따라 여행의 의미도 달라지기 때문이다. 또한, 여행은 자유로운 실천이 아니라, 경제적 · 신체적 조건이 뒷받침되어야 하는 제한적 실천이기 때문이다.

모빌리티로서 여행의 중요성은 여행이 여행지의 의미를 생산한다는 데 있다. 여행지의 정보 생산자(미디어, 탐험가, 여행 작가, 여행 블로거 등)는 여행지에서 의미 있는 것과 볼 것을 구별하고, 여행지의 중요한 것들에 대한 가치를 부여한다(Botton, 2002). 인터넷이나 미디어를 통해 여행 정보의 생산자는 여행과 여행지의 이미지를 생산하고, 여행자는 이미지로 각인된 정보를 여행을 통해 실천한다. 따라서 여행을 발생시키는 실제적 힘은 여행을 실천하는 개인 여행자가 아니라 여행지의 이미지와 정보를 생산하고 관리하고 홍보하는 여행지-여행 정보의 생산자-미디어(인터넷)의 네트워크라 할 수 있다. 이런 점에서 이동으로서 여행은 여행 장소의 생성이란 일련의 메커니즘을 통해 발생한다. 이를 통해 여행지는 여행자 신체가 방문하고 싶은 욕망의 공간으로 기호화된다(Ringer and Hughes, 1998).

여행이 증가하면서 여행지 공공공간의 변화가 주목을 받고 있다. 여행지의 공공공간은 여행자 신체가 잠시 머무르는 공간이다. 광장, 역사적 건축물, 기차(역), 버스, 공항 등은 여행자의 이동을 위한 주요 공공공간이다. 여행상품을 소비하고 여행지를 방문하면서, 현대의 여행자는 여행지의 공공공간을 변화시킨다. 특히, 여행자가 많은 곳일수록 공공공간은 여행자의 편의를 도모하는데, 이 과정에서 공공공간의 사적 전유가 눈에 띄게 증가한다(뒤퇴르트르, 2012). 여행지 공공공간의 사적 전유는 경쟁에 따른 여행지의 성찰적 선택의 결과일 수 있는데, 여행지에 대한 지구적 차원의 경쟁은 장소 스스로 매력적인 잠재성을 지닌 곳으로 평가받도록 장소의 변화를 요구하기 때문이다(Urry, 2007).

공공공간의 사회화와 사적 전유

공공공간의 사회화

공공公共을 뜻하는 영어 'public'은 라틴어 'publicus'에서 유래하였는데, 이는 인민人民을 뜻하는 'populus'에서 유래한 것으로 보인다. Publicus는 건강한 인간의 집단 즉, 군대를 의미하는 용어에서 인민의 의미로 확대되었고, 나중에 '시민의 공동 재산'을 의미하게 되었다(조승래, 2014). 아렌트Hannah Arendt(1958)는 고대 그리스에서 공공선public good이란 공동으로 사용하는 자산(사원, 다리, 수로 등)의 증가를 의미한다고 본다. 아렌트는 인민(대중)의 참여가 공개적으로 이루어지는 공간을 공적 영역이라 하였다. 즉, 아렌트가 공적 영역의 존재에서 주목한 것은 공적 영역이 사회와 국가가 제도화되기 훨씬 전부터 존재하였고, 이는 공공성과 관련된 인류의 역사를 이해하는 출발점이기 때문이다.

한편, 많은 사상가들은 인간의 주체와 행위를 기준으로 공공공간과 사적 공간을 구분하는 경향이 있다. 자유주의와 사적 영역을 강조하였던 존 스튜어트 밀John Stuart Mill은 사적 행위는 당사자에게만 영향을 주지만, 공적 행위는 다른 사람에게 영향을 주는 것으로 인식하면서, 공공공간은 다른 사람에게 영향을 미치는 공간으로 이해하였다(조승래, 2014). 전반적으로 논리학적 관계를 강조하는 자유주의 사상이 개인의 소유와 가치관을 강조하면서 공공과 사적 공간의 차이에 주목했다면, 변증법적 모순의 관계를 강조하는 헤겔G.W.F Hegel은 개인의 자유와 주체성은 윤리적 공동체가 작동하는 공공공간에서만 추진될 수 있음에 주목하였다(조승래, 2014).

공화주의 또는 공동체주의를 주장했던 루소J. J. Rousseau는 좋은 국가를 건설하기 위해 시민의 공적 참여를 강조하였고, 공화주의에서 공동선의 추구는 시민의 보편적 행위라 인식하였다(Pocock, 1993). 듀이John Dewey(1984)는 공동체주의를 강조하면서, 어떤 행위의 결과가 관여하는 사람들의 범위를 넘어설 때 공공공간이 시작된다고 보았다. 공화주의와 공동체주의는 공공공간을 인간의 의사소통을 통하여 구성원의 가치와 감각을 익히는 공간으로 이해하였고, 이상적 공공공간이란 공동체의 목표 설정, 제도와 관습을 통해 차별과 억압을 없애는 실천이 작동하는 곳으로 인식하였다. 한편, 마이클 샌델Michael Sandel(1984)은 인간의 의지에 따라 공공공간이 선택된다는 관점에 반대하면서 공공공간의 존재가 인간 자아 형성의 구성적 요소라고 주장하였다.

이러한 주장들이 강조하는 것은 공공공간의 정치라 할 수 있는데, 아렌트(1958)는 공공공간을 개인의 참여를 통해 행위praxis와 언행speech이 실천되는 공간으로 인식한다. 아렌트에 의하면, 공공공간의 정치적 힘은 다음과 같은 네 가지에 기초한다(김동완, 2017). 즉, 공공공간은 우리 모두에게 공동적인 공간이며, 인간의 만남과 행위가 교차하는 곳이며, 개별 시민의 차이와 개성이 생성되는 세계이며, 타인의 현존에 의해 구성되는 공간이라는 것이다.

이처럼 공적 삶을 구성함에 있어 필수적 요소는 다른 사람과의 마주침으로, 다른 생각이 모여 공론의 장으로서 공공공간이 작동한다. 반대로 사적 공간은 타인의 존재가 부재하고, 객관적 관계가 박탈되는 공간으로 이해될 수 있다. 중세 그리스도교가 확장되면서 개인의 부가 가족에게 전유되었고, 자본주의사회를 거치면서 부를 통한 자본 증식은 사적 영역이 강조되는 계기가 되었다(Arendt, 1958). 즉, 고대 그리스에서 사적 공간에 속했던 경제는 자본주의사회에서 공적 영역이 되었고, 정치를 지배하는 위상을 갖게 되었다. 경제 또는 살림은 가정의 목숨을 살리는 의미에서 국가의 생존을 위한 것으로 변화하면서 정치-경제가 탄생되었고, 이 과정에서 시민의 공적 활동에서 자율성은 줄어들고 개인의 부가 강조되는 사적 공간의 중요성이 커졌다.

공공공간의 축소와 사적 전유

현재 서구사회에서 공공공간은 불확실성과 위협이 상존하는 공간으로 인식되는 반면에, 사적 공간은 편안하고 안전하고 확실성과 친밀성의 공간으로 인식된다(Atkinson, et al., 2005). 도시화를 거치면서 공공공간은 이방인, 병자, 무주택자가 활보하는 무질서의 공간으로 인식되었는데, 특히 이방인의 진입은 사회의 동질성과 공간 질서를 위협하는 것으로 인식되었다(Milon, 1999; Sennett, 1970). 도시화와 교외화는 공공공간에서 신체 접촉을 환영받지 못하는 위협적 신호로 간주하였고, 공공공간은 두려움과 통제의 공간으로 전락하였다. 이에 대해 마르크스주의 학자들은 자본 생산과 축적의 과정이 인간관계를 황폐화시키기에 감정적 교감이 흐르는 공간이 공공공간에서 사적 공간으로 변화하였다고 주장한다(Atkinson, et al., 2005).

한편, 하버마스Jürgen Habermas는 대중매체의 등장이 카페와 같은 공적 영역public sphere을 공허한 공간으로 변화시키고, 상업적 이해관계가 공적 이해관계를 대체하였다고 주장한다(Giddens and Sutton, 2013). 비슷한 맥락에서 세넷Richard Sennett(1970)은 대중매체가 정치에서 공적/사적 구분을 변화시켰는데, 정치인의 성향이 공적 영역에서의 활동보다 성격, 진실성, 정직 등과 같은 사적 영역의 특징에 의해 판단되는 결과를 야기했다는 것이다. 한편, 공적/사적 공간의 구분, 그리고 사적 공간의 중요성 증가에 대한 논의에서 여성, 소수자, 가난한 사람은 배제되는 것에 대한 비판도 제기되었다(Fraser, 1992).

르페브르Henri Lefebvre(1990)는 근대 이후 공공공간은 권력의 메커니즘과 결부되어, 권력에 의한 공간의 재현이 경험되는 공간이 되었다고 본다. 공간의 재현은 공공공간의 기호와 이미지의 규율로서 나타났고, 학교·백화점·버스·광장 등에서 개인 신체의 행위는 정해진 규율을 따르게 되었다는 것이다. 이러한 '공간의 재현'과 '재현의 공간'의 출현은 상품, 자본, 인간의 모빌리티 증가에 큰 영향을 미쳤는데, 정보·통신·금융·상품의 이동성이 증가하면서 시장질서가 사회의 지배적 이데올로기로 작동하는 신자유주의가 확대될 수 있었고, 이 과정에서 공공공간은 큰 변화를 경험하였다. 신자유주의는 도시 공간의 재개발과 장소 마케팅에 영향을 미치면서 공공공간의 상품화를 가져왔고(이용균, 2005a; 2005b), 이는 곧 공공공간의 사적 전유를 야기하였다. 따라서 르페브르(1996)가 주장한 '도시에 대한 권리'는 원하는 도시를 만들기 위한 시민의 참여와 편익을 제공한 공공공간의 확대에 초점이 맞추어져 있으나, 실제 현실은 공공공간의 사적 전유가 강화되는 방향으로 전개되었다(최병두, 2012).

이런 맥락에서 모빌리티 증가는 시장원리를 강조하면서 공공공간의 변화에 큰 영향을 미친다. 기차역은 계단과 에스컬레이터를 거쳐 투명한 유리 장식의 브랜드 매장, 스타벅스 커피숍 등을 지나쳐야 승강장으로 연결되며, 대합실의 대형 광고물은 과거에 열차를 기다리면서 앉아 있던 공간을 소비의 공간으로 변모시키고 있다(뒤퇴르트르. 2012). 즉, 모빌리티의 증가는 공공공간에 소비공간이 침투하면서 공공공간의 사적 전유가 증가하는 현상을 낳고 있다. 버스, 기차, 공항의 대합실은 앉아서 탈것을 기다리던 공공공간에서 소비를 지향하는 소비공간, 개인의 신체 감시를 통한 이윤 추구의 장소로 변모하고 있다.

공항, 휴게실, 터미널 등 공공공간의 접근성을 제고하려는 재건축(젠트리피케이션)이나 리모델링은 결국 지대의 상승을 가져온다(Smith, 1984). 지대 상승은 이용자를 계급에 따라 구분하는 결과를 가져오는데, 공항의 비즈니스 클래스가 대표적 사례이다. 누구에게나 접근 가능해야 하는 공간이 차별화된 공간으로 분리되고, 이는 대중을 서로 분리시키는 벽으로 작용한다.[4] 이로 인하여 대중은 서로 마주칠 기회를 박탈당하는 '공유(재)의 탈사회화'를 경험한다(Hardt and Negri, 2009). 즉, 모든 사람에게 공유된 공간이자 모두에게 공평한 공공공간이 시장의 원리와 계급에 따라 차별화된 공간으로 변모한 것이다.

이런 점에서 시장의 원리를 사회의 지배적 질서로 인식하는 신자유주의는 모빌리티에 의존한다고 볼 수 있다. 정보, 통신, 교통의 자

---

4 2018년 한 해 동안 터키로 입국한 외국인 방문자는 총 3,948만8,401명이었고, 이 중 공항을 통해 입국한 사람은 3,006만 9,776명이었고, 나머지는 고속도로(841만4,461명), 항구(98만8,700명), 기차(1만5,464명)를 통해 입국하였다(MCT, 2019).

유로운 공간 이동이 없었더라면 규제 완화, 민영화, 자유무역은 현재와는 다른 모습이었을 것이다(Adey, 2017; Harvey, 2005). 전 세계적 수준에서 사람·자본·상품·정보의 자유로운 이동이 가능하다는 것은 이동을 정당화시키는 이데올로기가 작동함을 의미하고, 이러한 신자유주의 속에서 모빌리티는 공공공간의 사적 전유를 확대하게 된다. 즉, 모빌리티는 불평등한 관계 속에 작동하고, 불평등을 확대하는 요소이다(Cresswell, 2010; Jackson, 1984).

이런 맥락에서 노턴Peter D. Norton(2008)은 모빌리티가 의사소통의 장을 훼손시키면서 장소감을 약화시킨다고 본다. 즉, 모빌리티는 공공적이고 정치적일 수 있는 공간을 훼손시킴과 동시에, 공적/사적의 구분도 모호하게 만든다. 철학자 하버마스가 언급했던 것처럼 모빌리티는 공공공간과 사적 공간을 서로 연결시키는 것이 아니라 분리시킨다. 미미 셸러Mimi Sheller와 존 어리(2006)는 자동차의 이동에 대한 연구를 통해 하버마스의 주장을 뒷받침한다. 즉, 모빌리티는 만남의 공간, 토론의 공간, 접촉의 공간에서 개인 상호 간 의미의 교환을 약화시키며, 교통의 흐름이 강조되면서 거리와 광장 같은 공공공간의 역할과 기능을 약화시켜, 대중이 공적으로 접촉하고 소통하는 공간의 부재를 가져온다.

여행지 공공공간의 사적 전유

공항

공항이 모빌리티 연구에서 주목받는 이유는 글로벌 이동의 관문이자 여행과 관련된 대표적 공공공간이기 때문이다(Adey, 2017). 공항은 여러 교통수단을 통해 이동된 사람과 물자가 비행기를 통해 다른 공항으로 이동되고, 여행을 지원하는 다양한 서비스의 네트워크가 작동하는 공공공간이다(Pascoe, 2001; Sheller and Urry, 2006). 공항은 서로 다른 장소를 연결하는 통로로서, '시·공간의 압축the compression of time-space'과 '권력의 기하학geometry of power'이 작동하는 현장이다(Harvey, 1989; Massey, 1994). 2018년 한 해 동안 공항을 통해 터키로 입국한 외국인 방문자는 약 3천만 명으로 공항이 국제 모빌리티의 발생에서 관문 역할을 수행함을 알 수 있다(MCT, 2019).[5] 2016년 공항으로 입국한 외국인이 1,800만 명이었다는 점에 비추어 볼 때, 최근 2~3년 간 공항을 통한 터키 방문이 급격히 증가하는 추세에 있음을 알 수 있다.

아타튀르크 국제공항은 끊임없는 움직임과 이동이 생산되는 공간이다. 다양한 교통, 통신, 서비스가 상호 연결되는 지점이자 출발과 도착이 발생하는 지점이며, 호텔, 음식, 비즈니스 등이 밀집된 장소로, 도시와 같은 기능을 수행하는 곳이다(Fuller and Harley, 2005). 아타튀르크 국제공항은 항공사, 여행사, 여행지, 식당, 은행, 보험, 통신사 등의 다양하고 복잡한 관계들이 상호작용하는 네트워크의 세계이다. 복잡한 네트워크 세계를 반영하는 아타튀르크 국제공항은 여행

---

5 이러한 휴게소의 기능은 과거 실크로드의 오아시스에서도 찾아볼 수 있는데, 대상들은 오아시스에서 휴식을 취하면서 새로운 여행을 준비하였다. 오아시스를 방문하는 대상이라면 누구나 서로 간 자유로운 만남과 마주침이 허락되었고, 여행의 재충전이 이루어졌던 대표적 공간이었다(Ollivier, 2000). 대상은 마을에 도착하여 숙소를 쉽게 찾았을 것이다. 실크로드를 여행하던 당시만 해도 손님을 환대하는 것은 마을의 전통이었을 것이다. 심지어 1990년대 후반 베르나르 올리비에가 과거 실크로드를 따라 터키의 시골마을을 걸어서 방문했을 때에도 방문자에 대한 환대의 전통은 유지되고 있었다. 이슬람 전통에서 마을을 방문하는 사람을 환대하는 것은 신에 대한 의무이자 축복으로 인식되었기 때문이다. 터키의 시골마을은 아직도 낯선 방문자에 대한 환대가 남아 있다.

모빌리티의 증가와 함께 다음과 같은 공공공간의 기능에서 변화가 나타났다.

첫째, 공항 운영의 지배적 기능은 공공공간으로서 공공성의 실천이 아니라 소비 편향적 관리의 기능이라 할 수 있다. 공항의 내부는 승객을 위한 개방적이고 자유로운 공간이 아니라 공항을 관리하고 서비스를 제공하는 비즈니스 공간이다. 공항에서 가장 중요한 정보는 비행과 탑승 안내이지만, 이러한 안내판은 눈에 잘 띄지 않고 소비를 자극하는 광고와 다양한 상품의 정보가 승객의 시선을 사로잡는다. 광고를 비롯한 소비 경관이 공항을 세련되게 하고 여행자의 시선을 끌게 되면서 아타튀르크 국제공항은 소비의 스펙터클과 여행의 정동이 모빌리티를 지배한다(그림 1).

공항의 검색대를 통과하여 탑승구로 이어지는 긴 통로를 가득 채운 것은 다채로운 상점들이다. 화려하고 세련된 상점은 비싼 가격의 상품과 서비스 제공을 의미한다. 승객의 왕래가 빈번한 통로에 스타벅스를 비롯한 글로벌 상점이 입지한다는 것은 아타튀르크 국제공항이 글로벌화의 한 축을 담당함을 의미하고, 소비공간에서 이슬람 문화는 서구 문화에 적대적이지 않음을 보여 준다(그림 2).

〈그림 1〉 환승 대기 중인 승객. 출처: 2018년 8월 필자 촬영.

〈그림 2〉 공항의 스타벅스. 출처: 2018년 8월 필자 촬영.

이처럼 공항에서 마주하는 소비공간은 자본(가)에 의해 구성된 상품화의 공간으로, 하버마스의 주장처럼 공공성을 상품성이 대신한 공간이다. 여기서 중요한 점은 커피를 마시고 도너츠를 먹고 기념품을 사는 소비공간이 필요하지 않다는 것이 아니라, 이러한 소비공간을 위하여 누구나 쉴 수 있는 공공공간이 축소될 뿐만 아니라 공공성이 약화되었다는 것이다.

르페브르(1996)가 강조한 도시에 대한 권리가 공공공간의 사적 전유로 왜곡되듯이, 소비를 통한 권리 추구는 승객의 자유와 공공공간의 공공성을 왜곡시키고 있다. 대부분의 세계적 수준의 공항과 마찬가지로 아타튀르크 국제공항에서 가장 주목을 끄는 곳은 면세점이다. 공항의 면세품은 유명 브랜드의 상품을 싸게 살 수 있는 곳으로 면세점을 이용한다는 것은 공항 이용자의 특권처럼 인식된다. 면세점은 공항의 화려함이 가장 돋보이는 소비공간으로 유명 브랜드에 대한 정보가 각인되고 경제적 여유와 품위의 정체성이 작동하는 공간이다. 면세점은 남성을 상징하는 상품으로 술과 담배가 각인되고, 여성을 상징하는 상품으로 화장품과 액세서리가 각인되는 젠더의 공간이기도 하다. 하지만 면세점은 세금 혜택이란 명분으로 차별적 소비공간에 우위를 부여하면서 공공성을 침해하는 현장이다. 이처럼 젠더와 소비의 결합은 공항을 더욱 사적 공간으로 전유시키면서, 자유주의 또는 공동체주의 사상가들이 주장했던 공공선(공동체의식)은 축소되고, 승객의 자유와 주체성이 침해당하는 공간으로 전락하였다.

둘째, 공항은 공공공간으로서 이동하는 신체를 보호하는 것이 아니라 개인 신체를 통제하는 공간으로 변모하였다. 검색대를 비롯한 공항 내부는 디지털 감시의 공간이며, 이동하는 신체는 모니터링의 대상이 된다. 신체의 통제 공간으로서 공항의 기능은 환승구역에서 쉽게 발견된다. 환승은 다른 공간으로의 이동이란 점에서 전환공간 transition space의 성격을 가지며(Urry, 2007), 세계의 다양한 문화가 서로 마주치는 혼종의 공간이다. 하지만 환승공간은 이동이 자유롭지 않으며, 타인과의 접촉과 마주침이 제한되고, 정해진 규칙에 따라 신체의 이동이 엄격하게 관리되는 모빌리티 통제의 공간이다.

환승은 컴퓨터로 작동하는 이동 시스템에 의존하는데, 환승 과정에서 승객들은 소비공간 속에 갇히게 된다. 승객은 환승 게이트로 바로 안내되지 않고 일정 시간을 소비공간에서 지체해야 하는데, 이유는 환승 정보가 바로 제공되지 않기 때문이다(그림 3). 환승 게이트의 정보가 제공될 때까지 승객들은 통로에 갇히는데, 비즈니스 탑승자가 아니라면 쉴 곳은 카페, 식당, 면세점 등이 전부이다. 통로를 제외한 나머지 공간은 사유화된 소비공간(기념품, 서점, 액세서리 판매점 등)으로 쉴 공간이 없다. 환승이 길어지는 경우 일부 승객은 통로의 바닥에서 쉬거나 잠을 자는 것이 보통이다(그림 4). 아타튀르크 국제공항의 경우 환승 게이트의 정보는 약 1시간 전에 제공된다. 이처럼 환승공간은 승객의 권리가 존중되는 공공성의 공간이 아니라

〈그림 3〉 환승 정보. 출처: 2018년 8월 필자 촬영.

〈그림 4〉 공항 통로에서 잠을 자는 승객. 출처: 2018년 8월 필자 촬영.

개인의 신체가 엄격하게 관리되는 모빌리티 통제의 공간이다.

셋째, 공항은 공공성보다 계급에 따라 차별적 서비스가 제공되는 신-카스트 제도의 공간이다. 공항에서 비즈니스와 이코노미를 구분하는 것은 신-카스트제도라는 비판이 제기된다(Botton, 2009). 비즈니스(일등석 포함) 탑승권의 소유자는 빠르고 편리한 서비스를 제공받는데, 비즈니스 클래스 창구에서 탑승권이 발권되고 우선적으로 비행기에 탑승할 수 있다. 1990년대 공항과 비행기에서 테러가 빈번히 발생하고, 2001년 9/11 테러 이후 공항과 기내에서 신체 검문은 피치 못할 통과의 과정이 되었다. 공항의 검색대가 테러 방지를 위한 수단이라면, 돈의 논리로써 출입의 우선권이 부여되는 것은 매우 불합리한 시스템이다(Sandel, 2012).

아타튀르크 국제공항은 세계 최고 서비스의 비즈니스 라운지를 제공한다. 라운지는 화려하고 이슬람의 기하학적 아름다움이 돋보이는 2층의 복층 구조로 되어 있다(그림 5). 입구의 개인사물함에 짐을 보관하고 자유로운 휴식을 취할 수 있는데, 화려하고 아늑한 소파와 테이블이 넓게 배치되어 있다. 다양한 먹을거리(다과, 음료, 주류, 커피 등)가 비치되어 있고, 플레이스테이션, 스크린 골프 등의 오락을 즐길 수 있으며, 샤워를 하거나 휴식을 취할 수 있는 침대도 마련되어 있다. 인터넷, 책, 테이블이 마련되어 비즈니스 업무를 수행하는 데 지장이 없으며, 영화관에서 영화를 관람하거나 편안한 라운지에

〈그림 5〉 공항 비즈니스 라운지. 출처: 구글 이미지.

〈그림 6〉 이코노미 수속 과정. 출처: 2018   〈그림 7〉 이코노미 수속 과정. 출처: 2018
년 8월 필자 촬영.   년 8월 필자 촬영.

서 TV를 보면서 휴식을 취할 수 있다.

반면에 이코노미 승객은 길게 늘어진 줄을 서야 하고 느릿느릿한 탑승 과정을 거치게 되며, 탑승구로 가는 과정에서 마땅히 쉴 곳이 없다(그림 6, 그림 7). 탑승구까지 가기 위해서는 상품화된 상점을 통과해야 하고, 비즈니스 라운지처럼 짐을 보관하는 것도 어렵다. 이처럼 비즈니스와 이코노미를 구별하는 것은 계급의 차별화를 통해 사적 전유의 기능을 높이려는 의도이다. 이런 맥락에서 비즈니스 라운지는 단순히 쉬는 공간이 아니라 차별화된 계급화의 공간이자, 엘리트와 부자를 꿈꾸는 욕망의 공간이기도 하다. 비즈니스 라운지는 부를 통한 계급화가 전 세계적 수준에서 작동하고 공유됨을 의미한다. 즉, 비즈니스 라운지를 통해 부의 연대가 글로벌화되고 회원은 누구나 동질적 지위를 갖게 되는 것이다. 회원이 되는 기준은 인종, 종교, 젠더가 아니라 부의 정도라는 점에서 비즈니스 라운지는 글로벌화된 신-카스트 제도의 일면을 보여 준다.

이처럼 공항에서 비즈니스와 이코노미의 구분은 계급을 따라 벽을 구성하는 것으로, 이는 다양한 사람들이 서로 접촉하는 기회를 박탈하는 '마주침의 제한'이며, 부자에게 유리한 사회적 관계와 공간을 제공하는 것이다(Hardt and Negri, 2009). 공항의 계급화는 공공공간의 사적 전유를 보여 주는 대표적 사례로, 특히 모든 승객들에게 공평한 서비스가 제공되어야 하는 공항 본연의 공공성이 축소된다는 점에서 문제의 심각성이 크며, 부의 글로벌 연대를 통한 공항의 계급화는 지속될 가능성이 크다. 이는 결국 자본(권력)이 공항 공간을 점유하면서 공항 모빌리티를 지배하고 통제함을 보여 준다.

휴게소

고속도로 또는 자동차도로에 위치한 휴게소는 여행자의 휴식과 자동차의 안전운행을 위한 공공공간이다. 공공공간으로서 휴게소의 본래적 기능은 이동 중인 사람과 차의 안전한 이동을 위해 일정 시간 정지하면서 휴식과 재충전을 하는 것이다. 즉, 휴게소는 이동과 정지를 매끄럽게 결합nexus하는 공공의 장소이다. 하지만 터키의 차낙칼레와 코니아 지역에 위치한 휴게소는 다음과 같이 공공공간의 기능을 상실하고 있다.

첫째, 이들 휴게소는 이동-정지의 매끄러운 연결에서 균열을 보이고 있는데, 휴게소가 가졌던 본래의 장소적 기능이 축소되면서 공공성이 약화되고 있다. 휴게소는 도로와는 매우 다른 감각의 장소인데(Botton, 2002), 어떤 휴게소에 정차하는가에 따라 휴식의 특성이 달라진다. 지면에서 느껴지는 공기의 차이, 분주히 화장실로 향하고 무리 지어 대화하는 사람들의 행동, 주차된 자동차의 모습과 엔진 소리를 비롯한 소음 등이 어우러진 독특한 리듬의 공간이다. 즉, 만남, 교류, 대화, 마주침이 공존하는 휴식공간이 휴게소가 갖는 장소적 특성이었다. 하지만 터키의 휴게소는 이런 장소적 특성이 줄어들고, 통과와 지나침이 강화되는 비장소적 특성이 나타난다. 마르크

오제Marc Augé(1992)는 휴게소를 전형적인 비장소로 규정짓는데, 그 근거가 되는 것이 '만남'과 '관계'보다 '통과'와 '지나침'이 휴게소의 주된 특성이 되었다는 것이다[6]. 즉, 휴게소를 지배하는 것은 지시어, 표지판, 광고 이미지로, 개인을 능동적 행위자가 아닌 수동적 목격자의 위치에 놓는다는 것이다. 터키의 휴게소는 관리자, 방문자, 판매원과 같은 개인들의 관계가 지배적일 뿐 만남, 교류, 마주침과 같은 장소로서의 정체성이 부족해졌다고 할 수 있다.

이처럼 통과와 지나침이 주된 특성이 되면서 휴게소는 장소로서의 역할이 축소되었을 뿐만 아니라, 자동차로만 접근이 가능한 고립공간isolated space의 특성을 보인다. 물론, 휴식을 통해 사람-자동차-상품-장치-돈 등이 서로 연결되고, 이동과 흐름이 재생산되는 체류공간의 기능을 수행하고 있으나(Normark, 2006), 장소로서 휴게소가 가졌던 공공공간의 기능이 약화된 것은 분명하다. 차에서 내려 분주히 화장실을 다녀오고, 간식거리를 사고, 대화를 나누고, 여행 일정을 확인하고, 낯선 문화와 마주치고, 편안한 휴식이 제공되는 것이 공공공간으로서 휴게소의 역할이다. 하지만, 휴게소는 사람의 휴식이 아니라 자동차의 휴식 공간으로 전락하면서, 통과와 지나침이 주된 특성인 고립공간으로 변모하여 공공성이 약화되고 있다.

둘째, 차낙칼레와 코니아 지역에 위치한 휴게소가 고립공간의 특

---

[6] 휴게소는 service plaza, service station, petrol station, rest place, rest area 등 영어로 다양하게 표현되는데, 국가 또는 지역에 따라 휴게소의 기능과 성격이 다르기 때문일 것이다. 오제(Augé 1992)는 프랑스 휴게소aires de repos의 명칭이 근처 장소의 특성을 대표하는 것으로 명명됨에 주목하였다. 그는 휴게소를 비장소의 대표적 공간으로 제시하는데, 장소를 정체성과 관련된 관계적이고 역사적인 삶의 공간으로 보았고, 비장소를 이동·소비·통신을 위한 공간으로 일시적으로 점유되거나 통과하는 지점으로 보았다.

〈그림 8〉 차낙칼레 지역의 휴게소. 출처:
2018년 8월 필자 촬영.

성을 보이는 것은 이들 휴게
소가 소비를 통한 휴식공간으
로 변모하였기 때문일 것이다.
휴게소에 진입하면 가장 먼
저 눈에 띄는 것은 주유소라
할 수 있다(그림 8). 터키는 세
계에서 LPG 승용차의 보급률
이 가장 높은 국가 중 하나로
2011년 등록한 자동차의 약 40퍼센트가 LPG 차량이며 많은 휴게소
에서 LPG 충전이 가능하다(대한LPG협회, 2012). 터키는 EU 국가 중 독일
다음으로 주유소가 많고(EU의 16퍼센트), 기름 값(디젤 기준)이 가장
비싼 곳이다(NOIA, 2017).[7] 주유소는 휴게소의 기능 중에서 매우 중요
한 부분을 차지하는 필수적 구성 요소라 할 수 있다. 하지만, 문제가
되는 것은 휴게소의 주유소가 너무 넓은 면적을 차지하면서 편안하
게 쉴 공동의 공간을 축소시킨다는 것이다. 즉, 주유소는 공공을 위
한 서비스 제공이란 본래의 기능을 넘어 휴게소가 사적 공간으로 변
모하는 데 큰 역할을 하였다.

지중해 코니아 지역에 위치한 세르디셰히르Seydişehir 지역의 한 휴
게소는 식당, 푸드코트, 카페, 선물가게, 편의점이 지배하는 소비공
간의 모습을 보여 준다(그림 9). 휴게소의 경관을 지배하는 것은 주
차장과 화장실의 표지, 여행지 정보·식품·음료 등 상업적 광고, 상

---

7   여름 휴가철에 고속도로 휴게소에서 독일의 고급 승용차들을 많이 볼 수 있는 것은
    휴가철을 맞아 독일에서 일하는 터키 노동자들이 차를 갖고 고향을 방문하기 때문
    이다(Ollivier, 2000).

〈그림 9〉 세르디셰히르의 휴게소. 출처: 2018년 8월 필자 촬영.

〈그림 10〉 차낙칼레 지역 휴게소 화장실. 출처: 2018년 8월 필자 촬영.

점·카페의 물건과 의자의 배치 등 소비와 관련된 이미지들이다. 휴게소 이용자들이 자유롭게 앉아서 휴식을 취할 공간은 존재하지 않는다. 휴게소 중앙에 위치한 테이블과 의자는 비록 상업적 용도라는 표지가 없더라도 종업원의 분주한 움직임을 통해 이곳이 상업적 공간임을 드러낸다. 즉, 휴게소의 테이블과 의자는 낯선 사람이 자유롭게 앉아서 휴식을 취하는 공간이 아니라 소비를 통해 마주침이 발생하는 사적 공간인 것이다. 화장실은 유료로 이용이 가능하며, 건물의 측면이나 상점을 통과한 안쪽 공간에 위치한다(그림 10). 휴게실 내부 대부분의 공간이 소비공간으로 채워지면서 사적 공간의 이미지가 휴게소를 지배하며, 여행자의 휴식을 제공하는 휴게소의 공공성은 축소되었다. 아렌트(1958)가 언급한 공공공간의 네 가지 요소, 즉 공동의 공간, 만남과 행위의 교차 공간, 개인의 차이와 개성이 생성되는 공간, 타인의 현존이 구성되는 공간으로서의 공공성을 이곳 휴게소에서는 찾아보기 힘들다. 이처럼 터키에서 마주하는 휴게소는 소비주의가 지배하는 휴식공간으로 변모하면서 공공성이 축소되고 있다.

여행지

아나톨리아 네브셰히르Nevşehir 지방에 위치한 카파도키아Cappadocia 는 수백만 년 전 예르시예스산과 하산산에서 일어난 대규모 화산 폭발과 지진 활동으로 모래, 용암, 화산재가 넓은 지역을 덮고 화산재가 굳어진 응회암이 수십만 년에 걸친 비와 바람의 풍화작용으로 다양한 형태의 계곡과 암석 절벽을 형성하고 있다. 이곳이 궤레메 국립공원과 카파도키아 바위 유적Goreme National Park and the Rock Sites of Cappadocia으로 1985년 유네스코 세계유산에 선정되었다.[8] 궤레메 계곡의 침식 고원은 화산재로 구성된 화산성 응회암이 바람과 물에 의해 차별 침식되어 형성된 거대한 자연 구조물이다. 카파도키아는 탑, 돔, 피라미드 등을 닮은 기묘한 형태의 암석이 약 1만 헥타르의 면적에 넓게 분포하는데, 그 모습은 자연이 빚은 예술적이고 숭고한 이미지 자체이다.

18세기 이전만 하더라도 자연의 숭고함은 인간이 접근하기 힘든 위험하고 텅 빈 느낌의 공허한 감정의 대상이었으나, 현재의 웅장하고 장엄한 자연경관은 형언할 수 없는 감탄과 놀라움의 감정을 자극하는 여행의 대상이 되었다(Botton, 2002). 버섯 모양의 기묘한 바위는 애니메이션 스머프의 모태가 되었고, 카파도키아 바위 유적은 수많은

---

8 4세기에 만들어진 전통 주거지역의 흔적, 지하도시, 그리고 수도원, 교회 등 비잔틴 제국의 모습이 잘 보존된 것이 세계유산에 선정된 조건의 하나였다. 카파도키아의 수도 활동은 카이사레아에서 성 대바실리오스(330~379)의 지도를 따르던 은둔형 소공동체가 존재하였고, 이후 그리스도교는 아랍의 약탈에 대항하여 카이마클리와 데린쿠유 등의 지하도시에서 명맥을 유지했다. 그리스도교가 확대된 시기에는 금욕적인 수도 생활이 주로 행해졌다. 성상파괴운동(725~842) 이후에는 암각 교회에 화려한 구상화가 장식되었는데, 현재 궤레메 계곡에는 토칼리 교회, 엘 나자르 교회, 바르바라 교회, 사클리 교회, 엘말리 교회, 카란리크 교회 등이 있다.

여행객이 찾는 공간으로 변화하였다. 이렇듯 모빌리티 증가는 숭고하고 접근성이 낮았던 자연을 여행의 공간으로 변모시켰고, 공유의 대상이었던 자연은 여행상품이 되었다. 카파도키아 일대에서 공공공간의 사적 전유는 다음과 같은 세 가지 측면에서 살펴볼 수 있다.

첫째, 카파도키아에서 공공공간의 사적 전유는 탈장소disembedded 현상과 함께 나타나고 있다. 이는 한 여행지가 국가에 의해 관리되기보다 다양한 공간 스케일의 여행 조직(기업, 단체 등)에 의해 관리되고 있음을 의미한다(Faulconbridge and Hui, 2016; Sheller, 2009). 기호의 코스모폴리탄 현상, 그리고 여행자의 정보 생산자화(개인 블로그 제작 등)는 여행지를 전 세계가 공유하는 대상으로 만들고 있다. 숭고한 자연물이 여행의 대상물로 사유되고, 전유되고, 상품화되면서, 카파도키아의 숭고한 이미지는 전 세계 여행자의 관심거리가 되었다. 외래 방문자가 증가하면서 카파도키아의 경제는 관광과 여행상품에 더욱 의존하게 되었고, 결과적으로 여행의 주도권이 로컬에서 국제 여행 네트워크로 넘어가는 탈장소화를 경험하게 되었다.

현재 카파도키아에서 나타나고 있는 탈장소화의 대표적 사례는 사파리 투어를 통해 확인할 수 있다. 카파도키아의 사파리 투어는 자동차와 낙타를 이용하는 방법이 대표적이다. 사파리 투어는 해외 패키지 여행사, 로컬 여행사, 로컬 사파리 업체의 긴밀한 네트워크에 의해 운영된다. 기묘한 바위와 암석 구조물의 계곡을 통과하면서 사파리 투어는 자연의 숭고함을 현장에서 만끽하는 기회를 제공한다. 자연의 숭고함 속에 박해 시절 그리스도교 교회, 비잔틴 시대의 교회와 수도원을 둘러볼 수 있고, 여행자의 시선을 통해 자연의 풍광을 온몸으로 느낄 수 있는 여행상품이 사파리 투어이다(그림 11). 하지만 사파리 투어는 공공공간이 사적으로 전유되면서, 일부 여행

〈그림 11〉카파도키아의 낙타 사파리 투어. 출처: 2018년 8월 필자 촬영.

네트워크가 사적 공간을 지배하는 탈장소화를 낳고 있다. 또한, 투어에 참여하지 않는 현지인과 여행자가 바위 유적으로 접근하는 것을 어렵게 함으로써 탈장소화는 사적 자본이 공공공간을 효율적으로 점유하도록 한다.

둘째, 공공공간의 사적 전유는 공공재인 자연물의 사적 이용을 정당화하는 과정(담론화)을 통해 전개된다. 보호 대상으로서 자연물, 공유할 공유재로서 자연물은 더 이상 신자유주의 시장질서에 부합되지 않는다. 자연물의 관람이 돈을 지불하는 소비행위로 변화했다는 것은 공공공간으로서 자연물이 관리의 대상이 됨과 동시에, 시장질서에 편입됨을 의미한다. 더 이상 시설물의 증가와 여행상품의 증가는 공공선public good을 위한 것이 아닌 자본(가)을 위한 활동이 되었고, 이 과정에서 공공재인 자연물의 사적 이용은 사회의 바람직하고 정당한 행위로 간주되었다.

카파도키아에서 공공재의 사적 이용 정당화 사례는 열기구 투어를 통해 살펴볼 수 있다. 열기구 투어는 카파도키아를 대표하는 여행상품이 되었는데, 맑은 하늘, 웅장한 자연물, 하늘에서 조망하는 자연 구조물의 변화무쌍함은 여행이 선사하는 정동affect의 세계 자체이다. 바위 유적 위를 날고 있는 열기구의 이미지는 하나의 경관과 스펙터클로서 여행을 자극하고, 글로벌 모빌리티를 생성한다. 열기구 투어는 누구나 해 볼 수 없는 자연물의 관찰이란 점에서 여행상품으로서 가치가 높은데, 열기구 투어의 도입은 여행자의 편의와 심미성을 제공하는 것일 수 있으나, 실제 열기구 투어는 자연물을 이용하는 상품화와 시장질서에 의해 도입되었다. 열기구 투어가 상당히 비싼 여행상품이고, 소수의 열기구 회사가 여행상품을 지배하고 있다는 점에 주목해야 한다.[9] 열기구 투어가 개발되고 확대되는 과정에는 낙후된 카파도키아의 관광 아이템을 확대하고 개선해야 한다는 로컬 관광 관계자(호텔, 여행사, 식당, 관광부서 등)의 정치와 연대가 작용하였다(Ipek, 2009). 즉, 카파도키아의 경제적 낙후는 관광 개발이 제대로 되지 않았기 때문이며, 문화와 관광이 연계된 개발이 카파도키아를 번영으로 이끌 수 있다는 로컬 담론이 작동하였던 것이다. 곧, 관광은 지역 발전이라는 개발 논리가 작동하면서 열기구 투어를 비롯한 다양한 여행상품이 출현하였고, 이 과정에서 공공재인 자연물의 사적 이용은 지역 발전을 위해 바람직하고 정당한 실천으로 간주되었다.

셋째, 여행지 공공공간의 사적 전유는 여행자를 대상으로 한 지역 주민의 경제활동을 통해 확대된다. 여행지는 장소접촉facing-the-place이 이루어지는 현장으로(Urry, 2007), 여행자 신체의 이동에 의해 여행지의 이미지와 감정이 구성된다. 여행객이 증가하면서 카파도키아의 주요 거리에는 식당, 카페, 기념품 가게, 여행서비스업체, 호텔(모텔) 등이 증가하였다. 평범하고 모두를 위한 공공공간이었던 도로는 상품 판매와 광고 침투의 공간으로 변모하였다(그림 12). 즉, 카파도키아에서 여행객의 증가는 현지 소비공간의 증가를 가져왔고, 공공

---

9 2000년대 열기구 투어는 Anatolian Balloons Company 등 4개의 회사가 독점하고 있으며, 2018년 기준 1인당 열기구 탑승 비용은 약 170유로(한화 23만 원) 정도이다.

〈그림 12〉 카파도키아 도로변의 상점. 출처: 2018년 8월 필자 촬영.

공간이 사적 용도로 활용되거나 또는 축소되는 현상을 가져왔다. 카파도키아는 건조하고 더운 지역이나 도로나 바위 유적 내에서 여행자가 쉴 수 있는 공공 시설물은 찾아보기 힘들며, 여행자가 쉴 곳은 거리나 주차장에 위치한 기념품 가게, 식당, 카페 등이 대부분이다.

여행객이 증가하면서 카파도키아 일대 지역 주민의 삶은 관광에 의존하게 되었다. 여행객이 증가하면 원지역의 땅과 토지 이용의 지배권이 소수의 여행 자본에 의해 점유되는 경향이 있는데(Gonzalez, 2013), 카파도키아도 주요 여행지와 여행상품이 소수의 여행 네트워크에 의해 통제되고 있다. 여행지의 탈장소화 과정에서 바위 유적이 가졌던 공공공간의 정체성은 모호해졌고, 여행 모빌리티의 증대는 공공공간의 사적 전유에 큰 영향을 미칠 수 있음이 확인되었다. 카파도키아의 관광 개발이 여행사(국내·외)-여행상품회사(열기구, 사파리 등)-여행정보센터-음식·교통·숙박 서비스 위주로 전개되고 있으며(Ipek, 2009), 외국 여행업체가 현지 여행에 미치는 영향이 크다는 점에서 향후 카파도키아 공공공간의 사적 전유는 확대될 것으로 보인다. 중요한 점은 카파도키아에서 여행상품의 개발이 지역 발전과 동일한 것으로 인식되면서, 소수의 자본이 공공공간의 사적 전유를 주도하는데, 이는 결국 다중의 사회적 기반을 약화시킬 수 있다는 점이다.

고-모빌리티 시대 변화의 전망

모빌리티는 현 사회의 특성을 이해하고 미래 사회의 변화를 예측하는 안목을 제공한다. 사람·사물·정보의 이동은 불균등한 관계의 산물인데, 개인과 장소가 갖는 권력의 차이가 모빌리티의 차이를 가져오고, 이동의 기회와 종류가 계급에 따라 구분되면서 모빌리티는 계급 간 생활양식의 공동화를 낳고 있다. 본 연구는 모빌리티와 공간, 이동-공간으로서 여행, 그리고 공공공간의 사회화와 사적 전유에 대한 이론적 고찰을 통해 모빌리티가 여행지의 공공공간의 사적 전유에 어떤 영향을 미치는지를 터키의 여행 공간인 공항, 휴게소, 그리고 대표적 여행지인 카파도키아를 사례로 살펴보았다.

모빌리티는 개인·장소의 위상과 권력에 의존하면서, 장소의 감각과 상상적 현존을 강조하고, 공항과 같은 복잡한 네트워크에 의존하며, 모바일 기술과 제도적 장치를 통하여, 그리고 이동하는 신체의 통제를 통하여 공간의 질서를 (재)구성한다. 따라서 모빌리티는 새로운 사회질서를 구성하는 실체로 부상하였고, 실제 모빌리티를 지배하는 것은 다양한 차원의 권력이며, 권력은 공간의 점유를 통해 모빌리티를 지배·통제하고 있다.

여행상품의 소비와 여행지 방문을 통하여 현대의 여행자는 여행지의 공공공간을 변화시킨다. 지속적인 관광객 유치를 위해 여행지의 공공공간은 여행자의 편의를 도모하는데, 이 과정에서 공공공간의 사적 전유가 증가한다. 여행지 공공공간의 사적 전유는 여행지 스스로 매력적인 장소가 되기 위한 성찰적 선택의 결과로, 이는 고-모빌리티의 역동성이 여행지를 매력을 지닌 공간으로 변모할 것을 요구하기 때문일 것이다. 이 과정에서 소비자의 편의와 심미성을 강조하는 사적 시설(물)이 공공공간을 점유하게 되었다.

공공공간은 인간의 행위와 언행이 사회적으로 전개되는 모든 공간으로, 타자의 현존을 통한 마주침이 교차하는 공동의 공간이다. 근대화와 산업화를 거치면서 공공공간에서 이방인과 낯선 문화는 위협적인 것으로 인식되었고, 공공공간은 권력이 재현되는 공간이자 상품화의 공간이 되면서 마주침과 접촉의 공간으로서 공공성은 약화되었다. 신자유주의의 확대와 모빌리티의 증가가 공공공간을 시장원리가 주도하는 공간으로 전환시키면서 공공공간의 사적 전유는 빠르게 나타났다.

항공 모빌리티와 여행산업의 네트워크로 구성되는 공항은 국제 연결을 주도하는 관문이자, 시공간의 압축과 권력의 기하학이 작동하는 대표적 공간이 되었다. 비즈니스가 현대 공항의 기능에서 중요한 측면을 담당하게 되면서, 공공공간이던 아타튀르크 국제공항은 이동과 소비의 공간으로 변모하였다. 이동하는 신체는 공항의 통로에서 소비와 상품화된 기호의 공간과 마주하고, 사적 자본이 지배하는 통과와 마주침을 경험하게 된다. 비즈니스와 이코노미 승객의 구분은 신-카스트 제도를 구현하고 있으며, 다양한 마주침의 제한이 나타나는 등 공항 공간의 사적 전유는 공공성을 축소시키고 있다. 차낙칼레와 코니아 일대의 휴게소는 이동 중의 안전한 휴식이란 공공성을 상실하였고, 대신에 휴식이 소비를 통해 이루어지는 소비공간으로 변모하였다. 이들 휴게소는 소비를 통한 낯선 마주침이 교차한다는 점에서 여행지 공공공간의 공공성이 훼손되는 대표적 공간이다. 모빌리티의 증가로 숭고한 대상의 카파도키아는 여행지가 되었고, 국가와 지역의 관리를 넘어선 여행상품의 전 지구화를 경험하며 여행 네트워크가 지배하는 공간으로 변모하였다. 이 과정에서 공유의 대상이던 자연은 상품으로 전환되었고, 여행지의 곳곳은 사적 자본이 침투한 공간으로 변모하였다. 소수의 여행 자본이 지역경제를 장악하면서 공공공간으로서 카파도키아의 기능은 약화되었다.

본 연구는 모빌리티가 여행지 공공공간의 사적 전유에 미치는 영향에 주목하였다. 공항, 휴게소, 여행지는 모빌리티의 역학이 발생하고 변화하는 대표적 공간으로, 모빌리티 증가는 이들 공간의 사적 전유를 확대하고 있다. 공공공간의 사적 전유가 문제인 이유는 공동의 공간이 소수 개인의 공간으로 전유된다는 것, 또한 공공성의 훼손이 교묘하게 은폐되면서 공공공간을 대체한 소비공간이 욕망과 선망의 공간으로 인식되고 있다는 데 있다. 공공공간의 사적 전유는 공동의 공간이 소수 자본에 의해 지배되면서 다중의 사회적 기반이 붕괴됨을 의미한다. 향후 고-모빌리티 시대에 모빌리티가 공간과 장소에 미칠 영향은 더욱 커질 것으로 예상되기에, 모빌리티가 공공공간에 미치는 영향에 대한 지속적인 고찰이 다양한 학제적 연구를 통해 추진될 필요가 있다고 판단된다.

참고문헌

김동완 편,《공공공간을 위하여: 어떻게 우리의 공적 공간을 회복 · 지속 · 확장할 것인가》, 동녘, 2017.

김숙진, 〈아상블라주 개념의 지리학적 함의〉,《대한지리학회지》51(3), 2016, 311~326쪽.

대한LPG협회,《세계 LPG 시장 자료집》, 2012.

뒤퇴르트르, 〈공공시설의 상업화 생라자르역의 '신경영'〉,《르몽드 디플로마티크》 2012년 12월호.

레카체비츠, 〈공항은 더 이상 공공장소가 아니다〉,《르몽드 디플로마티크》 2013년 2월호.

박경환, 〈글로벌 시대 인문지리학에 있어서 행위자-네트워크 이론(ANT)의 적용 가능성〉,《한국도시지리학회지》17(1), 2014, 57~78쪽.

_____, 〈포스트식민 여행기 읽기〉,《한국문화역사지리학회지》30(2), 2018, 1~27쪽.

윤신희, 〈모빌리티스 주요구성요인의 타당성 검증〉,《대한지리학회지》53(2), 2018, 209~228쪽.

이용균, 〈경기 남동부지역의 장소자산의 특성 파악과 장소마케팅 추진전략〉,《한국도시지리학회지》8(2), 2005a, 55~72쪽.

_____, 〈국제자유도시 제주의 장소마케팅 추진방안〉,《한국도시지리학회지》 8(3), 2005b, 21~34쪽.

_____, 〈모빌리티의 구성과 실천에 대한 지리학적 탐색〉,《한국도시지리학회지》18(3), 2015, 147~159쪽.

_____, 〈이주의 관계적 사고와 이주자 공간의 위상 읽기: 관계, 위상 및 아상블라주의 관점을 중심으로〉,《한국도시지리학회지》20(2), 2017, 113~128쪽.

_____, 〈모빌리티의 생성과 모빌리티 렌즈로 보는 세상 읽기: 광주에서 오키나와로의 이동을 중심으로〉, 김수철 외,《모빌리티와 생활세계의 생산》, 앨피, 2019, 371~397쪽.

전경숙, 〈광주광역시의 정체성과 관계적 도시재생〉,《한국도시지리학회지》

21(2), 2018, 1~15쪽.

정희선, 〈「이사벨라 버드 비숍의 황금 반도(The Golden Chersonese and the Way Thither)」에 나타난 제국주의적 시선과 여성 여행자로서의 정체성〉, 《대한지리학회지》 53(1), 2018, 59~74쪽.

조승래, 《공공성 담론의 지적 계보: 자유주의를 넘어서》, 서강대학교 출판부, 2014.

최병두, 《자본의 도시: 신자유주의적 도시화와 도시정책》, 한울, 2012.

_____, 〈초국적 노동이주의 행위자 – 네트워크와 아상블라주〉, 《공간과 사회》 27(1), 2017, 156~204쪽.

Adey, P., *Mobility*, London: Routledge, 2010.

_____, "Mobilities: politics, practices, places", in Cloke, P, Crang, P. and Goodwin, M. (eds.), *Introducing Human Geographies* (3rd ed.), London: Routledge, 2014, pp. 791-805.

_____, *Mobility* (2nd ed.), London: Routledge. 2017. (최일만 옮김, 《모빌리티 이론》, 앨피, 2019)

Amoore, I., "Biometric Borders: Governing Mobilities in the War on Terror", *Political Geography* 25, 2006, pp. 336-351.

Arendt, H., *The Human Condition*, University of Chicago, Chicago, 1958. (이진우 옮김, 《인간의 조건》, 한길사, 1996)

Atkinson, D., Jackson, P., Sibley, D., and Washbourne, N. (eds.), *Cultural Geography: A Critical Dictionary of Key Concepts*, I. B. Tauris, London, 2005. (이영민 · 진종헌 · 박경환 · 이무용 · 박배균 옮김, 《현대 문화지리학: 주요개념의 비판적 이해》, 논형, 2011)

Augé, M., *Non-Places*, Verso, London, 1995. (이상길 · 이윤영 옮김, 《비장소: 초근대성의 인류학 입문》, 아카넷, 2017)

Bissell, D., "Visualising everyday geographies practices of vision through travel-time", *Transactions of the Institute of British Geographers* 34, 2009, pp. 42-60.

_____, *Transit Life: How Commuting is Transforming Our Cities*, MIT Press, Cambridge, 2018. (박광형 · 전희진 옮김, 《통근하는 삶: 통근은 어떻게 도시를 변화

시키는가》, 앨피, 2019)

Botton, A., *The Art of Travel*, Vintage, 2002. (정영목, 《여행의 기술》, 청미래, 2011)

_____, *A Week at the Airport: Heathrow Diary*, Profile Books, London, 2009. (정영목, 《공항에서의 일주일: 히드로 다이어리》, 청미래, 2015)

Castells, M. (ed.), *The Network Society: a Crosscultural Perspectives*, Edward Elgar, Cheltenham, 2004. (박행웅 옮김, 《네트워크 사회: 비교문화 관점》, 한울, 2009)

Crang, M., "Tourist: Moving Places, Becoming Tourist, Becoming Ethnographer", in Cresswell, T. and Merriman, P. (eds.), *Geographies of Mobilities: Practices, Spaces, Subjects*, Ashgate, Surrey, 2011, pp. 205-224.

Cresswell, T., "Towards a politics of mobility", *Environmental and Planning D: Society and Space* 28, 2010, pp. 17-31.

Cresswell, T. and Merriman, P. (eds.), *Geographies of Mobilities: Practices, Spaces, Subjects*, Ashgate, Surrey, 2011.

Dewey, J., *The Public and its Problem*, Southern Illinois University, 1984. (정창호 · 이유선 옮김, 《공공성과 그 문제들》, 한국문화사, 2014)

Dicken, P. and Lloyd, P., *Location in Space: Theoretical Perspectives in Economic Geography* (3rd ed.), Harper Collins, New York, 1990.

Faulconbridge, J. and Hui, A., *Traces of a Mobile Field: Ten Years of Mobility*, Routledge, London, 2016. (하홍규 옮김, 《모바일 장의 발자취: 모빌리티 연구 10년》, 앨피, 2019)

Fraser, N., *Revaluing French Feminism: Critical Essays on Differences, Agency and Culture*, Indiana University Press, Indianapolis, 1992.

Fuller, G. and Harley, R., *Aviopolis: a Book about Airports*, Black Dog Publishing, London, 2005.

Giddens, A. and Sutton, P., *Sociology* (7th ed.), Polity Press, Cambridge, 2013. (김미숙 · 김용학 · 박길성 · 송호근 · 신광영 · 유홍준 · 정성호 옮김, 《현대 사회학》, 을유문화사, 2014)

Gonzalez, V., *Securing Paradise: Tourism and Militarism in Hawai'i and the Philippines*, Duke University Press, Durham, 2013.

Hannam, K., Sheller, M., Urry, J., "Editorial: mobilities, immobilities and moorings", *Mobilities* 1, 2006, pp. 1-22.

Hardt, M. and Negri, A., *Commonwealth*, Harvard University Press, Cambridge, 2009. (정남영 · 윤영광 옮김, 《공통체》, 사월의책, 2014)

Harvey, D., *The Condition of Postmodernity: an Enquiry into the Origins of Cultural Change*, Wiley Blackwell, London, 1989.

_____, *A Brief History of Neoliberalism*, Oxford University Press, Oxford, 2005. (최병두 옮김, 《신자유주의: 간략한 역사》, 한울, 2007)

Ipek, H., Ceseroglu, C., Avcikurt, C., "The Importance of Natural and Cultural Heritage in Tourism: a Case of Cappadocia", *Management and Education*, 5(1), 2009, pp. 23-32.

Jackson, B., *Discovering the vernacular landscape*, Yale University Press, New Haven, 1984.

Kaufmann, V., *Re-thinking Mobility: Contemporary Sociology*, Ashgate, Aldershot, 2002.

Lash, S., "Lebenssoziologie: Georg Simmel in the information age", *Theory, Culture and Society* 22, 2005, pp. 1-23.

Latour, B., *Science in Action: How to Follow Scientists and Engineers through Society*, Milton Keynes: Open University Press, 1987.

Lefebvre, H., *La Production de L'espace*, Eco-Livres, Paris, 1990. (양영란 옮김, 《공간의 생산》, 에코리브르, 2011)

Little, S., "Twin towers and amoy gardens: mobilities, risks and choices", in Sheller, M. and Urry, J. (eds.), *Mobile Technologies of the City*, Routledge, London, 2006.

Massey, D., *Space, Place, and Gender*, University of Minnesota Press, Minneapolis, 1994.

_____, *For Space, Sage*, London, 2005. (박경환 · 이영민 · 이용균 옮김, 《공간을 위하여》, 심산, 2016)

Milon, A., *L'Étranger Dans La Ville: du Rap au Graff Mural*, Presses Universitaires de France, Paris, 1999. (김미성 옮김, 《도시의 이방인: 랩에서 그래피티까지》, 연세대학교 출판문화원, 2017)

National Oil Industry Association, *Number of Petrol Stations in Europe*, 2017.

Newman, D., Boundaries, in Agnew, J., Mitchell, K. and Toal, G. (eds.), *A Companion to Political Geography*, Blackwell Publishing, Malden, 2009.

Normark, D., "Tending to Mobility: Intensities of Staying at the Petrol Station", *Environment and Planning A* 38 2006, pp. 241-252.

Norton, D., *Fighting traffic: the dawn of the motor age in American city*, Cambridge: MIT Press, 2008.

Ollivier, B., *Longue marche à pied de la Méditerranée jusqu'en Chine par la route de la soie: Tome 1, Traverser l'Anatolie*, Paris: Éditions Phébus, 2000. (임수현 옮김, 《나는 걷는다, 이스탄불에서 시안까지 느림, 비움, 침묵의 1099일: 제1권 아나톨리아 횡단》, 효형출판, 2003)

Pascoe, D., *Airspaces*, London: Reaktion, 2001.

Passi, A., "Boundaries as social processes: territoriality in the world of flows", in Newman, D. (ed.), *Boundaries, Territory and Postmodernity*, London: frank Cass, 1999, pp. 69-99.

Pocock, J, *Machiavellian Moment*, Princeton: Princeton University Press, 1993.

Popescu, G., *Bordering and Ordering the Twenty-first Century: Understanding Borders*, Rowman & Littlefield, Lanham, 2011. (이영민 · 이용균 · 이현욱 · 김수정 · 이종희 · 이지선 · 장유정 옮김, 《국가 · 경계 · 질서》, 푸른길, 2018)

Republic of Turkey, Ministry of Culture and Tourism, Number of Arriving-Departing Visitors, Foreigners and Citizens, MCT, 2019.

Revill, G., "Mobility-Part II", in Agnew, J. and Duncan, J. (eds.), *The Wiley Blackwell Companion to Human Geography*, John Wiley and Sons, Chichester, 2016, pp. 373-386.

Ringer, G. and Hughes, G. (eds.), *Destinations: Cultural Landscapes of Tourism*, London: Routledge, 1998.

Sandel, M., "The Procedural Republic and the Unencumbered Self", *Political Theory* 12, 1984, pp. 81-96.

_____, *What Money Can't Buy: The Moral Limits of Market*, Farrar, Straus and Giroux, 2012. (안기순 옮김, 《돈으로 살수 없는 것들: 무엇이 가치를 결정하는가》, 와이즈베리, 2012)

Sassen, S., *Territory, Authority, Rights: from Medieval to Global Assemblage*,

Princeton: Princeton University Press, 2006.

Sennett, R., *The uses of disorder: personal identity and city life*, New York: Knoph, 1970.

Sheller, M., "The New Caribbean Complexity: Mobility Systems, Tourism and the Re-scaling of Development", *Singapore Journal of Tropical Geography* 30, 2009, pp. 189-203.

_____, *Mobility*, Scociopedia.isa, 2011, pp. 1-12.

Sheller, M. and Urry, J., "The new mobility paradigm", *Environment and Planning A* 38, 2006, pp. 207-226.

Smith, N., *Uneven Development: Nature, Capital and the Production of Space*, Oxford: Blackwell, 1984.

Solnit, R., *Wanderlust: a history of walking*, London: Verso, 2001.

Thrift, N., "Driving in the city", *Theory, Culture and Society* 21(4-5), 2004, pp. 41-59.

Urry, J., *The Tourist Gaze: Leisure and Travel in Contemporary Societies*, Beverly Hills: Sage, 1990.

_____, *Mobilities*, Cambridge: Polity Press, 2007. (강현수 · 이희상 옮김, 《모빌리티》, 아카넷, 2014)

모빌리티 인프라스트럭처와 생활세계

2020년   2월 28일 초판 1쇄 발행

지은이 ㅣ 김수철 · 이희은 · 김영욱 · 정은혜 · 고민경 · 백일순
　　　　파라 셰이크 · 이병하 · 이용균
펴낸이 ㅣ 노경인 · 김주영

펴낸곳 ㅣ 도서출판 앨피
출판등록 ㅣ 2004년 11월 23일 제2011-000087호
주소 ㅣ 우)07275 서울시 영등포구 영등포로 5길 19(양평동 2가, 동아프라임밸리) 1202-1호
전화 ㅣ 02-336-2776 팩스 ㅣ 0505-115-0525
블로그 ㅣ bolg.naver.com/lpbook12
전자우편 ㅣ lpbook12@naver.com

ISBN 979-11-87430-92-6 94300